고문기술자
이근안의 **고백**

1) 프로필
- 1938. 3. 인천 송현동에서 출생
- 1955. 3. 대전 한밭중학교 졸업
- 1958. 3. 서울 경동고등학교 졸업
- 1959. 10. 1.~ 1962. 9. 30. 공군 복무
- 1970. 7. 서울결찰학교(무술요원) 임 순경- 1972. 8.~ 1974. 7. 치안국 대공분실 근무
- 1973. 2. 경장 특진 (간첩검거)
- 1974. 7~ 1979. 10. 경기도경찰국 대공분실 근무
- 1976. 8. 경사 특진
- 1979. 3. 경위 특진 (간첩검거 : 청룡봉사상 충상 수상)
- 1979. 10.~ 1980. 3. 치안본부 대공수사단 파견근무
(남조선민족해방전선 준비위원회 사건 주범 이재문 신문)
- 1980. 3.~1985. 3. 치안본부 대공수사단 공작반 근무
- 1984. 1. 경감 특진 (간첩검거)
- 1984. 5.~1985. 3. 경기도경 대공과 대공분실장
- 1985. 3.~ 1988.12. 경기도경 대공과 공안분실장
- 1988.12.~1999. 10. 김근태 독직폭행사건으로 도피
- 1999. 10. 자수
- 1999.10.~2006. 12. 6. (7년간 복역 만기출소)

2) 종교
- 1990. 3. 도피 중 주님 영접
- 2003. 6. 옥중 세례 후 통신신학

(대한예수교장로회 총회신학대학 8학기 신학과 졸업)
- 2006. 10. 11. 전도사 합격
- 2008. 4. 7. 강도사 고시 합격
- 2008. 10. 30. 목사 안수 및 임직
- 2009. 2. 동 대학 신학대학원 4학기 졸업
- 2011. 12. 대한예수교장로회 합동개혁총회 중앙노회 목사 및 한국교정선교회 운영위원
* 2003. 12. 이후 현재까지 : 두란노 아버지학교 등 총 200여회 전도 사역

3) 상훈
- 국무총리 표창 등 16회 수상
- 제 17 회 청룡봉사상 충상(간첩검거부분) 수상
- 1986. 10. 옥조근정훈장 수상
* 2005. 6. 노무현 정권시 훈장 박탈

책머리에

　어린 나이에 민족상잔의 비극을 바라보면서 뇌리에 사무쳐 성장하여 경찰에 투신하면서 대공업무를 선택하여 간첩 등 사상범을 색출 검거하는 것이 애국이라 결단하고 보안업무 수행에 전념하였다.
　급기야 대공업무 수행에서 제일의 명예라는 청룡봉사상 충상 수상의 영예를 안았다. 그후 국내 자생적 좌익 집단 수사에도 초청되어 파견 명령을 받고 출장하기에 이른다.
　그 대표적 사건이 "남조선민주주의해방전선 사건"과 "민주운동청년연합" 사건이며 경기대공분실에 근무하면서 일선경찰서 대공업무 및 사건 지도에 임했다. 대공업무를 수행하는 것이 나 개인의 영리를 위함이 아니요 국가보위를 위한 애국행위라는 자긍심을 가지고 이 일은 결코 남에게 미룰 수 없고 내가 해야 한다는 신념이 있어 가정도 모르고 오로지 대공업무에만 전념하였던 것이다. 그 영광으로 옥조근정훈장까지 받았으나 노무현 정권하에서 박탈되었다.
　그후 5공 정권이 사라지자 고문기술자라는 대명사가 붙고 매도되고 18년의 암흑기를 보내면서 자아비판도 하고 인생무상을 체험하면서 고뇌와 번민 속에 신앙을 선택하여 회개하면서 제2의 인생을 살려고 하였으나 지난 날의 멍에를 벗어 날 수 없었다. 김 전 장관의 옥중 방문 화해도 허상이었고 27년이 지나서도 그 멍에를 져야만 했다.
　정치 색깔에 따라서 애국을 해야 하는 현실이 안타깝다. 공산당 잡는 일은 영원한 애국이 되어야 하지 않는가! "남영동 1985" 영화까지 제작 상영하면서 매도하는 것을 바라보며 한 시대는 사상범으로 옥살이를 하고 한 시대는 민주화 인사로 탈바꿈하며 민주화 보상금까지 받는 행운을 바라보면서 시대를 잘 만나야 하는구나 생각이 든다.

　이제 민주화된 세상의 색깔은 어떻습니까? 파란색일까? 분홍색일까? 분단 반세기가 지나서도 아직 사상논쟁을 해야 하니 어찌한단 말인가. 중국의 공산화 과정과 우리의 현실을 비교하면 어떠한가? 그 간의 지식인 양성이 이 시대에 미친 영향은 어떠한가? 반공을 모르는 국가로 전락한 것은 아닐까?

　지난 날 '새마을 운동'과 같은 정신문화로 이 사회가 새로 거듭나는 길은 없을까! 이제 병들고 늙어 바라만 보았지 아무 능력이 없어 하나님 앞에 기도하는 외에는 아무런 능력이 없어 안타깝다.

　"남영동 1985"영화를 보고 나서 이제껏 별말 못했지만 나의 전체를 들어내어 실상을 밝히는 것이 매도의 길을 막는 길이라 생각하여 소위 "고문기술자 이근안의 고백"이란 책자를 발간하므로서 나의 모든 것을 밝히고자 한다.

　나는 경찰조직을 사랑한다. 나의 지난날 애국행위가 조직에 누가된 것을 마음 아파 하고 있다. 경찰의 발전을 기원한다.

2012. 12. 5.
이근안

나는 告白 한다
(이제 나는 말을 한다)

1. 나는 누구인가 ?

소년기를 보낸 6.25

어린시절 내가 태어난 곳은 '괭이부리'해안이 내려다 보이는 인천시 송현동 소재 '수도국산' 비탈진 동네다. 수도국산은 나무와 바위가 어울려진 그런 산이 아니라 가옥으로 덮인 산동네다. 이 산 서쪽은 절벽이요 그 절벽을 따라 북쪽으로 갯고랑이 있어 군데 군데 전마선이 매어 있고 아이들이 예서 제서 참게를 잡던 곳이다.

지금은 복개가 되어 도로가 되고 이 산 남쪽 능선은 완만하여 가옥으로 덮인 동네다. 그 끝자락에 철길과 나란히 형성된 인천 자유시장이고 그 중앙에 동인천역이 있다. 수도국산 정상에 수도국 배수지가 있어 '수도국산'이라 부른 모양이다.

나는 초등학교 1, 2학년을 이 산을 넘어 서림초등학교를 다녔다. 3학년이 되면서 부모님을 따라 대전으로 이사하여 대흥초등학교로 전학을 갔다. 나는 염료도매상 '광덕상회'를 경영하시던 부모님 슬하에 8남매 중 일곱째로 아래로 여동생 하나가 있고 위로 누나 다섯, 그리고 형님 한 분이 있어 유복하게 자랐다.

나는 우리 세대가 불행한 세대라 생각된다. 아주 어려서 부터 전쟁으로 피난을 다녔으니 말이다. 불과 다섯 살에 태평양 전쟁이 났으며, 인천에는 미군 폭격기들이 공습을 해서 아들을 귀하게 여기던 시대 탓인지 유일하게 나 혼자만 평택의 외가로 가서 피난생활을 하였다.

이때는 일본의 식민치하에서 말도 글도 땅도 빼앗긴 채 창씨개명으로 이름조차도 일본식 이름으로 부르던 시절이었고 철저한 통제경제로 식량도 배급제여서 허리띠를 졸라매고 살던 굶주림에 허덕이던 때였다.

오랜 세월이 흘렀다지만 지금도 눈에 선하다. 두부장사 아저씨가 종을 흔들며 지게를 지고 오면 아낙네들이 바가지를 들고 나와 뜬 비지 사가는 사람은 된장을 풀어 비지장을 끓이고 생비지 사가는 사람은 김치를 송송 썰어 넣고 양념장을 넣어 비벼서 밥 대신 먹던 그 시대가 눈에 선하다.

오늘 날에는 흔적도 없이 사라진 직종이 하나 있다. 바로 염색소다. 당시만 해도 지금의 세탁소 보다 더 많았다. 아버지께서는 인천 자유시장 (중앙시장)에서 염료도매상을 하셨다. 우리는 유복하게 자랐다. 부자는 아니라도 생활은 윤택했다. 지금도 잊혀지지 않는 것이 있다. 일본은 전쟁으로 무기를 만드느라 철이 부족하여 담배사러 가면 그냥은 살 수 없고 반드시 쇠조각 하나를 가지고 가야 담배를 살 수 있었으니 말이다.

미군이 태평양전쟁에서 승리한 후 대한민국에 처음 진주하는 모습을 보았다. 바로 그 해가 1945년 8월15일 해방되던 해였다. 내가 서림초등학교에 입학한 해였다. 그 해 여름 방학에 인천시 중구 답동에 사시는 큰집에 갔을 때였다. 큰집은 답동 5거리 코너에 있는 고려회관 (5층)으로 옥상에서 내려다 보니 인천에 상륙한 미군들이 보무도 당당히 행진하는 모습을 보았다. 당시 동산이나 고지대에 설치되었던 고사포 진지는 어린이 놀이터로 변했고 고사포는 야금야금 고철로 뜯어졌고, 진지안은 발디딜틈도 없이 대변 천지였다.

그 후 해방되고 정부가 수립되는 과정에 좌우익의 대립이 대두되었다.

이 무렵 한 밤 중에 내가 살던 수도국산 정상에서 봉화가 올라가고 '조선민주주의 인민공화국 만세'를 부르짖은 봉화사건이 발생되기도 했다. 성장해서 안 일이지만, 미군이 상륙한 지 2주 만에 미군 사령관 하지(John R Hodge) 중장이 도쿄에 있는 맥아더(MacArthur)장군에게 '한국 국민이 분단에 대한 불만이 커지고 있다' 고 보고하였다고 한다.

모스크바 삼상회의 협정에 따라 한국의 임시정부를 수립하기 위하여 설립된 미소양국의 점령군 대표자 회의가 1946년1월 16일 예비회담을 거쳐 1946년 3월20일 덕수궁에서 제1차 회의를 개최하고 1947년 5월 21일 제2차 회의를 개최하였으나 결렬되었다.

이 혼란의 시기에 김구, 여운영, 장득수 등 많은 인사들이 암살되었고 노동조합 전국평의회(전평)의 총파업은 조선 공산당경북인민위원회 전평 경북 평의회 등 좌익단체들이 주동이 되어 그해 10월1일 대구에서 경찰서와 관공서를 습격하여 무기를 탈취하여 경찰과 행정관리 및 그 가족을 살해하여 경찰관 38명이 살해당하는 대구 10월 폭동이 일어났다.

같은 해 11월 23일 소련의 지시에 따라 조선공산당, 조선인민당(약칭 인민당) 남조선신민당 (약칭 신민당) 등 3당이 남로당으로 합당. 그러나 1947년 8월 7일 미군정청은 '남조선 노동당'을 불법화 하였다.

1948년 8월15일 미국의 승인 하에 남한 단독정부가 수립하자 북한도 1949년 9월9일 공화국으로 선포하고 소련군은 철수하였다. 부분적인 국지전이지만 38선을 경계로 남북간에 분쟁을 하고있었다. 그해 5월3일 개성 북방 송악산 일대의 전투 중 비둘기 고지에서 진지공사 중에 기습을 당해 적의 수중에 들어가고 기관총 때문에 피해가 컸다. 이에 특공대 10명이 81mm박격포탄과 57파운드의 폭약을 안고 적 토치카에 돌격, 자폭 산화하므로서 고지를 탈환한 것이 육탄 10용사이다.

이 무용담은 아직도 생생하며 당시 육탄 10용사를 위해 묵념이 시기에 이승만 대통령이 '북진통일'의지를 표명해서인지 미국은 한국 정부에 강력한 공격 무기를 제공치 않았다. 그와는 반대로 북한은 소련의 지원하에 전쟁준비를 하고 있었다.

1948년 8월15일 대한민국 정부가 수립되고 그해 12월에 시행된 국가보안법에 따라 좌익분자들을 전향시켜 보호한다는 취지로 '보도연맹' 가입자가 약30만명에 이르고 서울에만 약 2만명에 이르렀다고 한다.

나는 초등학교 3학년 새 학기가 시작될 무렵 부모님을 따라 대전으로 이사하여 대전 대흥초등학교로 전학하였다. 우리 집은 대흥초등학교 후문 바로 앞 냇가 건너에 있어 점심시간에는 집에 가서 점심을 먹고 왔다. 후문 앞을 흐르는 냇물은 보문산 계곡에서 흘러내리는 물로 맑아 어려서 냇물에 뛰어들어 놀았다. 두 팀으로 나누어 가위 바위 보로 이긴 팀은 위의 보(洑)를 되도록 높게 튼튼하게 막아 물을 많이 가두고 진팀은 아래쪽에 보를 튼튼히 막아 윗보를 헐었을 때 쏟아지는 물에 잘 견디면 승리하는 것이고 보가 터지면 지는 게임이다. 이 게임을 즐겨 했다. 그후 냇가의 양쪽 둑을 돌로 축대를 쌓아 다리를 놓은 후로는 이 게임 놀이가 없어졌다.

몇 해전 대전에 볼 일이 있어 내려 간 김에 어릴적 추억이 어린 그 곳을 가보니 형태조차 찾을 길이 없다. 냇물은 복개가 되어 도로로 바뀌고 도로가 새로 형성되고 집들이 들어차서 옛날과는 판이한 형상이다. 하기사 세월이 60년이 지났으니 옛 형체가 남아 있을리 없다. 대흥초등학교 후문 앞에 있던 고목만이 그대로 서 있다.

형님이 타는 경주마(競走馬)가 한 필이 있어 나는 초등학교 6학년 때 말 타는 것을 배웠다. 마사(馬舍)는 대사동 동사무소 옆에 있어서 형님을 따라 마사에 나가면 당시 동회장인 박문수 아저씨가 나와 형님과 이야기 하는 것을 가끔 보았는데 인사하면 내 머리를 쓰다듬어주곤 했다.

나는 6학년이 되면서 축구선수로 선발되었는데 포지션은 수문장이었다. 1950년 6월25일 일요일 아침 시합을 앞두고 학교에 소집되어 연습하기 위하여 대흥초등학교 운동장으로 나갔다. 그런데 이상하게도 대전시청 옥상에 설치된 대형 싸이렌이 계속 울려 우리들끼리도 고장났나보다 하며 공을 차는데 체육선생이 교무실 쪽에서 호각을 불며 우리들 쪽으로 뛰어

오면서 손짓으로 모이라고 하여 달려갔다. 선생님은 심각한 표정으로 지금 전쟁이 나서 이북에서 쳐들어 오고 있으니 다른 곳으로 가지 말고 집으로 돌아가라고 당부하여 나는 집으로 뛰어 왔다.

아버지께서는 제니스 라디오를 듣고 계셨다. 심각한 표정으로 보아 우리에게 좋지 않은 상황 같았다. 인동시장 우리 가게로 나가시면서 나에게 집 앞에서만 놀고 멀리 놀러가지 말라고 당부하시고 나가셨다. 아버지께서 나가신 후 라디오를 틀었다. 용감무쌍한 우리 국군용사들이 북한 괴뢰군을 무찔러 잘 싸우고 있다는 아나운서의 음성이다. 그러니까 염려 말고 일상생활에 전념하라고 호소하고 있다.

전쟁의 실감은 못 느끼지만 심각한 어른들 표정으로 봐서 어린 나도 겁이 나서 멀리 나가지 못하고 대흥초교 후문 앞 제방에서 동네 아이들과 놀고 있었다. 이곳에서 조금 떨어진 느티나무 밑에는 노인네들이 몇 명 모여 계셔서 그 옆에 가서 놀면서 무슨 말씀들을 하나 귀동냥하며 들어보니 의견이 분분하다.

마침 이 날이 일요일이어서 휴가나 외출 나온 장병들이 부대로 원대 복귀하라는 아나운서의 이야기도 나오고 수도 서울을 지키라는 이승만 대통령의 담화도 이야기 한다. 불안 속에 하루를 보내고 다음 날 학교로 갔다. 임시 휴교였다. 얼마나 심각하면 학교가 쉬나? 참으로 궁금했다. 집에 와 보니 어머니께서는 군인인 형님걱정에 좌불 안석이다. 나도 불안해 제방에 나가 아이들과 놀고 있을 때였다. 이 동네 박문수 동회장이 수갑을 차고 낯선 사람 두 명에게 잡혀가고 있었다.

이 때였다. 나를 본 동회장은 "이 대장 동생이 지 형에게 잡혀 가더라고 이야기 하거라."는 말만 하고 가버렸다. 나는 큰일이라도 난 듯 약 1Km떨어진 형님 부대로 뛰다가 걷고, 또 다시 뛰며 형님부대에 도착하여 정문

입초에게 가자, 알아보고는 전화로 연락받고 형님이 나왔는데 보니 국방색 전투복 차림에 권총을 차고있어 전쟁을 실감할 수 있었다.

 나는 형님에게 박문수 동회장이 잡혀가더란 이야기를 하자, 알고 있다면서 빨리 집으로 가라고 하여 어머니가 형님때문에 걱정하고 있다고 하자 아직 어떻게 될지 몰라서 연락을 못하고 있는데 변동이 생기면 연락할 것이니 그리 알라고하여 집에 돌아와 어머니에게 그리 전했다.

 성장해서 대공을 하면서 안 사실이다. 1950년 6월25일 일요일 새벽 04:00에 인민군 7개 보병사단과 1개 기갑여단, 특수전부대가 T-34 소련제 탱크 80여대를 선봉으로 기습 남침하자 많은 장병들이 외출 중인 일요일이어서 진열도 갖추지 못한 채 파죽지세로 밀리고 있었다.

 전쟁발발 불과 사흘 만에 수도 서울이 함락되니 불안하기 짝이 없었다. 나는 인동 시장 내 광덕상회로 나가 아버지께 박문수 동회장 이 잡혀가더란 이야기와 형은 부대가 이동하게 되면 미리 알려 주겠다고 하더란 이야기를 전하자 왜 박 동회장이 잡혀갔지 의아해 하셨다.

 1950년 6월26일 UN안전보장이사회는 ' 북한군의 불법남침을 중지하고 38도선 이북으로의 철수하라' 는 결의안을 찬성9표 반대 0표 기권 1표로 가결하고 다음 날 미해공군의 한국지원 명령이 내려졌음에도 전선은 파죽지세로 밀렸다.

 같은 해 6월 28일 UN안보리에서 군사원조를 결의했다. 바로 그날 새벽 2시15분 당시 육군참모총장 겸 육해공군사령관인 채병덕 소장의 명령으로 육군 공병감 최창식 대령이 한강 인도교와 철교를 폭파하여 도강 중이던 피난민과 후퇴중인 군인을 포함 5~800여명이 사망하였고 후퇴선이 단절되어 미아리 방어선에서 고군분투하던 국군을 유기하는 어처구니 없는 불상사가 벌어졌다.

폭파 명령이 취소된 것도 모르로 국군 공병들이 수 백명의 군인과 피난민들에게 아무런 경고도 없이 폭파함으로 다리와 함께 날아가거나 칠흑 같은 밤에 한강에 떨어져 죽는 어처구니 없는 사건이 일어나고 서울에 고립된 국군이 싸우다 죽거나 포로가 될 비운에 처하게 되었다.

한강이 폭파되자 한강 이북의 모든 병력을 공격하라는 명령을 받고 출격한 미 공군기들이 평택역에 정차 중인 열차에는 국군과 피난민이 기차 지붕까지 빽빽이 앉아있는데도 기총과 로켓 공격을 감행하는 오폭사건이 있었다고 한다. 피난민들이 승차 중인데 평택역 남쪽의 하구를 한강으로 오인하고 오폭하여 많은 희생자가 생겼다는 말을 국군 제3사단 군인들에게 들은 것을 지금도 기억한다. 왜냐하면 1.4후퇴 당시 국군 3사단 트럭을 타고 김해로 피난 갔기 때문이란 이야기를 들었다.

서울을 점령한 북한군 제3사단 병력이 서대문형무소를 접수하여 좌익인사 수천 명을 풀어주자 빨간 완장을 차고 서울시민들에게 거리로 나와 해방군을 환영하라고 선동했다고 한다. 한편 서대문형무소에서 풀려난 좌익들이 경찰과 그들을 탄압했던 사람들을 잡아들여 '인민재판'을 통해서 강제 처형했다고 한다.

서울을 빼앗기고 다음 날인 6월29일 아침 맥아더 장군은 도쿄에서 비행기로 수원으로 날아와 한강 방어선을 시찰한 후 미군을 투입해야만 북한군을 막을 수 있겠다고 결론을 내렸다고 그의 자서전에서 말하고 있다.

그해 7월2일 일본에 있던 미군의 일부가 한국으로 진주하였다. 바로 스미스 특수부대였다. 투입된 곳은 오산지구였다. 속칭 지지대고개 (수원북방)에서 인민군과 첫 접전하였으나 미군은 후퇴하였고 금강유역인 대평리에서 접전하였으나 탱크에 밀려 후퇴하였다.

옆집에 사는 나순천은 나와 같은 학교 같은 학년이고 우물도 같이 사용하는 이웃이다. 순천이 아버지는 대전철도국에 나가시는 기관사이시다. 1950년 7월 초순경으로 기억되는데 순천이가 내게 들려 준 기쁜 소식은 일본에 있던 미군의 일부가 한국으로 진주하여 부산과 포항으로 상륙하여 열차편으로 대전으로 이동 곧 전선에 투입되면 전세가 유리하게 될 것이라는 것이다.

 순천이의 소식이 현실로 나타났다. 대전 시내 각 학교 운동장에는 텐트를 치고 미군들이 집결하고 전선에 투입할 준비를 하고 있었다.

 이때 전선이 가까워졌음을 직감할 수 있었다. 밤이면 잠자리에 누워 잠을 청하려면 은은히 들리던 포성이 점점 가까이 들리고 나중에는 총성까지 들리는 것으로 보아 전선이 점점 남으로 내려오는 것을 직감할 수 있었다.

 전선이 가까울수록 아버지께서는 초조해 하셨고 깊은 고민에 빠지셨다. 인공치하가 되면 숙청이 있을 터인데 군 장교 가족이니 피난을 떠나야 하는데 갈 곳은 죽으나 사나 남쪽으로 가야하는데 남쪽에는 친척집 하나 없으니 어디로 가야한다는 말인가! 총성은 점점 가까이 들리고 이 여섯 식구를 데리고 어디로 가야하나 참으로 막막하신가 보다.

 이때 어린 마음에도 형님에게 가서 물으면 좋은 묘책이 있지 않을까 하는 생각에 형님 부대로 가보았다. 부대는 이미 어디로 이동해버리고 텅텅 비어 있었다. 하는 수 없이 나는 아버지께 사실대로 말씀을 드렸다. 아버지께서는 중대 결심을 하신듯 저녁에 짐을 꾸리기 시작했다. 입을 의복은 몇 가지만 챙기고 식량을 되도록 많이 가지고 가야한다며 그릇도 가벼운 양은그릇만 챙기고 각자 책임질 봇짐을 배분하셨다. 나는 매기 좋게 끈으로 동여매어 준비를 끝내고 잠이 들었다. 날이 밝아 아침 한 술 끓여 먹고 그릇을 챙겨 싸고는 바로 출발하는데 문제가 생겼다. 말은 마부에게 맡기고 2년생 암놈 진돗개 '메리'는 어떻게 할것인가? 아버지께서는 개를 버리고 가자고 하시는 것을 나는 울며 불며 내가 책임지고 데리고 다닌다며 데리고 가자고 떼를 부렸다. 아버지께서는 하는 수 없이 승낙하셨다.

아침 10시경이나 되어서야 피난길 장도에 올랐다. 아버지와 나는 끈으로 매어 어깨에 짊어지고 누님 두 명과 어머니는 머리에 이고 손으로 들었지만 10살짜리 여동생은 맨 몸으로 따라오기도 바빴다. '메리'는 목 끈을 매어 내가 끌고 나섰다.

막상 피란길을 떠났지만 한 시간도 못 걸었는데 벌써 지친 모습이 역력하다. 자갈 깔린 비포장도로를 걷다보니 어느새 흙먼지를 뒤집어쓰며 걷는 것이 예삿일은 아닌가 싶었다.

한 시간도 못 걸었지만 대전시내도 아직 못 벗어났다. 겨우 대전 남쪽 시내 끝자락인 유천동 변전소 못 미친 지점에 이르렀을 때였다. 갑자기 가까운 거리에서 총성이 울려 나도 모르게 뛰어 아버지를 따라 금산 나가는 도로변 어느 구멍가게로 뛰어 들어가자 식구들도 놀라 우리를 뒤따라 들어왔다. 구멍가게 주인 아저씨는 놀란 우리들 모습을 보고는 "놀라지 마세요 아군이 빨갱이들을 총살하는 것이랍니다"는 소리를 듣고서야 안도하며 그곳에서 잠시 쉬며 아버지께서는 먼지 길이 싫으셨는지 구멍가게 아저씨에게 금산 가는 산길을 물어보신다.

변전소 앞 유천 냇물을 건너 구도동으로 들어섰다. 식구들은 벌써 지쳤다. 하는 수 없이 이곳에서 쉬기로 하고 방을 구하러 아버지 어머니는 동네로 나가셨는데 한참만에 오셨는데도 방이 없다면서 겨우 사랑방에 달린 툇마루 하나를 빌렸다면서 짐을 그곳으로 옮겼다. 툇마루에서는 겨우 두 사람 밖에 잘 수가 없고 나머지 식구는 그 집 앞마당에 서 있는 큰 감나무 밑에 멍석을 깔고 잔다는 것이다.

그때는 인심도 참으로 후했다. 주인 아주머니가 멍석도 깔아주고 그 옆에 모기 불도 놓아서 편히 자도록 주선해주고 화덕도 내다 주고 된장 한 사발도 떠다 주면서 담장의 호박도 따다 먹으라고 한다. 그 집 사랑방에는 충청북도에서 오신 분이라며 인사도 시켜 어머니가 인사를 했다.

대전시내가 멀리 보이는 대전시 남쪽 끝자락이다. 이제는 지쳐서 그런지 꼼짝도 하기 싫다. 당시에는 '말라리아'라는 '학질' 또는 '하루 걸이'라는 병이 너무 심했다. 하루는 고열에 한축을 하며 앓다가 하루는 아무 이상없이 멀쩡하다가 하루 지나면 다시 고열을 심히 앓는 유행성 질병이었다. 주로 모기가 전염시키는 것으로 알고 있었다. 우리는 간호원으로 일했던 누님 덕분에 이 병에 잘 치료되는 상비약으로 '키니네'라는 노란 알약을 무척 써서 혀에 닿으면 금방 토학질을 하는 김에 싸서 먹거나 호박잎에 싸서 먹기도 했다. 하루만 쉬고 간다는 것이 벌써 1주일은 묵었나 보다 날이 어두어 지자 대전시내에 대형화재가 발생해 모든 사람들이 서로 어디쯤이라며 서로 다른 주장들을 하는데 아버지께서는 우리가게가 있는 인동시장 같다고 말씀하시면서 큰 걱정을 하셨다

얼마쯤 지났을까 대전시내 불탄지점을 보고 돌아온 동네 사람들을 통해 소식을 들으니 대전 인동시장에 난 불로 인민군들에게 보급품을 주지 않을 목적으로 인동시장에 미군들이 불을 질렀다는 것이다. 아버지께서는 그 소식에 망연자실(茫然自失)하셨다.

1950년 7월15일 한국의 작전지휘권이 미국에 이양되고 7월 16일 금강교가 폭파되고 정부는 대전으로 이전했다가 이내 대구로 이전하였다.

대전에 진주한 미 제 24사단은 싸워보지도 못하고 포위된 상태로 3개 방향으로 후퇴를 했다. 서쪽으로는 논산 방향이고 동쪽은 경부선 방향으로 육로나 기차나 '세천터널'을 지나야 했고 남쪽은 금산 방향으로 오직 유천

을 따라 가는 육로 뿐이었다.

미 제24사단장 윌리엄 딘(William F. Dean)소장은 논산방향으로 후퇴 중 포로가 되고 경부선 방향은 식장산이 가로 막혀있어 죽으나 사나 '세천'터널을 통과해야 하므로 세천굴 주변에 매복한 인민군을 미군의 기계화 부대가 화력으로 치고 빠져 일부 탈출에 성공하였다고 한다. 남쪽인 금산 방향은 유천 냇가 제방에 매복하고 유천동 도로 상의 급커브지점에 아름드리나무를 잘라다가 도로상에 쌓아 차단시키고 산 능선에 잠복하고 있다가 야음에 후퇴하는 미군을 기습 거의 전멸시키는 광경을 영화의 한 장면처럼 바라 보았다.

대전함락이 눈앞인데 우리가 여기서 머뭇거릴 여유가 없어 날이 밝으면 떠나려는 참인데 그날 밤 '말라리아'가 겨우 치료되는 때라 툇마루에서 어머니와 자고 있는데 바로 옆 사랑방에서 난데없는 한 방의 총성이 울렸고 통곡소리가 났다. 권총 자살한 사랑방 피난민은 충북에서 왔다는데 경찰관으로 폐병 말기로 대전함락을 눈앞에 두고 절망이 되자 자살한 모양이다.

우리는 날이 밝자 서둘러 떠났다. 산과 산 사이 계곡을 따라 금산 방향으로 걷고 걸었다. 비포장도로를 걸을 때보다 먼지는 없어서 좋으나 언덕을 넘고 냇물을 건너 걷는 데는 더 힘이 들었다. 어느덧 계곡에는 해가 지고 산간에는 드문드문 있는 집들의 굴뚝에는 흰 연기를 뿜어내는 것이 저녁밥을 짓나보다. 우리아버지께서는 좀 더 가자고 독려하신다. 어둑해질 무렵 도착한 곳은 금산으로 넘어가는 태봉재 입구의 외딴 집이다. 그 아래로 대 여섯 채의 집들이 보이는 전형적인 산촌이다.

이미 날은 어두워지고 선택의 여지가 없다. 부모님은 불문곡직(不問曲直) 그 집으로 들어가셨다. 집의 형태가 특이하다. 일자집으로 한 채가 있고 들어서니 앞마당이 있고 대문이 가운데에 있는 일자집이 사랑채이고 그 안에 본채가 있는 큰 집이다.

얼마 후에 주인 아주머니와 우리 부모님이 함께 나오더니 밖의 일자집 가운데 방에 들어가 곡식들을 한쪽으로 치우고 작은 멍석을 갖다 깔고는 그곳을 방으로 쓰고 밥은 화덕을 갖다 주며 마당에서 취사를 하라는 것이다. 그 방은 곡식을 넣어두는 함실방이었다.

이미 땅거미가 지는데 저녁밥이 급한지라 화덕을 빌려다가 주인 댁에서 준 감자는 까서 숭숭 썰어 쌀과 섞어 밥을 앉히고 주인댁에서 준 솔가지로 불을 짚여 밥을 짓고 주인 아주머니가 내온 깻잎 찐 것과 된장 지진 것 호박잎 찐 것으로 허겁지겁 저녁을 먹고는 하루 종일 걸은 탓에 눕자마자 곯아떨어졌다.

다음 날 아침이 밝았다. 모두 일어나 부산을 떠는데 누님 하나가 앓는 소리다. 열이 나 온몸을 떨며 앓는다. 틀림없이 학질이었다. 금산으로 넘어가는 태봉재를 바라보니 급경사에 가파르다. 그 이튿날 떠나려던 계획이 누님이 앓는 바람에 자연 연기다. 그곳에서 이틀을 자고 3일째 되는 날 출발하는데 아버지는 일방적으로 그 집 주인에게 '메리'를 잘 키우라며 주어 버렸다. 내가 안된다고 하자 그간 끌고 다녀보면서도 그러느냐며 역정이시다. 인기척 나면 짖고 더 이상 데리고 다니는 것은 무리다. 더 이상 데리고 갈 수 없다고 잘라 말씀하신다.

3일째 되는 날 일찍 일어나 밥하는데 한쪽에는 감자를 넣고 쪄서 감자는 점심에 먹는다며 따로 싸고 짐을 챙겨 태봉재를 향해 출발하자 두고 가는 것을 알았는지 메리가 길길이 뛰고 야단이다. 짖고 줄에 매달린 채 이리 뛰고 저리 뛰고 데리고 가라고 야단이다. 메리의 울부짖는 소리를 뒤로 하고 출발하면서 나도 울고 누나들도 울었다.

넓은 밭 하나를 지나 산비탈 송림 숲에 다가서자 이게 웬일인가? 숲속에 황갈색 군복에 별이 달린 모자를 쓴 처음 보는 군인들이 소나무 숲속에 4~500명이 앉아 있다. 보나마나 인민군들이다. 대전을 포위하면서 금산도 포위한 것이다.

이때 아버지께서 우리들에게 "당황하지 말고 태연하게 인민군들 앞으로 지나서 태봉재 고갯길로 가라"고 하셨다. 우리는 아버지 지시대로 숨죽여 인민군들이 매복하고 있는 그 앞을 지나서 고갯길 입구에 이르자 겨우 안도하였다. 분명 인민군대였다. 처음 보는 군복에 철모가 아닌 헝겊 모자를 썼는데 모표가 별이다.

우리는 부지런히 걸어 고개 중턱쯤에 이르러 쉬어가기로 하고 계곡으로 내려가 넓은 바위에 자리를 잡고 찐 감자를 내놓는 순간 계곡 건너 숲에서 난데없이 미군 장교 한 사람이 우리를 향해 오더니 배고프다는 시늉을 하면서 먹을 것 좀달라는 눈치다.

아버지께서 잡지책을 찢어 찐 감자를 6~7개를 소금과 싸서 주자 고맙다는 뜻으로 굽신 굽신 하고는 감자를 받아든 체 고개 아래로 가려고 한다.

저 밑에는 수백 명의 인민군이 도사리고 있는데 이를 어찌하랴! 아버지는 손사례를 치며 그리 가면 안 된다는 몸짓을 하시며 고개 아래 방향을 가리키며 총쏘는 시늉으로 적이 있음을 몸짓으로 설명하자 알았다는 듯 반대방향 금산 방향으로 향하는 것을 바라보니 참으로 불쌍했다.

어깨에 직사각형 넓적한 것이 두 개 붙어있는 계급장을 보니 대위 같은데 분명 이틀 전 대전시 유천동 야간 전투에서 이탈된 패잔병 같은데 지난 7월초에 대전에 진주한 미 제 24사단 장병이라면 한국에 온지 불과 며칠 되지도 않는 벽안의 병사가 지리도 모르고 말도 통하지 않는 이국땅에서 저 장교의 운명은 어찌 될 것인가? 저 감자로 얼마나 버틴단 말인가 참으로 안타깝다.

　미군 장교가 숲속으로 사라진 후 우리 아버지는 곧 후회하셨다. "우리가 점심을 굶어도 감자를 다 싸 줄 것을…."하고 후회하셨다. 분명 금산도 못 가서 사살되었거나 포로가 되었지 싶다.

　우리는 감자로 점심을 먹고는 서둘러 걸음을 재촉했다. 정상에 가까울수록 경사가 급해 오르기가 힘이 들었다. 정상에 오르니 금산으로 나가는 도로가 산 아래로 보인다. 산 아래 보이는 부락이 도로를 따라 서너 개 보이는데 이곳이 마전이다. 금산으로 가는 도로를 따라 부락이 형성되고 조금 떨어져 추풍천이 나란히 흐르고 있다.

　내리막길은 더 급경사로 다리가 사뭇 떨려 더 힘이 들었다. 중턱쯤 내려갔을 때였다. 도로 양옆으로 일열로 남쪽 금산을 향해 행군하는 황갈색의 인민군들이 온몸에 나뭇가지를 꽂아 위장하고 있다.

　드문 드문 보이는 대포는 말이 끌고 가거나 소가 끌고 가는 것을 보니 이해가 되지 않는다. 대포를 자동차가 끌고 가는 군대가 말이나 소가 끄는 군대에게 져서 쫓겨 가는것이 이해가 안 된다.

　마전 첫 부락이 저만치 보이는 지점에 내려오니 왼쪽 소나무 숲속에는 한 무리의 인민군들이 휴식을 하는지 우글우글거렸다. 우리가 도로에 내려 와 도로를 따라 금산으로 가다가 마전부락 끝에 있는 커다란 정미소 앞에 이르자 정미소 앞 마당에 커다란 우물이 있어 피난민들이 목들을 축이고 있어 우리도 물을 마시고 안채 마루에 앉아 쉬고 있는데 비행기 소리나서 쳐다보니 PD-51 무스탕 전투기 편대로 4기였다.

　마전 부락을 중심으로 한 바퀴 선회하더니 마전 남쪽에서 북쪽으로 향해 곤두박질해 내려오면서 로켓포 공격으로 우리가 쉬고 있는 정미소 뒷부분에 맞아 정미소 한 쪽이 날아가 버렸다.

이때 아버지가 나의 뒷덜미를 솔개가 나꾸어 채듯 나를 잡아끌고 도로를 건너 논두렁 길로 나가는데 2번기가 곤두박질로 내려오며 사격을 하지 않는 것으로 보아 피난민임을 판단한 것 같았다.

3번기가 곤두박질로 뒤 따라 내려오면서 우리가 고개에서 내려와 도로에 진입하던 곳 옆에 있는 소나무 숲을 향하여 기총소사를 하자 숲속의 인민군들이 혼비백산 (魂飛魄散)이다. 비행기는 연달아 돌며 숲속의 인민군을 기관총과 로켓포로 계속 공격하더니 남쪽으로 날아갔다.

마전 부락 여기저기 불이 나고 통곡소리에 아비규환(阿鼻叫喚)이다. 인민군들도 사상자가 부지기수(不知其數)다.

우리 가족은 마전부락이 저만치 보이는 추풍천 제방에서 한편의 영화를 보는 것처럼 무스탕 4기의 공중쇼를 보았다. 무스탕 공격에 죽고 달아나고 난장판이다 이리 뛰고 저리 뛰고 대항도 못하고 달아나기에 바쁘다. 민가의 희생도 컸다. 집에서 기르는 가축도 죽고 집에 불이나 난리다.

논두렁 길로 약50세 가량의 아저씨가 피가 줄줄 흐르는 고깃덩이를 들고 우리 앞을 지나며"어이 가서 고기를 얻어 다 잡수세요"하는 소리에 솔깃하였으나 불난 집에 부채질하는것 같아 망설이다가 식구들 고기를 먹이겠다는 생각에 아버지는 나를 데리고 부락으로 건너가셨다. 어느 집은 소가 네 마리나 죽었다. 말도 못하고 두리번거리고 있는데 한쪽에서는 소 한 부분을 칼로 도리는 동리 사람들이 있는가 하면 망연자실(茫然自失)한 주인네는 "어이 잘라다 드슈."한다. 마지못해 달려들어 자르기 좋은 허벅지 살을 한 뭉치 썰어 새끼줄로 엮어 들고 주인에게 돈을 드리자 돈을 사양한다. "이 여름에 어차피 두면 썩어서 못 먹을 것인데 그냥 가져가세요."인심이 참으로 후하던 시대. 냉장고가 있던 시절도 아니니 어차피 썩어 처치 곤란 할 터이니 그럴 만도 하다.

우리는 주인에게 고맙다는 인사를 하고 서둘러 기다리고 있는 가족에게 돌아와 고기 끓여 먹을 장소로 이동했다. 추풍천 바닥에다 돌을 주어다 솥을 걸고 우선 고기를 핏물을 빼고 가죽을 떼어내고 물을 끓이고 고기를 넣어 삶는데 나무도 만만치 않다. 계속 주워 와도 연료가 딸린다.

저녁 무렵이 다 되어 추풍천 제방에서 소금 찍어 실컷 먹었다. 곰국에 밥도 말아 먹었다. 배가 부르니 더 꼼짝하기가 싫어 그냥 제방에서 자기로 했다. 밤하늘에 별을 세며 잠을 청하는데 장마는 끝났을 터인데 빗방울이 내리자 초비상이다 짐을 챙겨 조금 떨어진 금산으로가는 다리 밑으로 가서 모래밭에 자리를 깔고 다시 잠을 청했다. 아침에도 비가 계속 와서 다리 밑에 솥단지를 걸고 밥을 지어 곰국 남은 것에 밥을 말아 먹고 비가 끝나기를 기다렸으나 하루 종일 비가 왔다. 다리 밑에서 밥을 지어 먹으니 거지가 따로 없다. 한 데서 자 보면 아침에 일어나 보면 이불이 축축하니 천근만근이다. 이것을 하루 종일 말려서 자면 또 젖어 다시 말려야 하고 반복되다보니 누더기 이부자리가 되고 만다.

비가 멎으면서 서둘러 짐을 꾸려 까맣게 멀리 보이는 금산읍을 향해 걸었다. 이미 날이 저무는데 금산군 금성면 파초리 열녀각 앞에 짐을 내려놓고 아버지와 어머니는 집을 구하러 동리로 들어갔다.

한참 만에 돌아온 부모님을 따라 들어간 곳은 앞마당이 넓은 초가집으로 문간 방에 들어가 짐도 정리 못한 채 잠이 들었다.

다음 날 아침 일찍 집 주인은 창칼을 갈고 옆에서 우리 아버지는 말씀을 나누는 소리를 들으니 어린 나도 온몸이 오싹했다.

주인 말로는 "내일 금산이 해방되는 날인데 금산경찰서 사찰계 형사 한 놈의 목을 따기 위해 칼을 간다."는 이야기를 들으니 집을 잘못 골랐구나 싶었다. 그리고는 우리 아버지에게 집이 어디냐고 물어 대전이라고 말하자 대전은 해방되었는데 왜 피난을 다니느냐는 것이다. 이어 직업을 물어 장사꾼이라고 하자 대전은 해방되었으니 어서 들어가라고 한다.

분명 좌익 사상을 가진 사람이 분명하였다. 훗날 내가 대공업무를 하면서 수사차 금산읍에 갔었던 기회에 혹여 그 집을 찾을까 하여 반초 부락에 가보았는데 전혀 찾을 길이 없어 찾지 못했다.

아버지께서는 그날 밤 새로운 결심을 하신 것이다. 이렇게 다녀봐야 가족들 고생만 시키지 이미 인민군이 앞서내려가고 있으니 우리가 전선을 넘어 남쪽 우리 우군속으로 들어간다는 것은 불가능하다고 판단하시고 대전집으로 돌아가기로 결단하셨다. 식량도 거의 바닥이 날 상태였다.

대전으로 가는 국도를 따라 귀가길에 올랐다. 메리를 준 집은 산 하나를 사이에 두고 빗겨 지나 대전으로 향했다.

하루는 노숙을 해야 하는데 제방인데 돌로 쌓은 곳이다. 아버지께서는 돌이 많은 곳에 뱀이 많으니 좀더 걷다가 흙으로 된 제방이 있으면 그런 곳에서 자야한다며 좀더 가자고 독려 하셨다. 제방에서 하루 자고 이틀을 걸어 대전 남단 유천변전소 가까이 왔다. 변전소를 조금 지나니 유천내무지서가 저 앞에 보이는데 내무서원이 장총을 메고 보초를 서고 있는 것이 보였다.

우리 보다 조금 앞서 가는 어느 피난민을 내무서 안으로 불러 들이는 것이 눈에 띄었다. 아차 큰일이다. 내가 진 봇짐에 중위 계급장이 달린 형님 군복이 들어있는 것이 문제다. 어찌할고 우리 6식구 제일 뒤에 따라 가는데 아니나 다를까 내무서원이 우리를 안으로 불러들인다. 뒤에 따라가던 나는 들어가지 않고 살짝 지나쳐 뛰어 도로를 건너 도로 아래 비탈진 곳을 미끄럼타듯 미끄러지면서 내려가 논바닥으로 뛰어달아났다. 멀리 떨어진 곳에서 가족들이 오기를 기다렸다. 가족들이 검문을 마치고 미제 잡지

책만 빼앗기고 무사히 통과해 와서 만나니 '우리 똘똘이가 최고야' 하면서 칭찬이다.

아버지는 어머니에게 "큰 아들 옷이 그렇게 중요해 어디 장교 군복을 싸가지고 다닌단 말이야 정신 나갔어 제가 재빨리 판단하고 도망갔기에 망정이지 따라 들어왔으면 문제가 생겨도 큰 문제가 될 뻔했지."하면서 어머니를 원망하셨다. 집에 도착한 직후 그 군복은 땅에 묻었다.

집에 도착하여 마루에 앉아 쉬고 있는데 어디서인가 신음소리가 들린다. 무슨 소리인가 귀 기울여 들어보니 개 신음소리다. 마당에 엎드려 살펴보니 'ㄴ'자로 구부러진 마루 저 구석에 메리가 엎드려 있다. 세상에 이런 일이! 우리는 비명을 지르며 달려가 '메리'를 꺼내 살펴보니 오른쪽 뒷다리 안쪽으로 한 뼘 가량 찢어져 신음 하고 있었다. 금산에서 탈출하면서 철조망 같은 것에 찢겨진 것인지 아니면 탈출해 오다가 잡아먹으려는 사람에 의해 당한 것인지 알수가 없다. 간호원 출신 누님 덕택에 허벅지 상처 주변 털을 면도로 밀고 소독한 다음 바느질 큰 바늘과 실을 끓여 소독한 후 꿰메어 약을 바르고 사람에게 쓰는 주사도 사용했다. 식구가 다 달려들어 붙들고 봉합작업을 간신히 마쳤다. 마취약 없이 봉합하자니 여간 힘든 작업이 아니다. 상처를 붕대로 감고 건너 방에 담요를 깔고 눕혀 간호를 했다.

2주가 지나서야 움직이기 시작했다. 그 상처 때문에 꼭 죽을 것만 같았는데 완치된 것이 기적이다. 다 누님 덕택이다.

공습을 피해 화단 밑에 파놓은 방공호로 피신하면 메리는 따라 들어와 같이 숨기도 했다. 참으로 영리한 개였다. 맡긴 집에서 우리 집까지는 거리가 약 30Km 정도인데 어떻게 길을 찾아 왔을까? 산의 계곡을 따라 구불구불한 길을 어찌 판단하며 왔을까? 참으로 신기하다. 집에 와서 지금까지 며칠을 굶고 있었을까?

우리가 집에 돌아온 지도 벌써 일주일이 지났다. 그날 저녁 집에서는 가족회의가 열렸다. 인공치하이니 행동에 각별히 조심해야 한다. 그리고 각종 단체에 가입하라고 할 것이니 거절하지 말고 가입하라는 것이다. 나는 소년단에 가입하여 대사동 인민위원회 사무실에 나가 노래도 배우고 인민군병원에 가서 위문 공연도 했다. 누나들은 여맹에 나갔고 아버지는 노력동원에 나가 도로정비나 폭격장소 정리에 동원되고 열심히 하는척 했다.

노래 배우러 인민위원회 소년단 사무실에 나갔다가 깜짝 놀랬다. 6.25 직후 잡혀간 박문수 동회장이 인민위원장이 된 것이다. 나는 슬금슬금 피하고 인사도 하지 않았고 되도록 피했다.

추후에 안 일이지만,
- 1950년 7월20일 대전 함락
- 1950년 8월1일 미8군 사령관이 낙동강 방어선으로 후퇴명령
- 1950년 8월5일 인민군 1차 총공세
- 1950년 8월16일 낙동강 전선 일대 B-29 융단 폭격
- 1950년 8월18일 정부 대구에서 부산으로 이전
- 1950년 8월31일~9월8일 인민군 2차 총공세(9월공세)

이러한 과정에 인공치하에서 마음을 조리며 살아야 했다.

군기관원 장교가족으로 당연 반동가족으로 감시 대상으로 몸을 사리지 않을 수 없었다.

피난갔다 들어와 보니 대사동에는 인민군 탱크부대가 들어와 민가에 위장하고 있어 야간에 비행기가 들어오면 첩보요원이 신호탄으로 신호 조명탄을 터프리고 폭격이 심해 먼저 방공호부터 화단 밑에 팠다.

인공치하에서 살아보니 선전선동의 극치를 걷는 공산주의자 들이었다.

거리에 붙은 포스타에는 함락되지도 않은 부산함락이 되었다면서 이승만 대통령이 목발로 부산 앞바다로 뛰어드는 장면을 보았다.

어디 그뿐인가 인민위원회 앞 거리에 소나무 가지를 잘라다가 아취형 솔문을 세우고 상단에 김일성과 스탈린 초상화를 나란히 걸고 함락되지도 않은 '부산 함락 기념'이란 선전물과 농악대를 동원 춤사위로 선동하는 것을 보면 희망을 잃게되고 절망에 빠진 일이 한 두 번이 아니다.

정보매체가 전무한 상태에서 속을 수 밖에 없다. 그러나 우리는 제니스 라디오 덕분에 몰래 방송을 통해 많은 정보를 얻었다.

얼마 안 있으면 8월 추석인 때였다. 우리 집에 박문수 인민위원장이 안내하여 곤색 군복에 곤색망토를 걸친 높아 보이는 인민군이 와서 무엇인가 설명한 후 돌아간 사실로 아버지는 노심초사(勞心焦思)였다.

보도연맹에 가입하여 예비 검속 때 잡혀가 처형된 줄 알았는데 인공치하가 되니 인민위원장이 되어 보지도 못한 군복의 높은 장교와 왜 우리 집을 방문하여 무엇을 설명하였으며 그이유가 무엇일까? 틀림없이 좋은 일은 아니상 싶다. 그러니까 더 초조해 하신 아버지셨다. 짐작컨대 경찰가족, 군인가족, 동네 유지 등 반동세력들에 대한 숙청이 있는 것은 아닐까? 하는 걱정이셨다.

우리는 소위 반동가족이니 매사에 조심하고 말을 조심해야 한다고 당부하신 아버지께서는 불타버린 우리 상점을 정리하시느라 나가셨다. 그 당시는 연료가 전부 화목이라 연탄도 없던 시대여서 산에서 채취하지 않으면 연료가 없었다.

그날도 아침을 먹고는 옆집에 사는 친구 순천이랑 나무하러 낫과 접는 톱과 나무를 묶을 수 있는 밧줄을 챙겨 앞에 보이는 보문산으로 갔다.

산 중턱쯤 이르렀을 때 B-29 한 대가 남쪽에서 북쪽으로 대전시를 가로 질러 날아가는 것을 보며 "순천아 저기 날아가는 비행기가 B-29야!"하자 순천이는 나에게 "너는 어떻게 비행기 이름도 아니?"하고 묻는다.

나는 순천이에게 "우리 형이 군인 장교라 비행기 식별하는 책이 있는데 나는 그런 것에 관심이 많아 그런 책을 많이 본단다. 저 비행기와 모양은 비슷하나 조금 작은 비행기가 있는데 B-24가 있단다. 폭탄 제일 많이 싣는 비행기는 B-29란다."

그런 이야기를 하며 정상에 이르렀을 때 북쪽으로 날아간 비행기가 남쪽으로 날아가기에 그냥 돌아가는 것으로 생각했는데 잠시 후 대전시 남쪽에서 북쪽으로 B-29 아홉 대가 굉음을 내며 아까보다는 고도를 낮게 날며 대전 상공에 이르렀을때 비행기마다 일정한 간격으로 까만 물체가 일직선으로 낙하 하는가 싶더니 굉음과 연속 폭발하면서 흑연이 대전 상공을 뒤덮었다. 천지가 진동하는 굉음이다.

공습도 몇 차례 당해 보았지만 이런 공습은 처음 본다. 말만 듣던 융단폭격이 바로 이런 것이었다. 우리 아버지도 노력동원에 나갔다 오셨는데 그 비행기가 바로 B-29라고 하셨다. 불발탄도 있어서 보았는데 새우젓 항아리만 한데 1톤짜리라며 그 폭탄 한 개가 터진 구덩이가 사람 일천 명이 하루 판구덩이라고 한다. 대전역 광장에 있던 분수대에 명중하여 분수대는 없어지고 그 자리에 큰 웅덩이만 생겼다. 기차 레일은 엿가락처럼 휘말리고 기차는 날아가 기차를 엎고 대전역 레일 밑으로 뚫린 지하도에 들어가 있던 사람들은 피 한 방울 안 흘리고 전부 사망하였다는 소문이다. 순천이와 영화를 보듯 그날의 광경은 아직도 생생하다.

그 후로는 공습경보 체제가 확 바뀌었다. 전에는 공습하거나 말거나 였는데 이제는 비행기만 나타나면 인민군들이 거리에 나와 호각을 불며 통제하고 등화관제도 엄격히 실시하였다. 그때 어지간히 혼이 난 모양이다.

아침저녁 찬바람이 난 것이 완연하다. 얼마 안 있으면 추석인데 전란으로 먹을 양식도 없는 판국에 부모님은 조상들에 대한 제사음식 걱정이다.

나는 집 앞에 있는 제방에 나가 놀고 있는데 대흥초등학교 후문 옆에 있는 고목나무 밑에 인민군 장교가 서 있다가 마침 날아온 쌍발 경폭격기 한 대를 쌍안경으로 보며 무어라고 중얼대는데 비행기가 낮게 날아 지나치며 비행기 뒤 방향으로 두르륵 기관총 몇 발을 발사하였는데 인민군 장교는 그자리에 쓰러졌다. 달려가 보니 머리 반쪽이 날아가 버리고 즉사하였다. 바로 옆 인민군 육군병원인 대흥초등학교 의무병들이 나와 시신을 수거해 들어갔다.

인공치하에서의 생활도 벌써 2개월이다. 국군의 수복만을 초조히 기다릴 뿐 그날도 나무하러 갈 채비를 하고, 함께 갈 친구를 찾고 있는데 프로펠라 4개인 B-24한 대가 대전 상공을 가로 질러 서울 방향으로 북상하면서 갑자기 무엇이 떨어지는데 폭탄과는 달리 사방으로 흩어지는 것이 삐라였다.

나는 망설임도 없이 삐라가 떨어지는 방향으로 달렸다.

대전고등학교 뒤쪽 같았다. 그 방향으로 뛰었다. 삐라가 가까이 떨어지는 것이 보였다. 도지사 관사 후문 쪽 이었다. 그곳으로 들어가며 몇 장 집어 주머니에 넣고 더 집으려고 관사 후문 가까이 가서 몇 장 집었는데 후문 입초서던 인민군이 불러서 갔다.

다가 가자 무조건 면상을 한 대 때려 코피가 터졌다. "이 간나 새끼 이만 것 줏으면 안돼!"하며 때린 것이다. 손에 들고 있던 삐라는 빼앗기고 울면서 나와 대전고등학교뒤 도랑에서 코피를 닦고 집으로 달려왔다.

누님들과 삐라를 보았다. 16절지 크기보다 조금 작은 듯하다. 앞면에는 '친애하는 애국동포 여러분!' 제하로 그간 인공치하에서 얼마나 고생하셨습니까! 인천상륙 작전에 성공수도 서울이 탈환되었으니 독안에 든 인민군을 곧 격퇴할 것이라는 것이다. 그간 학수고대(鶴首苦待)하던 기쁜 소식이었다.

이면에는 1950년 9월 15일 인천상륙 작전에 성공하여 한반도 허리가 잘려 인민군이 포위된 상태임을 그린 지도였다.

다시 말해, '1950년 9월 15일 06:00 한미해병대가 인천월미도에 상륙작전을 감행한지 2시간 만에 점령하고 김포비행장과 수원을 점령하였고 9월 19일 미 해병대가 한강을 도강하고 한국 해병대가 중앙청에 태극기를 게양함으로써 서울 수복의 작전이 완성되었다'는 내용이었다.

그후 성장해서 안 사실이지만 맥아더 장군은 1950년 6월29일 일본에서 수원으로 날아와 한강방어선을 살펴본 뒤 인천상륙작전을 구상하였는데 그것은 북한군 보급로를 차단하여 치명적인 타격을 가하여 전세를 뒤집으려 하였던 것이다.

그는 서울을 하루 빨리 탈환해야 한국 국민들을 안정시킬 수 있다고 생각하였다고 한다. 그해 7월 극동군사령부는 맥아더 지시에 따라 인천, 군산, 주문진 등 세 가지 상륙작전 계획을 검토했으며 인천 상륙을 택하고 작전계획을 수립하였으나 미 합참이나 극동군 해군도 반대하였는데 그 이유는 조류간만의 차가 9m에 달하고 낙동강 방어선 유지가 어려우며 일본방어에 공백이 생겨 반대하고 성공 가능성은 5000분의 1이었다고 한다.

같은 해 8월23일 도쿄 미 극동사령부에서 미 육해군 지휘관 회의가 소집되고 여기에서 맥아더는 지휘관들 설득하여 결국 미 합동참모본부의 승인이 9월 15일 떨어진 것이다. 상륙부대로 미 제10군단을 편성하고 극동군 참모장인 알몬도 육군 소장을 군단장에 임명했다.

미 7함대를 주축으로 한 제7합동상륙기동부대(스트러블 중 장)는 함정

261척을 동원해 미 2개 사단 (1해병사단, 7사단) 한국군 2개 연대(17연대, 제1해병연대) 등 한, 미 연합병력 7만 5000여명을 상륙시켰다.

북한군이 유엔군의 인천상륙 가능성을 깨닫기 시작한 것은 9월13일쯤 미 해군 함정이 인천 앞바다 비어수로에 출연한 이후였다.

다음날 북한군은 제18사단 22연대를 인천으로 이동시켰지만 이미 때는 늦었다. 낙동강 일대에 투입된 북한군 13개 사단의 주력은 후방이 차단됐고 이어 미 제8군의 반격으로 북한군의 주력은 무너져 버렸다. 그것은 인천상륙작전의 성공의 대가였던 것이다.

이 기막힌 희소식을 아버지께 전하기 위해 불탄 상점을 정리하러 나가신 아버지를 만나러 나갔으나 안 계셔서 돌아오다 옆집 사는 친구 순천이를 만나 삐라 한 장을 주자 깜짝 놀라면서 황급히 집으로 들어갔다.

당시 순천이 아버지는 인공치하에서도 철도국에 출근 하여 기관사 일을 하면서 가끔 시사성 있는 소식을 곧 잘 알려주었다. 얼마 전 화물열차 28량에 탄약을 싣고 낙동강 최후전투를 위해 대전역을 막 출발해 달리는데 쌍발 경폭격기 1개 편대가 들이닥쳐 달리는 열차를 폭격하여 불이 붙은 채 계속 달려 '세천'굴로 들어가 진화하려 하였으나 불길을 잡지 못해 그 후 1주일간 터지는 소리가 전쟁을 방불케 했다고 하는데 그 탄약 터지는 소리는 나도 들었다. 낙동강 최후 전투를 위한 탄약이라는 것은 순천이 아버지로 부터 들은 소식이다.

그 무렵 내가 살던 대사동 일대는 인민군 탱크부대가 와 있었는데 탱크가 민가 한쪽을 밀고 틀어박힌 채 위장하고 있었고 우리가 탱크 옆에 가서 놀다가 인민군들간 대화 중에 "김동무 우리가 김천있을 때 말이야…." 하는 소리만 들어도 김천에서 후퇴한 사실을 감지하여 그 사실을 아버지께 알려드리곤 했었다. 마치 첩보수집 활동 같았다.

이 무렵 우리 동네에는 야간에 비행기가 들어오면 이내 신호탄이 솟아오르고 그것을 신호로 비행기에서 조명탄을 터트리고 대낮같이 밝은 상태에서 탱크가 발견되면 네이팜탄을 터뜨려 불바다를 이루는데 그 첩보원을 잡으려고 호각을 불어대고 추격하며 가택수색까지 하는 등 소란이 일어난다.

이때 잠자리에 들면 은은히 들리는 포성이 점점 가까워지는 감으로 전선이 북상함을 실감하고 기관총 소리까지 들리면 전선이 가까워졌음을 간파하게 된다. 그럴수록 아버지께서는 걱정이시다.

죽음에서의 탈출

전선이 가까워 오면서 불안한 가운데 또 피난을 가야하나 고민하고 있을 때였다. 모두 잠들어 있는 한 밤 중에 어느 낯모르는 젊은이가 담을 넘어 우리 방으로 들어와 시간이 없다며 빨리 몸만 피해야 한다며 잠을 깨웠다.
급하다며 서둘렀다. 우리는 영문도 모르고 눈비비고 일어나 자전거를 타고 온 그 젊은이를 따라 대전 대사동에서 문화동으로 넘어가는 성황당 고개에서 우리에게 "빨리 멀리 가라" 당부하고는 가버렸다.
이곳까지 데려다주고는 가버리는 것이 급한 상황임에는 틀림이 없는 것 같고 우리를 도우려고 하는 것 같으나 갈 곳이 마땅치 않다.
그 밤에 되도록 멀리 가야 하므로 논산 방향으로 밤새 걸어 흑석리에 도착하였으나 그릇하나 없이 얻어먹을 그릇도 없이 조석을 어찌 해결한단 말인가!
아버지께 아까 그 젊은이가 누구냐고 물으니 아버지도 처음보는 사람인데 대사동 인민위원회 서기라고만 하는데 잘 못보던 사람이라고 하셨다.

커다란 느티나무 밑에서 온 식구가 쪼그리고 있는데 먼동이 트기 시작했다. 날이 새기가 무섭게 전투기 24대가 굉음을 내며 낮게 날아 대전방향으로 요란스레 날아간다.

삼삼오오(三三五五) 무리지은 패잔병 무리가 무장도 없이 북쪽으로 가고 있는 것이 벌써 세상 분위기가 다르다. 벌써 민간 복장에 총을 들고 동네 치안을 맡아 부역자들을 잡아 처형까지 하고 있었다. 어머니는 이집 저집을 다니며 동냥을 해다가 식구들 차례 차례 끼니를 채운다. 들리는 소문이 대전이 이미 수복이 되었다는 소문이다

이때 아버지께서는 용단을 내리셨다. "멀리 가는 것만이 능사는 아니다. 일단 집 근처로 가서 대전이 수복되었는지 알아보고 되었으면 집으로 들어가야지 멀리갈 일이 아니다"

우리는 다시 대전을 향해 걸었다. 서대전에 이르니 국군 탱크가 북으로 향해가고 먼지를 뒤집어 쓰고 눈만 내놓은 군인들의 무리가 차를 타고 북으로 가는 모습을 보니 대전은 이미 수복된 것이 틀림없다. 우리는 거침없이 집으로 들어갔다. 우리를 기다리는 것은 '메리'였다. 꼬리를 흔들고 몸을 비틀고 어쩔줄 모른다. 밥부터 해야 하는데 연료가 없다. 나는 쉴 사이도 없이 나무하러 보문산으로 갔다. 쌍굴을 지나 수영장 못미친 지점에 이르니 통곡들 하고 난리다. 경찰가족, 군인가족, 동네 유지 등 40여구의 시체가 뒹굴고 있다.

순간 그 젊은 서기가 우리를 탈출시키지 않았다면 우리도 저시신들 속에 있었겠구나 생각하니 온몸이 오싹했다. 나도 모르게 눈물을 흘리며 8부 능선에 올라 나무를 한 짐해서 지고, 집에 와서 그 이야기를 하고 있는데 우리를 탈출시킨 그 분이 왔다.

아버지는 그분을 정중히 맞이했다. 자초지종(自初至終) 이야기를 들었

다. 대사동 인민위원회 서기로 부역을 하면서 수복 며칠 전 처형자 명단을 작성하였는데 우리가 1순위라 탈출시키고 대신 형님이 들어오시면 어쩔 수 없이 부역하였으니 처벌받지 않게 해달라는 것이었다.

형님과의 상봉

 형님이 살아있어서 이곳을 지나 북진했다면 소식을 주었을 터인데 아무 소식이 없는 것으로 보아 아직 지나가지 않았다. 그렇다면 북진하려면 반드시 대전 시내 목척교 다리를 지날것이므로 나는 다리를 지키러 나갔다.
 그 당시는 전 도로가 비포장도로라 차만 지나가면 먼지 투성이다. 먼지를 뒤집어 쓴 군인들이 너나 할 것 없이 눈만 내놓고 지나가니 식별도 쉽지 않다. 또 언제 올지 기약도 없어 참 막연한 상봉이다. 다만 확실한 것은 반드시 이 다리를 지난다는 전제가 유일한 위안이다.
 그래서 식구들은 만류하였다. 형이 오면 집으로 올터인데 구태어 나가 기다릴 필요가 없다는 것이다. 나의 생각은 달랐다. 형이 대전 이북으로 간다면 이 다리를 반드시 지나야 하는데 군 명령에 따라 대전을 지나도 시간이 없으면 집에는 들릴 수 없을 수도 있다는 것이다.
 목 지키기 8일째 되던 날 점심 좀 못되어 군인 행렬이 지나 가는데 어느 찦차 한 대가 나를 약10m 지난 지점에 서더니 군인 한 사람이 내리며 내 이름을 부르는 것이 아닌가! 내 이름을 부를 군인이 형 밖에 더 있을까 형님이었다. 꿈에 그리며 생사도 모른 채 기다리던 형님이었다. 형님도 달려와 나를 부둥켜 안고 우셨다. 식구들 안부부터 묻고는 저녁에 집으로 오시겠단다. 나는 신바람이 나서 뛰다 걷다를 반복하면서 집에 들어서면서 "나 형 만났어!"소리 지르자 온 식구가 난리다. 형님 소식에 온 식구들이 눈물들을 흘렸다.

저녁에 형님이 집에 왔으나 전선을 따라 이동하기 때문에 시간이 없다며 안부만 주고 받고 한 밤 중에 부대로 돌아갔다.

6.25 전황

그해 9월15일 인천상륙작전에 성공한 아군은 9월18일 국군 선발대가 영등포에 돌입했다. 9월19일 왜관이 탈환되고 9월20일 미군이 한강을 도하하였고 9월 23일 인민군이 낙동강 전선에서 퇴각하는 일방 9월 28일 수도 서울이 수복되었고 한편 UN에서는 한반도 통일된 독립국가를 수립한다는 결의에 따라 38도선 북진명령으로 10월1일 38선을 통과하였고 파죽지세로 밀고 올라가 10월9일에는 적의 심장부인 평양에 태극기가 꽂혔고 10월10일에는 원산을 점령하였다.

10월 24일 UN군 총공세에 맞서 10월25일 100만여명의 중공군이 한국전 제일선에 개입하여 다음날 1차 총공세를 개시하였다.

그해 10월26일 국군이 압록강 초산에 도달, 압록강 물을 마셨고 11월 2일 미 제 10군단이 두만강 혜산진에 진입하였으나 이에 맞서 중공군이 인해전술(人海戰術)로 대거 침투하였으나 11월24일 UN군 최종 공세를 하였으나 후퇴를 거듭 12월5일에는 중공군이 평양을 점령하였고 그해 12월24일 흥남에서 선박으로 철수하였다. 이때 아버지께서 지난번 인공치하에서는 인민위원회 젊은 서기의 목숨을 건 구출로 살아났지만 또 다시 인공치하에 들어가면 1차 때 탈출한 상황도 들어날 것이므로 살아나는 것은 불가능하다고 판단하시고 육군 제3사단 포병부대 가족들 피난행렬에 함께 동승하여 피난길에 올랐다.

피난 살이

 GMC 군트럭에 짐을 잔뜩 싣고 그 위에 올라 앉아 추위를 막기 위하여 담요를 뒤집어쓰고 먼지 투성이의 비포장 도로를 달려 저녁 어두워서야 대구에 도착하여 일간지 신문을 보니 미군 워카 중장이 교통사고로 사망하였다는 기사를 보았다. 바로 1950년 12월 24일 크리스마스 이브였다.
 우리 피난민 행렬이 GMC 4대로 대구에서 저녁만 먹고 계속 달려 도착한 곳이 김해읍 삼정동 일명 활천부락이다. 동네 한 가운데 넓은 마당에 하차한 후 살 집은 각자 구하는 것이다. 집을 구하러 부모님은 나가셨다.
 우리가 살 집은 김해 부산간 국도에서 그리 멀지 않은 곳으로 구씨 성을 가진댁으로 담장이 탱자나무로 되고 텃밭이 넓은 집인데 문간 방 한 칸이었다.

중공군 개입

 1951년 1월4일 중공군에 수도 서울이 또 다시 피탈되면서 1.4후퇴가 시작되었다. 그해 1월14일 평택과 삼척을 잇는 신방어선으로 철수한 국군과 유엔군은 버티다가 다시 밀고 올라가 3월 15일 서울을 재탈환하였다.
 중공군의 개입으로 전세가 역전되다 미국은 맥아더 장군과는 협의 없이 중국군 사령관에게 휴전협정을 제의하자 맥아더 장군은 충격을 받고 정부와는 협의 없이 다음과 같은 네 가지를 주장하는 성명을 발표하였다.
 첫째 : 미 해군은 중국 해안을 봉쇄한다.
 둘째 : 중국본토를 폭격 한다
 셋째 : 대만의 장개석 군대를 참전시킨다.

넷째 : 원자탄 사용도 고려한다.

등을 정부와는 협의 없이 성명을 발표하자 중국의 신경을 건드린 책임을 물어 미국의 트루만 대통령은 71세의 맥아더 장군의 직위를 해임시킴으로 그해 4월19일 귀국하여 국회에서 행한 그의 연설은 유명하다.

"Old Soldiers never die but just fade away"
(노병은 죽지 않는다 다만 사라질 뿐이다.)

1951년 4월12일 리지웨이 대장이 맥아더 후임으로 임명되고
1951년 6월23일 휴전 제의
1951년 7월10일 개성에서 휴전회담 개최
1951년 10월 25일 판문점으로 휴전회담 장소 이전
1951년 10월 28일 군사분계선 설정 합의
1951년 12월 18일 양쪽 포로교환 명단 교환
1952년 4월 20일 부상병 포로 교환
1952년 6월8일 포로송환 문제 타결
1952년 6월18일 대통령 반공포로 석방
1952년 7월 27일 휴전협정 조인
이러한 과정에 중공군의 대공세가 여섯 차례 있었다.
(1) 제1차 대공세 : 1950년 10월 25일
(2) 제2차 대공세 : 1950년 11월 25일
(3) 제3차 대공세 : 1950년 12월 31일
(4) 제4차 대공세 : 1951년 1월125일
(5) 제5차 대공세 : 1951년 4월22일

(6) 제6차 대공세 : 1952년 7월13일

6.25 전란으로 입은 손실은 참으로 막대했다.
- 이재민 250만 명 (남한)
- 사상자 50만 명
- 공산군 사상자 150만 ~ 200만 명에 이른다고 한다.

아군에 의한 대량학살 사건

(1) 보도연맹 가입자 처형

1948년 시행된 국가보안법에 따라 좌익분자들을 단체 전향시켜 보호한다는 취지로 1949년 6월5일 좌파전향자로 반공조직이 결성 되었는 바 1949년 말 그 가입자 수가 30만명에 이르고 서울에만 약2만 명에 이르렀는데 6.25동란이 일어나자 북한에 동조 반정부적 활동을 할 것이라는 우려로 예비 검속하여 처형해버린 사건으로 희생자만 수천 명에 이른다고 한다.

(2) 노근리 양민 학살 사건

미군들이 후퇴하면서 충북 영동군 황간면 노근리 철교에서 북한의 공작원들이 피난민에 섞여 침투할 염려가 있다하여 노근리 주민과 피난민 1800여명을 사살해버린 엄청난 사건이다.

(3) 국민방위군 사건
- 1951년 1월 1.4후퇴하면서 제2국민병으로 편성된 국민 방위군 장교

들이 국고금과 군수품을 부정처분 착복하여 동사자와 아사자가 9만 ~ 12만 명에 이른 사건으로 당시 국방장관 신성모(申性模), 부통령 이시영(李始榮)이 사임하고 방위군사령관 김윤근(金潤根), 부사령관 윤익헌 (尹益憲) 이하 5명이 총살되었다.

- 1950년 12월21일 '국민방위군 설치법' 이 설치 대한청년단 단장 김윤근을 육군 준장으로 임명하여 국민방위군사령관에 임명하고 기간요원이 현역에서 차출되고 대한청년단 출신으로 지휘관이 충원되어 서울에서 모집된 것이 50만여 명이다

- 전선이 후퇴하면서 도보로 남하하는 과정에 피복도 지급치 못하고 굶주린 채 100여일에 걸쳐 장거리 이동하는 과정에 50만 명 중 5만 명이 아사하거나 동사하였다고 한다.

- 1951년 봄 내가 피난 가서 다녔던 김해 삼정초등학교는 교실이 6개인 조그만 학교인데 운동장에 텐트를 치고 방위군 제 12교육대인가 하는 부대가 있었는데 계급장이나 명찰도 없이 허름한 군복만 걸치고 자루에 구멍 뚫린 숟가락을 끈으로 묶어 목에 걸고 회초리와 깡통을 들고 들판에 개구리나 뱀을 잡으러 다니는 걸인과 같은 방위군을 많이 보았다.

- 1951년 1월15일 국회에서 '제2국민병 비상대책위원회'를 결성하여 파헤친 사건으로 당시 착복액이 무려 55억에 이르렀다고 한다.

- 1951년 4월30일 국민방위군 해체 결의를 하고 그 주모자를 1951년 8월 12일 공개 총살되었다.

- 최근 진실과 화해위원회 직권으로 국민방위군 희생자들이 50년 만에 순직 처리되었다.

고학

　1950년도 저물어 가는 12월말 경이었다. 우리 식구가 많아서인지 생활이 참으로 어려웠다. 부모님은 병중에 계시고 피난민 수용소 배급만으로는 너무나 생활이 어려웠다.
　나는 생각다 못해 십리거리의 김해 읍으로 나가 이곳저곳 살펴보는데 버스터미널에 피난민 어린 아이들이 외제물품을 메고 다니며 팔고 있었으나 장사 밑천이 필요하고 제일 손쉬워 보이는 것이 신문배달이라 생각하고 당시 연합신문 김해 지국을 찾아갔다. 나는 하는 수 없이 거짓말을 했다. 내가 사는 활천 부락에 약 100부 정도는 가능한데 배달할 수 있는지 우리 아버지가 여쭈어 보라고 해서 왔다고 했다.
　그 말에 배달하려면 아버지 인감도장을 가져오라고 하여 고민 하다가 먼저 집집마다 다니며 구독신청을 받아 보니 70여부가 되어 용기를 얻고 아버지에게 말씀드리고 인감도장을 달라고 하자 중학교 가려면 공부도 해야 하는데 하시면서 망설이다가 내 성화에 도장을 내어 주셨다.
　신바람이 나서 뛰며 걸으며 약 3 Km되는 김해읍까지 단숨에 가서 연합신문 김해지국에 아버지 인감도장을 제출하여 신문배달을 시작했다. 현재 인제대학이 있는 어방리까지 확대하니 120부로 늘어나는데 배달거리가 왕복 10Km는 되는 것 같다.
　며칠 해보니 너무 힘이 들어 아버지랑 상의해서 헌 자전거한 대를 장만해서 해보니 훨씬 수월한데 자전거 수리하려면 꼭 김해 읍까지 나가야 하는 어려움이 있었다.
　나는 또 고민에 빠졌다. 피난민 내 또래 아이들은 삼정초등학교에 편입하여 공부를 해서 중학교 입시 준비들을 하고 있는데 연합고사로 치룬다는 것이다. 그러니까 전국의 중학 입학시험이 문제가 같다는 것이다.

하는 수 없이 낮에는 하는 일이 없으니 도둑공부를 해야겠다고 마음을 정하고 친구들을 만나 교과서를 과목별로 빌려다가 베껴 썼다. 당시는 전기가 밤 10시면 나가기 때문에 촛불을 켜고 해야 만 했다. 낮에는 6학년 교실 밖에서 들여다보며 설명도 듣고 필기도 하는데 창 밑에 벽돌 몇 장을 싸야만 높이가 맞아 그것이 고민이었다.

그런대로 벌써 여러 날째 도둑 공부를 하는데 어느 선생님께서 와서 나를 잡아 교무실로 끌고 들어 갔다. 나를 데리고 들어간 선생님은 교감선생님이셨다. 너는 매일 와서 무엇을 하느냐며 나쁜 아이로 생각하시는 모양이다. 그때 어느 선생님이 저를 보시더니 "너 연합신문 배달하는 아이가 아니냐?"하시면서 알아보셨다.

나는 하는 수 없이 전후사정을 이야기했다. 나쁜 짓하러 오는 것이 아니라 도둑 공부하는 것이라고 솔직이 이야기 했다. 나도 모르게 나는 눈물을 흘리며 도둑공부해서 죄송하다고 사과드리자 교감 선생님은 어느 아저씨를 찾더니 6학년 반에 책상 하나 갖다 놓으라고 지시하고는 나에게 교과서 없는 것이 어느 것인가 내일 학교에 와서 이야기하면 주선해주시겠다고 하면서 내일부터 정식으로 출석해서 공부하라고 승낙을 해 주셨다.

연합고사까지는 불과 몇 달 밖에 남지 않았다. 밤늦게 촛불을 켜놓고 열심히 하였다. 연합고사일이다. 최선을 다했다. 김해군에서는 10등 안에 들 정도로 우수한 성적을 받았다. 선생님도 극찬을 해 주셨다. 산넘어 산이라더니 좋은 성적도 아무 소용이 없었다. 연합고사 성적표를 가지고 김해중학교에 원서를 냈는데 접수 자체를 하지 않는다. 피난민은 부산에 있는 종합중학교에만 진학할 수 있다고 한다. 왜냐하면 언제 수복이 되어 올라가면 여기 학교는 학생들이 빠져나가게 되니까 곤란하다는 것이다.

이해는 가지만 나로서는 진학이 불가능하다. 새벽에 신문 배달하랴 낮에 장사하랴 시간이 없는데 부산으로 통학은 불가능하다. 더구나 버스터미널에서 장사도 새로 시작할 계획인데 통학은 불가능하다. 나는 깊은 고민에 빠졌다.

연합고사 성적이 발표되어 성적이 좋아도 좋은 줄 모르는 상황 하에서 삼정초등학교 졸업식에서 특색 있는 상장을 하나 받았다.

성적은 우수하나 출석일수가 부족하여 우등상장은 줄 수 없고 노력상을 주었다는 담임 선생님의 말씀이다. 노력상 받은 것이 최초이자 마지막일 것이라는 이야기였다.

나는 진학문제로 고민하다가 하는 수 없이 담임선생님께 상의를 드렸다. 선생님은"부산에 있는 경남도교육위원회 교육감의 허락을받으면 가능할 것이다"라고 하신다. 그러나 피난민이 한 두 사람도 아니고 나와 같은 처지의 사람들도 많을 것인데 허락을 할 것인가도 문제지만 누가 가서 만나자고 한다고 만나 줄 것인가? 어려움이 한 두가지가 아니다. 나의 경우 아버지께서는 병중에 계시고 그렇다고 20전후의 누님들이 찾아 갈 수도 없고 간다면 내가 가는 수 밖에 없는 실정에서 내가 가기로 작정하였다.

내가 어리지만 못 할 이유도 없다. 내가 가기로 작정하였다. 나는 담임선생님을 찾아가 경남도교육위원회 위치 좀 알아봐 달라고 말씀드리자 알려주셨다. 지금 남아있는 기억으로는 남일초등학교 부근이었던 것 같다.

나는 어리지만 너무 절박하여 연합고사 성적표를 가지고 경남도교육위원회를 찾아갔다. 1층 아무 사무실이나 들어가 "경남 장학관님을 만나러 왔는데 사무실이 어디입니까?"하자 "너 어디서 심부름 왔느냐?"고 물어 "김해에서 왔습니다."라고 답변하자 그 직원이 "따라 온나."하여 2층 장학관 사무실로 데리고 가서는 "김해에서 어느 꼬마가 심부름 왔습니다."하며 나를 들여보내 장학관 앞으로 다가가 넓적 절하고 울먹이며 전후 사정을 다 이야기 하였다.

장학관은 어디론가 전화로 "김해 삼정초등학교 이근안"하며 무엇인가 묻는다. 잠시후 어느 직원이 쪽지를 가지고 와 장학관에게 주며 "성적이 아주 좋은데요."하고는 가버렸다. 나는 그때서야 눈치를 채고 주머니에서 접혀진 성적표를 내놓았다.

나는 다시 한 번 "장학관님 저는 김해에 피난 와서 새벽에는 신문배달을 하고 낮에는 버스 터미널에서 장사하는데 피난민이니 부산 종합중학교에 진학하라며 김해중학교에서는 입학 원서 조차 받지를 않습니다. 저는 부양가족이 많아 통학은 할 수가 없으니 선처를 하여 장학관님 허락을 받을 수 있을까 하여 왔습니다."

장학관은 그때서야 "학생은 성적이 너무 우수하구나 걱정하지 말거라." 하더니 펜으로 먹물을 찍어 백지에 종서(從書)로 무엇인가 쓰더니 봉투에 넣어 봉함(封緘)하더니 저에게 주면서 "이것을 김해중학교장에게 갖다 드리면 잘 해결될 것이니 공부 열심히 하거라."꾸벅 절하고 나와 전차로 부산 범일동으로 나와 김해행 버스를 타고 불이 나게 집으로 와서 가족들에게 알리고 삼정초등학교로 가서 담임선생님께 장학관 편지를 드리자 됐다면서 이것은 뜯으면 안 되고 보나마나 해결이 되었으니 내일 김해중학교장에게 이 편지를 갖다 드리고 입학원서를 아주 접수하라고 알려 주었다.

다음 날 김해중학교로 갔다. 김해읍 남쪽 변두리에 논바닥을 밀고 가교사를 지엇고 운동장도 갖추어지지 않은 상태였다. 교무실로 가서 장학관님 편지를 내놓으며 교장 선생님께 전하러 왔다고 하자 교장실로 안내했다. 교장 선생님은 장학관 편지를 개봉해 읽고 나서는 싱긋이 웃으며 나의 신상관계를 물어, 소상히 말씀을 드렸다. 가족사항도 말씀드리고 신문배달을 하고 있는데 앞으로 버스 터미널에서 장사 할 계획까지 말씀드렸다.
　교장 선생님은 나의 머리를 쓰다듬어 주시면서 "전란으로 어린 너희들까지 고생이 많구나 입학을 허가 할 것이니 열심히 공부해서 훌륭한 사람이 되거라"하시고는 어느 선생님을 불러 무엇인가 지시하고는 나의 입학원서 접수 할 것을 지시 잠시 후 접수증을 받아들고 나왔다.
　나는 학교에서 나와 버스터미널로 가서 외제 물건 파는 나무상자 칫수 등을 자세히 묻고 진열방법까지 배웠다. 그러나 외제 물건 팔려면 상당한 돈이 있어야 하는데 장사밑천이 없어 야단이다.
　신문배달 수입으로는 장사밑천 만들기가 쉽지 않아 마련이 여의치 않을 때 하나님이 도우셨나보다 생각지 않은 일이 생긴 것이다.
　외제 물품을 파는 내 또래 친구들이랑 물건 파는 것도 도와 주면서 일도 배우고 외제 물건 구입하러 부산 남포동 국제시장에도 따라가 구입하는 것도 배우며 다닐 뿐 밑천이 없어 고민하고 있을 때였다.
　어느 날 점심 무렵 김해읍에서 제일 번화한 4거리 김해군청 앞에서 외제 물건 파는 철식이를 만나 그 사거리 모퉁이 집 동성루에 물건 팔러들어 가서 나올 때를 기다리며 문 앞에서 있는데 육군 찦차 한 대가 서더니 대위 계급장을 단 장교 한 사람이 들어가는데 눈에 익은 얼굴이다.
　분명 어디서 인가 보던 얼굴이다. 곰곰이 생각해 보니 속칭 '깡통' 형님이다. 나의 형님과 둘도 없이 친한 사이였다. 저 형님이 우리 형님 소식을 알지도 모른다. 가슴이 뛰기 시작했다. 우선 '깡통'형님인지부터 확인해야 하는데 중국집에 들어가 물어 보는 방법 이외 다른 묘안은 없다. 나는 용기를 내어 중국집으로 들어가 안쪽 테이블에 앉아 식사하는 그 장교에게 다가가 "저…말씀 좀 묻겠습니다. 혹시 '깡통'형님 아니 신가요?"하고 묻자 나를 유심히 보시더니 "너 근식이 동생 아니냐?"하는 순간 눈물부터 흘렀다. "네 맞아요. 근안이에요. 우리 형님 소식 아세요?"하고 형님 안부부터 물었다.

　우리 형님은 만난 지 두 달 좀 지났는데 지금 마산 쪽에 있을 거라며 형님과 연락을 취해보고 우리 소식을 전하겠다고 하며 우리가 사는 김해 주소를 적고 내가 먹을 음식을 주문하여 자장면을 맛있게 먹었다.

　'깡통' 형님이 가면서 내 주머니에 무엇인가 넣어주고 갔다. 꺼내보니 돈이었다. 이 돈으로 외제 물건 파는 장사 밑천을 해 볼까 했는데 많이 모자랐다.

　그날 집에 들어와 '깡통' 형님 만난 이야기를 전하자 형님 생각에 눈물들을 흘리셨는데 그 후 형님 소식 오기를 무척 기다렸다. 서울이 2차 수복된 후에야 서울에 주둔하고 있다는 편지가 왔다. 형님이 살아 있다는 안부에 또 울음바다가 되었다. 그 후로는 편지 왕래도 하고 내 바로 위 누나가 서울 형님댁에 가서 있어 자주 소식을 받았다.

　'깡통' 형님이 주신 이 돈은 하나님이 주신 기회다. 이 돈을 불려야 한다고 굳게 결단하였다. 며칠 궁리 끝에 버스 터미널에서 보면 오징어들을 잘 사 먹을던데…하는 생각에 오징어 장사가 좋을듯 싶어 부산 자갈치 시장에 가서 오징어 8축(20 X 8 = 160)을 구입하고 난전에서 고래 고기 한 접시 사서 먹고 한 접시는 싸서 집으로 가져왔는데 상한 모양이다 식구들이 설사를 하고 소동이 벌어졌다. 그러나 나는 괜찮은 것으로 보아 싸 가지고 온 것이 상한 모양이었다.

　오징어를 들고는 다니는데 "오징어 사세요!" 소리가 나오질 않아 들고 버스에 올라가 왔다 갔다 하다가 파는 것이냐고 물으면 팔자 외제물품 파는 친구들이 "오징어 사세요!" 소리를 대신 소리쳐 주었다. 그러자 나도 차츰 소리내기 시작했다. 오징어 한 축을 팔아 다시 오징어를 사면 2축을 사게 불어 나중에는 오징어를 다 팔고 나서 외제 물품 장사를 시작했다.

나는 이미 중학생이 되어 오징어를 팔면서 크게 도와준 할머니 한 분이 계셨다. 김해읍 전통 시장통 난전에서 국수 장수를 하시는 분인데 우리 어머니보다 연세가 더 많았다. 학교가 끝나면 곧 바로 책가방을 할머니 난전에 맡기고 끼니도 주로 국수를 먹었는데 그것 먹고는 배 고프다고 하시면서 메밀묵도 신 김치 송송 썰어 김도 넣어 무쳐서 주셨다. 장사 마치고 가방 찾으러 가면 안스러워 하시며 팔던 떡을 국수 국물 마시며 먹으라고 주셨다. 배 곯치 말고 다니라며 못 먹여 한이다.

저물면 우리 집에 가서 자고 가라며 말아 주시던 국수 맛은 지금도 잊지 못해 집에서 그 맛을 재현해 보려고 여러 번 시도도 해보았다.

멸치국물에 국수를 말아주는 것은 같으나 부추를 살짝 데쳐 무쳐서 국수 꾸미로 얹고 갖은 양념을 한 양념장을 얹어 주고 참기름을 한 술 얹어 주면 그 맛이 일품이라 요즘도 자주 해 먹곤 한다.

장사를 다 마치고 들어가는 시간이 통행금지 전 같으면 좀 나은데 통금 시간이 지나면 김해읍에서 삼정동 넘어가는 활천고개 넘기가 제일 겁이 났다. 옛날에는 소판 돈 빼앗는 강도도 있었고 고개 정상의 공동 묘지를 파헤치고 김해 공병부대 화약고를 설치했기 때문에 경계가 심하고 통금 이후 지나려면 군인 여러 명이 총을 철걱거리며 총을 장전하는 소리, 정지, 앞으로, 손들어 등 여간 무섭지 않다. 더구나 공동묘지를 밀어 만들어서 귀신들이 밤이면 나와 '내 다리 내 놔!' 한다는 소리에 어린 나는 정말 무서웠다.

여러 번 다니다 보니 군인 아저씨들과도 친숙해져 정지하면 "고학생입니다."하면 불쬐고 가라고 하고 많은 도움을 받았다. 한 번은 통금 지나서 오는데 고개정상을 통과해 내려오면 거의 다 내려오면 길옆에 상여 넣어

고문기술자 이근안의 고백 47

두는 외딴 집이 있는데 그곳을 지나려면 그 속에서 귀신이 나올 것 같아 더 빨리 걷게 되는데 돌부리에 걸려 넘어지고 모판의 물건들이 길바닥에 쏟아져 어찌할 방법이 없어 다시 고개 정상으로 올라가 군인 아저씨 도움을 청하자 한 아저씨가 손전등을 가지고 나와 함께 내려와 물건을 다 주워 담아 온 일도 있었다.

활천 부락 1구 (삼정동 1구) 허씨네 집은 화투공장도 하고, 투우(鬪牛)가 몇 마리인데 겹 대문이라 신문을 안 대문 안에 넣어야 하는데 개가 세 마리라 신문 배달하기 힘든 집인데, 같은 김해중학교 1학년 동급생 여학생이 있어 신문배달이 좀 창피한 마음이 들어 부끄럽기도 하였다. 그런데 이심전심(以心傳心)이라더니 신문배달 가면 마당을 비로 쓸고 있다가 자주 신문을 받아가지고 들어가 참으로 수월해졌다. 참으로 고맙기도 했다. 남녀공학이라 학교에서 종종 보기도 했다.

1953년 수도 서울이 제2차 수복되고 형님이 서울 돈암동에 집도 마련하였다고 하여 일단 대전 집으로 올라가기로 결정하여 나는 대전 한밭중학교로 전학하여 고학생활도 끝을 내었다. 몇 달 안 있어 3학년이 되었다. 이때 나는 육상부 휠드경기 선수로 발탁되어 원반을 던졌다. 충남도체육대회에 나가 우승을 하기도 했는데 재미난 이야기가 있다. 시합을 마치고 화장실에 갔는데 대전고등학교 육상선수 하나가 따라 들어와 "야! 임마 중학생이 고등학교 형들보다 더 멀리 던지면 어떻게 해."하며 꿀밤 한 대를 맞았다.

이때 마침 우리학교 체육을 담당하시는 송기순 선생님이 들어 오셔서 즉석에서 일렀더니 송 선생님이 그 학생을 데리고 나갔다. 아마 혼을 냈을 것이다.

학도호국단 중대장 일도 맡아했고 수학 시험만 있으면 수학 선생님이 꼭 교내에 있는 관사로 오라고 하여 가면 저녁 밥도 같이 먹고 저녁 늦게 까지 채점을 하기도 했다.

집에서는 고등학교 입시 준비도 해야 하는데 매일 운동만 열심히 한다고 하며 꾸지람도 많이 받았다. 고등학교 입시가 얼마 남지 않아 담임선생과 진학상담을 했다. 경기고등학교 가기에는 조금 부족한 것 같으니 낮추어 가라는 권유에 따라 서울 성북구 돈암동에 있는 경동고등학교에 지망하였다.

그런데 이 학교도 만만치 않다는 것이다. 7반 중에서 6개 반은 경동중학교 본교생 중에서 선발하고, 나머지 1개 반만 타교 출신 중에서 선발한다고 하니 비율이 여간 센 것이 아니었다.

다행히 합격하여 성북구 돈암동 돈암 시장 부근에 방을 하나 월세로 얻어 자취생활을 시작했다. 이때만 해도 서울 한강을 마음대로 건너지 못하고 '한강도강증'이 있어야만 서울에 입성할 수 있었다. 한강 인도교는 중간에 검문소가 설치되어 있었고 철교는 노량진 역에서 출발하여 철교 입구에 와서 서면 군인과 경찰이 열차에 올라와서 도강증 검사를 하였다.

이때의 서울은 비참했다. 폐허상태 그대로였다. 나는 초등학교 6학년 입시를 준비해 주는 과외지도를 하며, 그 수입으로 생활을 하였다.

인간 흡혈귀

과외지도로 수입되는 돈으로는 생활이 어려웠다. 학교에서 수학여행을 간다고 갑자기 돈을 걷는데 급히 돈을 마련해야 하겠기에 소문으로만 들은 서울 백병원으로 피를 팔러갔다.

피를 팔러 온 사람도 참으로 많기도 하였다. 서울 백병원 우측 골목 안 후문 앞에 일 열로 서있는데 다 뽑아주는 것이 아니고 매일 일정 양만 매입하기 때문에 중간에서 잘린다는 것이다. 그래서 한 걱정을 하고 있는데 어느 형들이 와서 "야! 피 팔러왔어?" 하더니, 따라오라고 하여 따라갔더니 앞에서 다섯 번째로 새치기로 세워주는데 뒷사람들은 눈치만 보고 말 못하는 것이 깡패들 같아 좋은 것 보다는 불안했었다. 차례대로 들어가 채혈을 하니 철분제 약 1주일분과 돈 4천환을 주어 받아들고 나오는데 현관 앞에 아까 새치기 세워준 형들이 와서 "야 임마 반타작이야 2천환 내놔" 하는데 어이가 없어"형 이돈 다 학교에 내야 하는데 다음에 올께요 한 번만 봐 주세요"하며 사정해 보았지만 어림도 없다. 아무리 사정해 봐도 막무가내(莫無可奈)다.

하는 수 없어 달아났다. 을지로 쪽으로 뛰는데 여러 명이 쫓아 온다. 큰 길로만 뛰어서는 아니 될 것 같아 중구청 후문을 통해 안으로 들어갔는데 나가는 길이 없다. 꼼짝없이 잡혀 죽도록 맞고 돈도 다 빼앗겼다.

나는 수학여행을 포기하면서 이런 생각을 했다. '힘이 정의다.' (Power is Right) "이것이 정의다." 라고 굳게 생각되었다. "공부보다 운동을 해서 싸움의 능력을 먼저 키운 후에 공부다" 라고 굳게 믿었다. 그 후 합기도 국술관에 나가 수련하면서 간간히 유도 도장에도 나갔다. 운동이라면 이것 저것 다하고 싶어 태권도장에도 나갔지만 합기도에 제일 애정을 가지고 있었다.

그런 탓인가 고대 법대를 지망하여 시험을 보았는데 제3지망인 행정학과에 합격하였으나 등록금이 마련되지 않아 진학을 포기하고 군복무를 일찍 마치기로 마음먹었다.

공군에 지망하여 시험을 보고 합격하여 공군기술교육단 (대전비행장)에서 훈련을 받고 이 부대에 배치되어 단 사령부 감찰감실에서 만 3년간 사병으로 복무하였다.

공군에서 제대하면서 대전 중도극장 기도주임으로 생활해보니 반 건달이라 안 되겠다 싶어 고향인 인천으로 귀향하여, 국제실업회사에 취직하여 체커(Checker)로 인천항만사령부에 들어가 하역장에서 검수원으로 일하다가 상경하여 서울 은평구 응암동 응암파출소 앞 밭에 천막을 치고 '운봉(雲峰)도장'을 개설하고 사범 2명을 고용하여 도장을 경영하였다. 한편 수색동에 중학교 입시 학원을 마련하여 초등학교 학생 4,50명 가르키는 입시학원도 경영하였다.

이 시기에 수색동 산 30번지 일대에는 서울역 앞 양동, 도동 일대 철거민들이 이주해와 저녁이며 싸움도 많아 치안 질서가 엉망이던 때였다.

나는 도장에 나오는 젊고 국가관이 있는 청년들을 선발하여, 방범대원들과 유기적 협조 하에 방범활동과 순찰하는 경찰들을 도와 치안질서 유지에 일조를 하여 주위의 칭찬을 많이 받았다.

자경단(自警團) 설치

향토정신을 가지고 순수하게 뜻을 같이하는 청년들이 하나로 결집하여 팔을 걷고 나섰다. 방범활동이 주된 업무였다. 물로 방범대원들이 있었으나 인원도 적고 엄두도 못내던 일을 동네 청년들이 앞장서서 일을 했다. 이때 송종룡 수색파출소장은 나와 형,동생하며 아주 친숙한 사이가 되었다.

이 시기 북괴 124군부대 김신조 일당이 청와대를 목표로 기습했던 시기다. 노고산과 비봉을 지나 자하문까지 이르렀으나 이곳을 지키던 전 종로서장 최규식 총경을 사살하는 등 청와대 코밑에서 교전하는 사태가 벌어졌다.

 당시 군까지 동원되어 김신조는 생포되고 나머지 일당은 사살되어 겨우 수습되고 그해 10월 예비군을 창설하기에 이르렀다. 이때 수색파출소 2층에 마련된 예비군 지역중대 사무실에 내가 중대 서무로 발탁되어 일을 보면서 송 소장과는 아주 밀접하고 가까운 사이가 되었다.

 나는 참으로 매일 매일 바쁜 하루를 보내고 있었다. 아침에는 예비군 사무실에 출근하여 중대 서무 일을 보고, 오후에는 입시생들을 가르키고 저녁에는 도장에 나가 운동을 가르키고 밤10시나 되어서야 하루의 일과를 끝마치고 들어와 눕기가 무섭게 깊은 잠에 빠졌다.

 유난히 후배들이 잘 따르고 나를 중심으로 결집할 수 있어 무엇인가 보람 있는 일을 해야겠다는 생각에 무엇을 할까? 생각하다가 머지않아 예비군과 관련해 경진대회나 감사가 있을 것이라는 판단 아래 합바지 부대가 아니라 세상이 놀랄만한 조직으로의 면모를 미리 갖추는 것이 좋겠다는 생각에 갓 제대한 젊은이들을 선발하여 기동타격대를 만들어 의장대처럼, 기계처럼 움직이는 조직으로의 훈련을 시작했다. 우연히 해병대 출신들이 주축이 되었다. 제일 좋아한 분은 송 소장님이었다. 따라서 적극적인 지원도 잊지 않았다. 송 소장은 수색변전소 마당을 빌려 기동타격대의 훈련을 시작하였다. 제식훈련, 총검술을 비롯하여 무술훈련은 우리 도장에서 했다. 호칭도 형님 동생이었다.

 맹훈련은 새로운 조직을 만들어냈다. 드디어 예비군 경진대회가 서부경찰서 마당에서 개최되었다. 종목은 제식훈련, 총기분해 결합, 총검술 등으로 채점 합산하여 가려졌다. 비교가 되지 않을 정도로 1등하여 우승기와 트로피를 받아왔다. 어느 한 사람의 기쁨이 아니라 우리 모두의 땀과 노력으로 만든 것이어서 우리 모두의 자랑이요 기쁨이었다. 우리는 이 우승기를 지키기 위하여 더 한층 노력하기로 결의하였다. 수색동산 30번지 철거민 집성촌으로 매일 시끄럽던 동네가 조용해지고 공동변소가 깨끗해졌다. 동회장이 주축이 되어 동네 유지 분들이 나와 기동타격대원 들을 불러 식사 대접을 하며 극찬의 말씀들이 있었다.

 그해 겨울 어느 날이었다. 송소장과 저녁 식사를 마치고 종점다방에 가서 차 한 잔 마실 무렵 파출소 급사 녀석이 와서 송소장에게 "지금 큰일났어요. 국방부 777부대원들이 와서 행패를 부려요."하는 말에 자리에서 일어나 내가 먼저 뛰어 수색파출소 안으로 들어갔다. 술이 만취된 777부대원 4명이었다. 고성으로 직원들에게 욕지걸이고 닥치는 대로 물건을 던진다. 이를 제지하는 차석서 경장의 손을 잭 나이프로 찍어 책상에 꽂혔다. 나 역시 이것을 보니 피가 역류하였다. 난로 옆에 앉아 욕지걸이 하는 군인 옆으로 다가가자 일어서며 내게 달려들 기색이다. 주먹으로 치는 것을 피하며 손목을 잡아 꺾으니 신음이 터져 나온다. 그 뒤에 있던 군인이 잭 나이프를 펴고 달려드는 것을 난로 위의 물이 끓는 주전자를 발로 차서 그 군인에게 주전자가 날아가자 피하는 것을 앞차기로 가슴을 지르자 비명과 함께 엎어져 신음한다.

 일단 기세를 꺾어놓고 한 직원에게 상황실에 보고하도록 하고 군인들을 일렬로 무릎을 꿇려 앉히고 서 차석부터 병원으로 보내고 본서 기동타격대 출동을 기다렸다. 본서 기동타격대 20명이 도착차고 조금후에 육군 헌병대에서 도착하여 조사가 진행되었다.

 이때 난동한 군인들에게 한 마디 했다. "보아 하니 수색에 있는 국방부 777부대원들 같은데 특수부대에서 복무하는 것이 유세냐 애국의 대가가 행패라면 필요 없어 쓰리 세븐도 특수부대라고 행패냐 다시 한 번만 또 행패부리면 차라리 병신을 만들어 의병제대 시켜 평생 병신으로 살아가게

할거야." 난동 군인들의 신병을 헌병대에 인계하여 사건을 수습하였다. 이러한 인연으로 송 소장과는 정년퇴직 후에도 형님, 동생으로 돈독히 지내다 몇 년 전에 병사하였다.

경찰이 되다

1970년 어느 봄날이었다. 도장에서 운동을 마치고 사범들이랑 술 한 잔 하고 헤어져 수색파출소 옆 지하굴다리를 지나 상암동 난지도 입구를 향해 딸기 밭 사이 샛길로 가고 있는데 어디서인가 '사람 살려!' 비명소리가 들려 사방을 살펴보니 약 50m 상거한 지점에 웬 택시 한 대가 서 있는 것이 어슴푸레 보여 직감적으로 택시 강도구나 싶었다. 가까이 다가가니 택시 강도였다. 차 창문으로 들여다보며 "야 임마 피나면 안 돼!"하자 강도는 칼을 든 채 나에게 달려들어 옆차기로 한 대 차버리니 쳐박혀 라이타 불로 간신히 칼을 찾아 뒷주머니에 넣고 강도를 일으켜 양손 관절을 꺾어 잠시 못쓰게 하여 상암동 굴다리까지 끌고 와서는 어깨에 지고 수색파출소까지 와서 집어 던지고 칼을 뽑아 책상에 놓으며 "택강 하나 잡았시다." 하자 놀란표정들인데 피해 운전기사가 들어오며 죽일듯이 흥분해 달려 드니 그제야 실감 하는 모양이다. 나는 차석에게 당시 상황을 자필로 자세히 적어 주고 귀가하였다.

그 사건이 있은 지 얼마 후 서부서장실에서 용감한 시민 표창장을 하나 받았다. 그리고 한 달쯤 후 응암동 체육관에 가려고 버스 정류장에서 기다리고 있는데 후배 하나가 형님 하고 다가서며 "정보과 형사 두 분이 형님을 찾으러 다니던 대요."하는 말을 듣고, 수색파출소로 들어가 송 소장님에게 "정보과 형사들이 왜 찾아요?" 물으니 전혀 모르는 이야기라며 '역전다방'에 한 번가 보라고 한다.

역전다방에 가서 찾으니 마침 두 형사가 그곳에 있다가 나를 보더니 급하다며 서둘러 짚차에 태우고 가기에 어디 가느냐고 묻자, 서장이 찾는 것 같은데 구체적인 내용은 모른다고 한다. 서부경찰서에 도착 안내된 곳은 정보과장실이다. 인사하자 "이 관장 잘 오셨어요. 서장님이 기다리고 계시니, 얼른 올라 가십시다."하여 정보과장을 따라 서장 방으로 들어 갔다. 서장은 반색하며 악수 하고 자리를 권해 앉았다. 차를 마시면서 정보과장에게 말씀드렸냐고 묻자 정보과장은 아직 말씀 안 드렸다고 대답하였다. 이에 서장은 "이번에 국회에 무술경위들을 선발하여 경찰로 채용하는데 각 경찰서장들의 책임하에 관내에서 국가관이 투철하고 무술 유단자를 추천하게 되어 있어 이 선생을 이미 추천 하였습니다. 이미 이선생이야 관내에서 무술도장을 하고 계시고 예비군 중대 서무로 모범 기동타격대를 육성 하였고 자경단을 만들어 치안질서에 큰 공이 있고 얼마 전 택시 강도까지 맨 손으로 잡고 국방부 특수부대원들이 수색파출소 난동시에도 진압하는 큰 일을 하셨다니 최우선하여 위에 이미 추천하였으니 그리 아시고 받아주시면 나라에서도 무술경위로 특별한 대우가 있을 것입니다."하였다. 나는 어이가 없었다. 이제 내 나이가 30인데 뒤늦게 경찰에 들어가 무엇을 하겠습니까 하고 반문하자 정보과장이 가로채 "그럼 조치하여 시경에 보고하겠습니다."하고는 나에게 자기 방으로 가자며 나를 데리고 갔다. 정보과장은 다시 한 번 강조하여"우리 관내에는 이 선생 이상 추천할 만한 인물이 없습니다. 이 선생은 이미 시험에 통과하여 입증을 다 하셨습니다."하고는 경찰 지원서를 작성하여 나에게 자필로 서명하라고 한다. 나는 울며 겨자 먹기로 서명 날인하고 돌아와 썩 내키지 않는 일이라 무덤덤하게 며칠을 보냈다. 서울시 경찰청으로부터 공문이 우편물로 와서 뜯어

보니 도복지참하고 필기시험을 준비하여 서울시 경찰학교로 기일을 지켜 참석하라는 공문을 받고 준비하여 갔다.

 먼저 무술 시험부터 하여 합격자만 가려 학과시험을 보게 하였다. 대부분 유도대학 출신들이 많았다. 약2주일 가량 지나자 합격 통보와 함께 경찰학교에 입교통지서가 하달되어 입교하여 3개월 과정의 교육을 필하였다. 1970년 7월4일 졸업식장에서 1등의 영예도 안았지만 무술경위라고 하여 '경위'가 되는 줄 알았는데 잎사귀 하나 달아주는 순경이라서 모두 섭섭해 했다.

나는 告白 한다
(이제 나는 말을 한다)

2. 반공의 길

경찰 입문

　얼마 후 서울시경찰국에서 경찰학교로 도복지참하고 응시하러 오라는 통보를 받고 지시대로 도복을 지참하고 경찰학교에 가서 학과 시험과 무도 시험을 보고 돌아왔고 그 후 합격 통지서를 받고, 1970년 7월4일 경찰학교에 입학하여 소정의 교육을 이수하고 국회경비대로 배속 받았다.
　세종로 국회는 큰길을 중심으로 양쪽에 건물이 배치되어 있어 근무 장소가 여러 군데다. 각 건물 정문에 정복으로 입초근무를 하는 것이 거의 기본임무다. 사실 이런 일을 하고자 경찰에 입문한 것은 결코 아니다.
　그러던 어느 날 입초근무를 마치고 휴식시간이라 내무반에서 쉬고 있는데 경비대장이 급히 찾아 나가보니"빨리 따라와!"하는 지시에 따라 좇아갔다. 국회 제3별관이다. 웬일로 교체분과 전문위원실 앞에 많은 사람이 웅성대고 있다. 전문위원 한 사람을 목에 칼을 대고 인질극을 벌리고 있다. 이미 남대문서에서 출동해 백차도 와있는 상황인데 경비대장은 나에게 "저놈 좀 잡아 끌고 나와!"하고 지시를 하여 나는 사람들을 비집고 들어가 인질범 앞에 다가가자 찌른다고 협박이다. 나는 이유를 물었다. 그랬더니 자기는 고양에 사는데 벽제에 일인 충혼탑이 있어 왜 일본놈들 충혼탑이 우리나라에 있어야 하느냐며 도끼로 충혼탑을 훼손했다고 나를 잡아 넣어 6개월 살고 나와 분해서 인질극을 통해 호소하기 위해서라는 것이다. 라는 말에 그렇다면 좋은 방법을 제시한다고 하며 국회에 나와 있는 기자들을 불러 줄 것이니 그리하라며 범인 앞에 있는 전화를 쓰겠다고 양해를 구했다.
　전화를 잡는 순간 책상 위로 점프하며 발로 몸통을 가격하자 범인은 책상 뒤로 처박혀 나는 책상을 넘어가 칼을 주워 주머니에 넣고 범인은 관절을 꺾어 어깨에 지고 나와 3별관 앞에 주차 중인 남대문서 백차 휀스에 수갑으로 채웠다.

상황은 종료되어 경비대장과 함께 걸어오는데 누가 뒤에서 경비대장 어깨를 치며 "대장님! 이 직원과 내 방으로 지금 좀 오세요."하기에 보니 국회사무국장이었다. 경비대장과 함께 사무국장실로 가니 사무국장이 "오늘 영화의 한 장면을 보는 것처럼 멋진 장면을 보았어요. 오늘 수고 많이 했어요. 이 직원을 신당동 의장 경호팀에 주시면 좋겠다."고 하자 경비대장은 즉시 조치하겠다고 하고 음료수 한잔 마시고 나왔다.

다음날 백두진 국회의장 경호팀에 배속되어 신당동 공관에 가서 한 달간 경호를 해보니 생리에 맞지 않았다. 이발하러 가시면 가서 이발하는 것도 아니요 옆에 서서 몇 시간씩 할 짓이 아니다. 사표를 제출하자 반려되고 국회경비대로 원대 복귀되었다. 국회경비대 의무 근무기간이 1년이므로 그 기간을 채우고, 서대문경찰서로 배속이 되어 부임하자 그 동안 수고했다고 교통경찰로 독립문에 배치 TG 근무를 하는데 저녁무렵 백차가 와서 세금을 내라고 하여 그날로 사표를 냈다.

서장의 호출로 갔더니 사직 이유를 물어 생리에 안 맞는다고 했더니 사직은 안 되고 가고 싶은 부서를 물어 간첩 잡는 일같으면 사명감을 가지고 일하겠다는 말에 빙그레 웃으면서 경비전화로 어디론가 전화를 한다. "야! 여기 괴물이 하나 있어 너 갖다 쓰라구 무술 유단자인데 간첩잡는데 보내달래." "알았어. 내일 보낼께."하고는 메모지에 약도를 그려주었다.

다음 날 약도대로 서울 중구 충무로 5가에 있는 5층짜리 건물을 찾아 갔다. 치안국 대공분실이라는데 아무런 특징이 없다. 간판도 없고 1층은 상가이다. 잘못 찾아왔나 싶어 저만치 보이는 충무로 파출소가 보여 그곳에 가서 신분을 밝히고 치안국 대공분실을 물으니 그 건물을 가르키며 2층에 가서 벨을 누르면 직원이 나온다고 한다. 그 건물 2층에 올라와 보니 복도가 막히고 문이 있는데 눈높이 우측에 조그만 구멍이 뚫려 있고 그 옆에 "용무가 있으신 분은 벨을 누르세요."라는 알림글이 있어 벨을 누르자 구멍을 가린 문이 열리면서 "어떻게 오셨습니까?"라고 물어 "서대문서 이순경인데 사장님 뵈러 왔습니다."하자 출입문이 열리면서 들어서자, "지금 사장님이 기다리고 계시니 들어가세요."하며 사장방으로 안내했다. 직원이 문을 열고 들어가 "사장님 서대문서 이 형사 왔습니다."하자 "들어와!"하여 들어가 "서대문서 이근안 순경입니다."하자 앉으라고 권한다.

 간단히 신상관계만 물어보았다. 대공분실장이 키가 크고 눈이 부리부리한 것이 무섭게 생긴 분인데 마음에 드셨는지 "자네 내일부터 이리 출근해!"하는 지시를 받고 나와 서대문서로 가서 전출 신고를 하고 인사한 다음 날부터 치안국 대공분실로 출근했다. 대공분실로 출근하면서 무슨 일을 할 것인가 궁금했는데, 서무반장이 불러 가니까 임무부여를 했다. 사장 계호를 전담하는 것이었다. 그래서 사장이 움직이면 서무에서는 나를 함께 찾았다.

 분실로 온지 며칠되지 않아 사장님이 본청회의에 들어가셔서 수행하고 돌아오는데 을지로 2가 조선옥에 들어가 갈비를 사주셨다. 조선옥에서 나오는데 난데 없이 50대 남자가 우리 사장님 멱살을 잡으며 "너 이놈 잘 만났다 내 계집은 어데다 숨겨놓았느냐?"아무런 내용도 모르는 나이지만 우리 사장이 불리한 상황임에는 틀림없는 것 같아 우선 잡고 있는 손을 푸는 것이 급선무요 그 다음은 사장을 먼저 가시게 하는 것이다. 멱살잡고 있는 손의 합곡을 누른채 꺾어돌려 손이 풀리자 눈짓으로 사장에게 빨리 가라고 신호하고 그 사람과 단둘이 남아 실랑이는 계속되었다. 그 사람은 나 때문에 놓쳤으니 책임지라는 것이고 나는 그 양반한테 받을 돈이 많은데 놓쳤으니 책임지라는 것으로 시비를 가릴 수 없어 을지로 2가 파출소로 갔다. 파출소장은 말로 고소가 되는 것이 아니니 진단서를 가져오라 하여 그 사람이 먼저 나가고 나는 소장에게 신분을 밝히고 나중에 연락하기로 하고 나와 곧장 사무실로 돌아오니 사장은 '수고했어, 어떻게 했어?' 하기에 파출소까지 간 사실을 말씀드렸다. 그 사람은 자기 처가 일식집 마담인데 바람이 나서 집에 들어오지 않는 것을 찾는 중 오늘 저놈을 잡았는데 나 때문에 놓쳤다고 주장하였고, 나는 3년전 내 돈 3천만 원을 떼어 먹고 도망한 것을 오늘 조선옥에 점심 먹으러 왔다가 잡아 데리고 나오는 길인데 난데 없이 저 사람이 달려들어 멱살을 잡고 난리치는 바람에 놓쳤으니 저 사람이 책임을 져야한다고 하자 파출소장은 폭행으로 고소하려면 진단서가 있어야 한다며 일단 나가서 진단서부터 가져오라며 내 보냈다고 설명하였다. 이에 사장은 계면쩍은지 비식 웃으시며 "오늘 수고 했다."며 그런데 멱살잡은 손을 어떻게 하였기에 금방 풀리게 하느냐고 물어 "그냥 그런 방법이 있어요."하고 말았다. 남자니까 그럴 수는 있지만 사생활이 깨끗한 것 같지 않아 개운치는 않았다.

　그날 대구로 장기 출장 간 수사팀이 돌아와 첫인사도 나누었다. 수사가 급진전되어 곧 검거팀이 구성되어 대구로 출장을 갈 계획이라는 것이다. 직원들이 사장 수행 계호를 부러워 하지만 나는 간첩수사팀이 더 부러웠다. 보나마나 간첩수사팀 구성에 빠질 것이다. 곧 활동 중인 남파 간첩이 검거될 것이라는 이야기였다. 검거팀이 구성되고 출장 준비들을 하는데 그 팀에 끼지 못하는 나로서는 꿈의 대상이다. 내 마음은 들 뜨기 시작했다.

　출장간지 거의 한 달이 되어 간첩을 검거해 돌아왔다. 밤들 새워가며 신문에 집중하고 관련자들을 잡으로 나가고 아침이면 신문관 회의가 열리는데 반장들과 신문을 담당한 주임들은 바인더 노트를 끼고 회의실로 들어가는 것이 그렇게 부러웠다. 언제 저런 회의에 들어가 보나 앞이 캄캄하다.

치안본부에 간첩검거 보고하고 돌아오는 길에 나는 사장님에게 간청을 했다."사장님을 가까이 모시는 것도 영광이지만 제가 이곳에 오고자 꿈을 가진 것은 간첩을 잡고자 함이었습니다. 간첩을 날마다 잡는 것 아니고 이런 기회에 이 사건 신병감시를 자원합니다. 선배님들 신문하는 방법도 배우고 현장 실습을 하고 싶습니다. 윤허해주십시오."라고 간청을 했다. 말씀은 드렸지만 사장을 모신지 얼마되지도 않아 도피하는 것 같아 마음이 편치 않았다. 분실에 도착해서도 마음이 편치않은데 사장실에 불려갔다 온 김주홍 반장이 나를 부른다기에 갔다. "사장님이 자네 의욕이 대단하다며 칭찬이 대단하셔 자네 내일부터 간첩 신문실에 고정배치 할 것이니 그리 준비하게 사장 계호는 앞으로 없을거야."하는 말에 새로운 각오와 용기를 갖게 되었다. 신문실에 들어가 감시만 할 뿐이지만 배울 것이 너무 많았다. 간첩을 보기 전에는 눈이라도 하나가 더 있는 것이 아닌가 했었는데 보니 너무 평범해 보였다. 오히려 특징이 있으면 눈에 띄어 선발 대상이 아니라고 한다.

간첩신문은 용어부터 알아야 신문할 수 있다는 것을 알았다. 무인 포스트, 만단트니 하는 특수 용어가 많다. 우리는 부정한 성관계로 간통사건이라 하지만 북에서는 부화 사건이라고 한다. 우선 용어를 암기해야 하고 공작 술어를 많이 알아야 한다는 사실을 알았다. 피의자 감시근무를 한 지 벌써 두 달이 넘어도 단 하루도 집에 들어가지 않자 반장들이 대단하다며 칭찬이다. 너무도 당연했다.

그러던 어느 날 저녁무렵 사장이 퇴근하면서 찾는다고 하여 현관으로 달려갔다. 사장이 타라고 하여 조수석에 승차하자 출발하였는데 "너는 일 배우는 것은 좋으나 그간 하루도 집에 안들어 갔다며 가끔은 들어가야지."하면서 "오늘은 집에 들어가!"하고는 용돈도 주면서 집에 고기 좀 사가지고 들어가라는 것이었다. 집 앞에 오더니 차를 세우고 "들어가라."하여 인사하고 집에 들어갔다. 집에 가서야 사장이 집에 까지 데리고 온 이유를 알 수 있었다. 며칠 전 우리 집 미장원에 사모님이 머리를 하고 가시면서 "애기 아빠 요즘 잘 들어와."하여 "요즘 사건한다며 집에 들어온지 한 두 달 되는데요."하는 소리를 듣고 들어가셨는데 사장님께 무어라고 하신 모양이었다.

나는 아내에게 앞으로는 사건 끝날 때까지 쓸데 없는 소리를 하지 못하도록 당부하였다. 감시근무는 하루씩 교대하는 것이 원칙이지만 내가 사양하고 계속 근무하는 것은 일을 배우기 위함이었다. 노력은 헛되지 않았다. 간첩신문하면 김주홍 반장이 으뜸인데 이번 사건도 김반장이 주관하고 있는데 사장이 불러 갔다오더니 사장 모시고 시내 나갔다 올터이니 잘 감시하라고 당부하고 나갔다.

책상 위에 두고 나간 수첩을 보니 간첩신문 백과사전이었다. 그것만 있으면 나도 신문할 수 있을 만큼 귀한 자료였다. 이런 기회를 놓칠 수 없어 난필로 카피하기 시작했다. 각종 보고 서식도 귀한 자료이고 정보사범 심사서 작성요령은 더 없이 귀한 자료였다. 사실 나는 이 자료를 보는 순간 눈이 뒤집혔다. 대공업무에 대한 모든 서식과 신문요령이 일목여연 하게 정리되어 기재된 것을 보고 희망이 보였다. 한 번에 다 쓸 수 없어 또 기회를 기다렸다. 그러던 어느 날 기회가 왔다. 김반장이 저녁 9시쯤 한 잔 하러 나가면서 당부하고 나가 책상 설합을 열어 그 수첩을 꺼내 밤새 카피해 완필하였다.

나는 미제 파일롯 수첩을 사다가 수첩자료를 정서하기 시작했고 한 술 더 떠서 간첩 장비 편람에서 간첩 장비자료를 카메라로 촬영하여 사진 자료를 수첩에 붙여 수첩을 만들어 가지고 있다. 여러 날 걸려 완필하고 보니 웬만한 것은 다 처리할 정도로 자신감이 생겼다. 그간 제일 문제는 보고서 작성이었는데 이 수첩만 있으면 문제가 없다 거의 완벽한 정도였다.

신문을 마치고 반장이 퇴근하면 그간 보고 듣고 배운 것을 간첩에게 물어보고 실습도 했다. 나는 간첩을 신문하는 단계가 아니니 화낼 일도 강제신문의 필요성도 없어 인간적일 수밖에 없으니 나와는 인간적으로 가까워졌다. 드디어 신문이 끝나고 송치하는 날 그 간첩이 나를 찾는다고 하여 신문실로 내려갔더니 그간 고마웠다고 하며 검거 당시 입고 온 가죽잠바가 일제라고 하며 비록 입던 것이지만 그간 친절히 대해주어 정말 고맙다고 드릴 것이 없어 그것이라도 감사의 표시로 드리고 싶다고했다. 사소한 것이지만 그것도 뇌물일 수 있으니 상의하는 것이 순서 일 것 같아 아침 참모회의 때 들어가 단장에게 그 사실을 보고하였다. 단장은 "그래도 오래 같이 있었다고 정이 든 모양이구나, 몇 달 같이 있었으니 정도 들었겠지 성의를 받아주는 것도 괜찮아!"하셔서 받아주기로 하였다. 나는 그 잠바를 받아서 이미 봄이라 입을수도 없지만 우리가 수사할 때 입는 위장복을 걸어 놓는 옷장에 걸어 놓고는 가끔 그옷이 눈에 보이면 당시 생각이 절로 났다.

3개월이 넘도록 감시근무를 자청해서 했지만 그 노력은 결코 헛된 것이 아니었다. 선배들의 신문과정에서 신문요령이나 생소한 용어도 많이 배웠고 특히 심리전에 해박해야 한다는 생각도 하게 되었다. 신문이 결코 강압적으로 한다고 되는 것은 결코 아니다. 특히 간첩신문은 상대를 내 사람으로 수용이 되지 않으면 결코 진술하지 않는다. 오히려 강압신문을 하면 그

것으로 굳어진다. 그래서 내가 구내식당 밥을 먹으면서도 상대는 입맛에 맞추어 갈비탕도 시켜주고 나는 값이 싼 담배를 피우면서 상대는 비싼 담배를 사다주는 것이고 일회성이 아니라 장기간 계속하면 아 저 신문관이 진심으로 나에게 대하는 구나 할 때 묻지도 않은 진실을 스스로 진술하는 것이 매우 중요하다는 사실을 깨달았다.

상대방 말을 '이해 한다'는 것을 이북에서는 '접수 한다'고 하고 '간통'을 '부화'라고 하니 남북 분단이 이제는 언어도 통하지 않는 이민족으로 심화되는 것을 실감했다. 통일이 늦어지면 늦어질수록 이질감이 더욱 심화될 것이기 때문이다.

신문기술을 비록 도적질해서 배운 것이지만 집에도 가지 않고 몇 달 투자한 보람을 어느 책에도 나와 있지 않기 때문에 실무를 통해서만이 배울 수 있다는 고참 선배의 충고가 참 값진 것이었다. 실무를 통해서 축적된 지식을 메모하고 활용하는 것만이 신문기술을 축적할 수 있는 첩경인 것이다. 단 한 번의 기회에 다 카피할 수 있는 것도 아니고 여러 번 반장의 수첩을 도적질해서 몰래 카피하는 것도 쉬운 일은 아니었다. 언제 기회가 올까 기다리는 마음 또한 얼마나 초조한지 모른다. 저녁 식사하고 온다고 책상 위에 놓아두고 나가 다시 없는 기회라 생각하고 카피를 시작했는데 이내 다시 들어오는 기척이 나면 시치미를 떼며 마음깨나 졸였다.

수첩을 정리하면서 중요한 것을 발견하였다. 바로 간첩 장비편람이다. 이 두껍고 큰 책을 어떻게 들고 다니며 내가 전용으로 가지고 다닐 수 있는 책도 아니다. 이 책의 중요한 것만을 선택하여 카메라로 접사렌즈를 이용축소 촬영하여 수첩으로 만들어 가지고 다니며 유용하게 사용도 하였지만 지금껏 가지고 있다. 손때 묻은 그 수첩을 지니고 있는 것은 간첩을 많이 잡았던 추억보다는 그간 먹을 것 못 먹고 나홀로 전국을 헤매며 숫한 고난을 극복하며 대공업무를 했던 애환이 깃든 수첩이어서 지금껏 40여 년을 지니고 가끔 들여다 보며 애환의 눈물도 흘린다.

그 수첩의 내용을 보니
- 간첩 소속 판단 기초자료
- 간첩선 판단 자료
- 간첩 무기 종류 및 각종 장비
- 간첩이 사용하는 폭약
- 간첩 통신장비 및 문건

등을 복사한 것으로 간첩 신문 때 참으로 유용하게 사용한 수첩이다.

대공업무를 선택한 이유

내가 대공업무를 선택한 이유는 남다른 애국심이 있었다기 보다는 6.25라는 민족상잔을 통해 너무나 많은 학살의 현장을 보았기 때문이다. 애국이란 내 스스로 하는 것이지 남에게 미루는 것이 아니기 때문에 내가 해야 한다는 신념이 있었기 때문이다. 도둑놈 잡는 것보다 간첩 잡는 것이 명분도 있고 분단 조국을 위하는 큰 뜻이 있다고 생각했기 때문이다.

대공분실장 경호를 하면서 가까이에서 인정도 받을 수 있지만 그것보다는 큰 일을 하고 싶었다. 마침 사무실내 인사문제가 대두되어 단장을 모시고 외식하는데 기분이 좋아보여 이 때가 기회다 싶어 용기를 내어 전출을 해 달라고 말씀을 드렸다. "고향이 인천이고 경기도는 도서도 많고 수도 서울이 있어 당야공작지대로 취약성이 많아 경기도경 대공분실에 가서 마음껏 활보해 보고 싶은데 보내주십시오."라고 용기를 내어 말씀드리자 잠시 침묵하시다가 "그래 그럼 보내주지 경기도 분실장이 누군가?"하고 쾌히 승낙을 해 주셨다.

 1974년 7월 경기도경으로 발령이 나서 내려갔다. 오전 10시경 경기도 경찰국 정문에 있는 다방으로 들어가 차 한 잔 시켜 마시는데 내 나이 비슷한 사람이 다가와 혹시 치안국에서 발령받고 오신 분이냐고 물어 그렇다고 하자 저는 경기도경 대공분실에 근무하는 경 형사입니다라고 하여 인사를 나누고 함께 차를 마시며 분실에 대한 전반적인 이야기를 나누었다.

 오늘 새로 부임한다는 말을 듣고 혹시나 해서 본청에 왔다가 들렸는데 인상이 그럴듯 하여 여쭈어 보았는데 맞았군요. 경형사의 안내로 경무과 인사계에 신고하러 갔다. 인사계장에게 인사하자 "대공분실 요원이니 정보2과에 신고하고 대공분실로 나가세요."하는 지시를 받고 정보2과로 가서 신고를 마치고 대공분실로 나갔다.

 나를 안내해 준 경 형사는 나보다는 한 살 연배이고 경찰은 5년 선배로 계급은 나와 같은 경장이었고 연대 사학과 출신 엘리트였다. 분실장에게 인사를 마치고 경 형사와 같은 조가 되어 함께 활동하면서 지리도 익히고 관내 취약성도 듣고 문제점으로는 지역은 광활한대 가동 인원이 불과 3명뿐이라는데 깜짝 놀랐다.

 며칠 따라 다녀보니 다방공작이다. 다방에 가서 아는 사람 만나 잡담하다 돌아오는 것일 뿐 실익이 없다. 실망이 앞섰다. 나는 경 형사에게 우리 분실에서 언제 간첩을 잡았느냐고 묻자 비식 웃으며 '내가 분실에 근무한 지 7년되었는데 잡은 기억이 없다' 고 하였다. 경기도는 그날 밤 침투해서 공작임무를 마치고 그날 밤으로 북괴로 복귀하는 당야공작 지대로 관내 수도 서울이 있어 취약성이 매우 높은데 다방공작으로 무슨 간첩을 잡지 한심했다.

간첩 검거 실적이 전무하니 인원을 더 달라 소리도 할 수 없지 않은가! 인원이 너무 적으니 첩보 입수도 저조할 수밖에 없는 것이다.

우선 내가 할 일은
- 경기만 일대 취약지 분석
- 과거 침투상황 파악 및 대공활동 대상자 파악
- 거수자 출현 등 지역별 취약지 파악 및 첩보수집

등을 먼저 파악해야 수사 대상이 선정되고 수사하여 검거가 된다고 확신하고 그 작업을 먼저 하였다.

나는 우리 대공분실장과 독대한 자리에서 솔직히 이야기를 했다.
- 이런 상태로는 실적을 올릴 수가 없다.
- 취약지 분석상황을 보고하고
- '현지를 답사하고 분석하기 위해서는 출장이 필요한데 가동인원 3명 중 1명은 당직근무를 서야하니 실제 가동 인원은 2명이니 활동하다가 중단하고 당직근무하러 들어와야 하는 형편이니 어찌하면 좋겠습니까?'
- '실장님 좋은 대안이 있습니까?' 하고 기탄없이 말씀을 드린 것입니다.

이에 분실장은 "그간 열성을 가지고 뛰는 직원도 없었고 그날이 그날로 대안 조차 없었는데 치안국 대공분실하면 우리 경찰 대공의 총수인데 자네가 온다고 해서 우리 모두 기대하고 있었는데 문제점을 역시 예리하게 밝혀 나 역시 부끄럽기도 했지만 희망을 갖게 되었네. 자네가 어떤 복안을 가지고 활동을 하겠다고 하면 제약받지 않고 마음껏 활동할 수 있도록 내가 분실장 직권으로 보장할 것이니 마음대로 활동하게, 단 우리 실정이 출장비를 신청하면 나오기는 하는데 90%는 과 운영비로 공제하므로 실제

지급되는 돈이 없으니 그 점은 알고 있어야 하네." 그래도 이북에서 월남한 분실장이라 국가관은 확고하구나 생각하고 '실장님 숙직하러 들어오지 않는다고 직원들이 불평하는 것은 실장님이 잘 이해를 시켜주셔야 합니다.'라고 당부하고 계획이 수립되는 대로 보고하고 실행하겠습니다.

이제는 기동력이 문제다. 그렇다고 분실에 차가 있는 것도 아니고 자력으로 해결하는 수밖에 도리가 없다. 상경하여 미장원하는 아내에게 가서 아양을 부렸다. 간첩 잡으면 포상금이 나오는데 그때 갚을 것이니 오토바이 한 대 사달라고 부탁하자 언제는 갚는다는 소리 안해서 수사비를 안 주었느냐며 얼마나 드느냐고 묻는다. 시세를 알아보고 이야기하기로 하고 일단 승낙을 받은 것만으로 만족했다. 집 부근 오토바이 가게를 돌아다니며 125CC 오토바이 시세를 물어보니 130만 원이란다. 아내에게 연락하니 와서 돈을 가지고 가라고 한다.

말로는 갚는다고 했지만 사실 갚을 길은 없다. 그때 월급이 쌀 1가마 값밖에 되지 않았으니 말이다. 오토바이 한 대를 사서 타고 인천 대공분실로 내려가 실장에게 보여주며 이것이 유일한 기동력이지만 면면촌촌 못가는데 없고 논두렁 길도 일사천리로 가니 기동력으로는 최고라고 하자 이에 분실장도 동의한다. 우선 분석작업에 돌입했다. 경기도에서 간첩 잡은 것이 최근 언제인가 보았더니 1964년이었다. 검거간첩은 여간첩 최부희로 현재 대구 화원교도소에서 당시 무기형으로 복역 중이었다. 한 번도 아니고 세 번씩이나 남파된 경력으로 보아 거물이다. 자세히 조사를 했다. 6.25 전란 중 18세 처녀로 인민군 부대에서 밥을 해주다가 후퇴하자 부대를 따라 입북한 인천 송도 출신이다. 검거경위를 보니 남파되어 서울 구로동 소재 언덕 위의 민가에 세들어 살고 있었는데 저녁무렵 "조개사려! 조개사려!"하는 조개장사 아주머니 소리에 창을 열고 내려다 보며 "그것 어디 조개에요."하고 묻자 조개파는 아주머니가 "인천 송도 백합이에요."라고 답변하자 이 간첩은 향수에 젖어 "한되만 주세요"하자 장사가 올라와 백합 조개 한 되를 주고 갔다.

　조개를 판 아주머니는 이 간첩과 같은 고향에 살던 아주머니로 이 간첩을 알아보았지만 인민군 따라 월북한 것을 아는지라 내색을 하지 않고 장사를 마친 후 집으로 돌아와 이 간첩의 사촌 오빠되는 사람 (당시 인천시내 모 고등학교 선생)에게 "오늘 서울 구로동에서 월북하였다는 여동생에게 조개를 팔았다."고 하자 믿으려 하지 않았지만 조개판 아주머니가 내가 잘못 볼 리가 없다고 강력히 주장하였다. 이에 사촌오빠인 선생이 친분이 있는 경기도경 대공계장에게 월북한 사촌 여동생이 서울 구로동에 사는 것을 조개를 판 동네 아주머니가 오늘 목격하였다고 신고 하자 경기도경 대공계장 진두 지휘하에 병력이 출동하여 밤 10시경 사전에 집 주인에게 대문을 잠그지 말고 열 수 있게 하여 급습 방문을 열고 들어가 잠자리에 누운 간첩을 검거하고 방안을 수색하여 감춰 놓은 3돈 짜리 금반지 120개를 압수하고 경기대공분실로 연행 신문 결과 남파간첩으로 확인 되었다. 신문결과 금반지 120개를 처분하여 자금을 만들어 모 대학에 침투 구내식당을 경영하면서 대동입북 할 학생을 포섭하라는 지령을 받아 세 번째 남파된 사실이 밝혀졌다. 진술 가운데 특징이 있는 것은 2차 남파되어 임무를 수행하고 복귀한 상황인데 팬티, 런닝 등 보부상으로 가장하여 강화도 외포리에서 선편으로 석모도로 건너 가서 북방 4Km상거한 하리에서 도선으로 미법도로 건너가 선착장 입구 외딴 집에 대기하라는 지령을 받고 지령대로 선착장 외딴집에 이르렀을 때 그 집에 동네 청년들이 국수내기 화투를 치고 있다가 낯선 보부상 아주머니가 들어와 구경을 하자 일몰 후에는 선박 운행이 안 되는데 이 밤중에 어떻게 건너 왔으며 수상하여 그 간첩을 데리고 선착장에 나와 봉화 신호로 빤히 보이는 석모도 하리 선착장의 경찰초소 근무자가 배를 타고 건너와 이 여인을 하리 초소로 연행 조사한 결과 봇짐 속에서 나온 비누갑 속에서 구멍이 뚫린 필림(두 뺨 길이)을 찾아 이것이 무엇이냐고 묻자, 대성 통곡을 하며 "내 남편도 안양 경찰서장을 했는데 폐병으로 죽어 자식들과 먹고 살라고 이짓을 하는데 아이들이 왠 필림 조각을 주워 여기에 넣어 둔 것을 나는 모르고 가져 온 것이다."라고 설명하자, 초소 순경은 간첩들이 암호문건으로 사용하는 '찬공식 테이프'인 것도 모르고 밀짚모자에 장식용으로 사용하는 필림으로만 판단 하고 "사모님 제가 무어라 했습니까"하자 이 간첩이 저 섬에 돈을 받아야 하는데 어떻게 건너 가느냐 고 하자 순경이 데려다 준다고 위로하였다는 것 동네 청년들은 계속 국수내기 화투를 치는데 그 여인이 다시 건너와 구경한다고 들어와 이젠 의심의 여지도 없어 그냥 방관하는데 밤 12시가 조금 지났을 무렵이었다.

난데 없이 군복 괴한 3명이 기관단총을 들고 방에 들어와 여간첩에게 "야! 이년 간첩이지."하며 끌고 나가 해변에 대기 중인 고무보트에 승선하더니 웅하며 빠른 속도로 연백 방향 이북으로 사라졌는데 이것이 2차 남파되어 임무를 마치고 복귀한 상황인 것이다.

나는 이 사건을 분석하면서 해안 초소 근무자가 간첩들이 사용하는 난수표인 찬공식 테이프를 보고도 그냥 방면하였으니 얼마나 한심한 일이며 그 밤에 미법도로 돌아온 것은 복귀접선 시간을 지키기 위한 것이라는 사실이다.

이 미법도에는 주민이 불과 20여 세대 뿐으로 이 섬에서 이북 (황해남도 연백군 불당포:간첩 기지)까지는 불과 9Km정도로 모든 상황으로 미루어 보아 이 섬에 비호거점이 있다고 판단하였다.

당시 안기부 대공수사국의 협조를 받아 대구 화원교도소를 방문하여 무기수로 복역 중인 최부희를 특별접견 비호거점에 대한 자료를 유출하려 하였으나 이미 굳혀진 상황으로 비협조적이라 몇 가지 사실만 확인하고 돌아왔다.

다시 출장을 달고 강화 미법도에 가서 이 섬 한 바퀴를 돌며 20세대 주민 분석 자료를 수집하고 선착장 부근 해변에서 탄피 한 개를 줏었는데 북괴 따발총 실탄이기도 하고 소제 토카레브 권총 실탄이기도 한 탄피였다.

몇 십년 전에 발사한 실탄은 아닌 것같아 언제 쏜 것이며 누가 쏘았을까 소제 권총을 우리 쪽에서 발사했을 가능성은 더욱 희박하다.

특히 이 섬에는 남북귀환어부가 상당수 있다는 사실이다. 이 도서가 소위 말하는 혁명도서가 아닐까 ? 하는 생각이 자꾸 들었다.

이 섬을 집중적으로 수사해야겠다는 생각이 이것을 파헤치는 것이 내가 대공요원으로서 해야할 사명이라고 결심하였다.

나는 告白 한다

(이제 나는 말을 한다)

3. 내가 검거한 간첩사건과 취급한 주요사건

내가 취급한 주요사건 및 간첩사건을 상세히 쓰려면 간첩 사건 하나만 가지고도 책 한 권을 쓰겠지만 요약하여 간단히 기재하는 바 해량있으시 길 바랍니다.

제 1 화 탱크 설계도 도난 사건

1973년경으로 기억되는데 치안국에서 경기도로 전근해 온 지 얼마 되지 않아 인천 동구 만석동 소재 한국기계(주)내한 연구소에서 한국형 탱크를 개발 중이었는데 이곳에 상주하던 국방과학연구소 소속 모 대령이 관리하는 탱크설계도가 도난되어 인천 동부경찰서 대공계 직원들이 나와 수사 중 장시일이 경과되었는데도 진전이 없자 경기도경 대공분실에서도 수사 지원하라는 지시에 따라 저에게 치안국에서 온 실력을 보이라며 수사하라는 특명을 받고 현장에 파견되었다.

한국기계 현장에 도착하여 보니 한국기계 내에 공장 1개동을 연구소로 하여 별도로 철조망을 치고 같은 한국기계 직원이라도 출입이 통제되어 엄격히 하고 있어 외부에서 들어와 절취하였을 가능성은 희박하므로 내부자의 소행으로 판단하고 내부수사에 집중하기로 하였다. 내부 인원이라야 몇 십명인데 독안에 든 쥐라 생각하고 부서별 명단을 확보하였다.

분실 경위를 보면 담당인 모 대령이 점심 먹으러 나가며, 챙기지 않고 나갔다 돌아와 보니 몇 십장 설계도 전체가 없어졌다는 것이다.

없어진 것을 안 즉시 수사에 착수한 것이 아니라 어디서 나오겠지 하고 기다린 우를 범했다. 도난 당일 봉쇄하였더라면 외부 유출이 되지 않았겠지만 상당시간 경과 후 사건화 하였기 때문에 외부유출 가능성이 있었다.

부서별로 동향을 내사하던 중 사격통제 시스템 기술자가 사표를 냈는데 사유는 중동에 기술자로 나가기 위함이라는 것이다. 희망하는 나라는 사우디아라비아라는 것이다. 나는 인사자료에서 그 사람의 얼굴을 확인해 놓고 동향을 살피고 있었다.

어느 날 화장실에 가서 소변을 보는데 그 대상이 나를 유난히 살피는 것을 느꼈다. 간첩 소행은 분명 아니다. 이 안의 모든 사람은 이미 보안사에서 신원을 확인한 고로 적색분자가 침투했을 가능성은 희박했다.

그 대상자가 파트장에게 나를 가르켜 새로 나온 수사관이 어디에서 나온 사람이냐고 묻더란 말에 나는 결단했다. 이번 수사에 신경 쓰는 것은 틀림없고 이 사건과 깊은 관련이 있다고 판단하고 함정수사하기로 결단하였다. 퇴근 시간 정문에 분실 찦차를 대기 시키고 퇴근 시간을 기다리다 그 친구가 나오는 것을 차에 태우고 집이 어데냐고 묻자 서울 면목동이라 한다. 나는 운전요원에게 '면목동으로 몰아' 하고 지시하고 대상자 어깨를 쓸어내리며 '그간 고민 많이 했지' 하자 갑자기 무릎을 꿇는다.

게임은 싱겁게 끝났다. 잘못했다고 빌며 용서를 구했다. 설계도가 어데 있느냐고 물으니 면목동 집 다락에 세맨 종이로 싸서 두었다고 한다. 간첩의 사주를 받았느냐고 하니까 펄쩍 뛰며 그런 일은 없고 사우디아라비아에 나가는 기술자로 신청 해 놓았는데 그곳에 갈 때 가지고 나가 사우디아라비아에는 북괴대사관이 있어 접촉해서 고가에 팔아 목돈을 마련하려고 하려고 했다는 자백을 하였다. 서울 면목동 자택에 이르러 우리 직원이 들어가 아드님하고 같은 직장동료인데 벽장에 둔 설계도를 갖다 달라고 하여 왔다고 하자 아버지가 벽장에서 찾아 내다 주어 받아 가지고 나오자 직원 3명이 들어가 가택 수색을 하였으나 그 외 다른 것은 없어서 우리 대공분실로 압송하고 검거 보고한 후 인천동부경찰서로 하여금 군사기밀보호법 위반으로 검거 송치하도록 조종하여 사건은 쉽게 해결하였다.

단, 탱크 개발 내용은 군사기밀에 해당하고 사건 해결과 별개의 사안이어서 언급치 않았다.

제 2화 불온벽보사건과 간첩 황○순 과 황○근 사건

1976년 4월22일 경기도 성남시 수진동 소재 성남 제2초등학교 담장 4개소에 다음과 같은 벽보가 부착된 사건이다.

(1) "祝 76년을 맞이하여 金日成 수령님의 생일을 맞이
하여 모두 金日成 首領님께 每日 萬壽無疆을 빌자
하나님보다 높은 首領님을."
(2) "金日成 首領 生日을 서울에서 벌이자 來年에는 뜻을
이루리라."

등 불온 벽보가 부착된 사건이 발생하여 성남 수진 파출소에 안기부, 보안사, 경찰 합동수사본부가 설치되어 우리 대공분실에서도 2명이 급파되어 수사에 착수하였으나 사건은 미궁에 빠졌다.

이때 나의 상사인 경기경찰국 정보2과장으로부터 전화가 와서 받았다. "자네는 치안국 대공분실에 있었으니 수사도 잘 할 터인데 성남 현지에 한 번 나가 보았는가?"하기에 "이미 현지에 대공분실 직원 2명이 나가 있는데 제가 또 나갑니까?"하고 반문하자 퉁명스레 실장을 바꾸라고 하여 실장을 바꾸어 주고 나는 마당으로 나갔다.

잠시 후 실장이 불러 들어갔다. "사건이 빨리 해결되지 않아 위로부터 많이 시달리는 모양이야 그래도 자네한테 기대를 거는 것 같으니 자네가 좀 나가봐 나가 있는 직원들은 들어오라고 지시했어 지금 즉시 출발하고 현

지에 도착하면 과장에게 나왔다고 전화로 보고 하고 실력을 발휘해 봐"하는 지시를 받고 나는 하는 수 없이 출발하였다.

성남경찰서에 도착하여 서장에게 인사하고 바로 정보과 대공계로 나와 그동안의 상황 설명을 듣고 수사상황을 물으니 사건 발생지 부근 거주자 중 월북자 연고자, 부역자 연고자들을 수사하고 있다고 하였다.

일단 사건 현장을 둘러보고 다시 경찰서로 돌아와 전면 재검토한 후 경기경찰국 정보2과장에게 "도착하여 현장을 보고 검토해보니 수사 방향이 잘못된 것 같습니다. 그 이유는 벽보에 '애국청년동맹' 같은 대호가 없는 것으로 보아 간첩사건이 아니고 시국불만자의 소행으로 판단되어 수사 방향을 새롭게 설정해야 할 것 같습니다."라고 보고하자 과장은 아까와는 달리 "그것봐 수사 방향이 다르다며 빨리 좀 잡아 봐 치안국 대공요원의 실력을 발휘해 봐 수고하게."하고 끊었다.

성남경찰서 대공계에서 첫 수사회의를 개최한 자리에서 그간 수고들 많았습니다. 그러나 지금까지의 수사방향은 간첩검거 수사였는데 저의 생각은 다릅니다. 간첩들이 벽보로 접선신호를 하기도 하는데 반드시 '대호'가 있어야 상대가 누구인지 알고 접선을 하는데 다시 말해 '애국청년동맹' 같은 '대호'가 있어야 접선 대상자가 누구인지를 알고 접선이 이루어지는 것인데 사건 현장에서 수거한 벽보에는 어디에도 '대호'가 없어 대상이 밝혀지지 않아 접선신호가 절대 아닙니다. 제 생각은 시국불만자의 소행 같고 문장 내용으로 보아 북괴에서 살포하는 전단지 내용 같아 그것은 내가 곧 확인해서 알려드리겠습니다.

대공3계장님은 직원 2명을 즉시 치안국 대공반 전단지 담당에게 출장시켜 벽보내용의 북괴전단지가 살포된 것이 있나 확인하고 있으면 살포지역이 어느 곳인지 확인해 오도록 해주세요.

마지막 벽보에 제시한 '수진동산 (벽보가 부착된 곳에서 50m전방) 마이크 밑을 파 보아라' 이것은 간첩의 경우 이러한 지시는 없습니다.

아직 시간이 2일 남아 있으니 기대할 것은 전무하나 돌다리도 두들겨 보고 건너는 식으로 지뢰탐지기까지 동원하는 것은 좋으나 대공3계장은 현장의 은밀한 곳에서 그날 확성기 밑을 파 볼때 구경나온 전원을 비디오 카메라로 반드시 촬영해주시기 바랍니다.

회의를 마치고 합동수사본부 요원인 안기부 조정관과 보안 대원과 인사를 나누고 다시 현장을 답사한 후 생각에 잠겼다. 반드시 사건 현장 주변 인물일 것이라 생각이 들었다.

한참 생각에 잠겨 있을 무렵 치안국에 출장간 직원들이 돌아와 나를 향해 "참으로 용하십니다. 족집게십니다. 이 벽보는 지난 3월 초에 경기도 양주군 백석면 홍죽리 지역에 공중 살포된 삐라임이 확인되었다"삐라를 내 놓아 살펴보자 한 글자도 틀림없이 꼭 같아 사건 해결에 자신감을 가졌다.

나는 수사에 확신이 섰다. 범인은 이네 거주자로 지난 3월달에 양주지역에 여행한 자를 찾으면 해결된다고 확신하고 대공계장에게 대공형사들을 풀어 탐문수사로 양주지역 여행자를 색출하도록 지시하였다.

나는 수사에 자신을 갖고 경기도경 정보2과장에게 그간 수사사항을 밝히고 곧 해결될 것이라고 보고하자 무척 좋아하였다.

드디어 확성기 밑을 파는 날이 되었다. 구경꾼들이 50여명 나와 구경하는 가운데 군인들이 나와 지뢰탐지기로 먼저 검색한 후 파 보았으나 개뼈도 나오지 않았다. 이 과정에 진범이 구경꾼에 섞여 이 광경을 보며 속으로 비웃고 있겠지만 조금만 기다려라 별렀다.

현장상황이 모두 끝나고 저녁에 현장을 촬영한 비디오 테이프를 틀 때에 사건 현장 통장을 입회시키고 구경꾼 한 사람 한 사람 신원을 파악했다.

구경꾼들 중 신원이 특이한 자가 나왔다. 신민당 성남시당 청년부장으로 신O휘라는 자다. 분명 시국불만자로 그에 대하여 집중 수사결과 지난 3월달에 양주지역에 농경지 정리 작업장에 인부로 40여 일간 노동하고 돌아온 사실이 밝혀졌다.

진범임을 확신하고 다음 날 새벽 6시경 성남대공계장과 검거조와 수색조를 대동하고 대상자의 집에 도착하여 대문 벨을 눌렀다.

대상자 OO가 나왔다. 긴장한 탓인지 우리를 물끄럼히 쳐다만 보고 있어 나는 버럭 화를 냈다. "사람이 내 집에 찾아왔으면 들어오라는 것이 예의이거늘 세상에 이런 법이 어디에 있나?"하였더니 마지 못해 들어오란다.

지체없이 들어가 수색조는 수색을 하고 나는 초등학교 4학년과 6학년짜리 아들 방에 들어가 잠에 취해 자고 있는 발체 아래 장롱 밑으로 신문지 자락이 보여 잡아 당겨보니 언제 썼는지 먹물이 마른체 벼루가 나왔고 신문지 한쪽에는 '김일성'이라 쓴 글씨를 발견 증거물로 압수하고 진범으로 체포하여 성남경찰서로 연행하는 차 안에서 범행일체를 자백하여 벽보와 신문지의 '김일성' 글씨를 즉시 국립과학수사 연구소에 필적감정을 의뢰한 결과 동일 필적으로 감정되어 증거물로 압수조서를 작성케 하였다.

그제서야 본청 정보2과장에게 전화로 검거보고 하자, "이 사람아! 자네가 진작 나가서 수사방향을 바로 잡았으면 벌써 해결했지. 수고 많았어! 그래서 자네보고 나가라고 한거야 수고하게."하고 끊었다.

이어 분실장에게 전화했더니 경비 전화가 통화 중이라, 조금 후에 전화했더니 과장과 통화했다고 하며, 과장이 자네 칭찬이 대단해 수고했어. 잘 마무리 하도록 잘 지도해 주고 돌아와! 정말 수고했어. 이제 분실이 일좀 하는 것 같네. 고마워 성남경찰서 대공계에서 마지막 수사회의를 개최하

여
 - 신문조는 범죄 동기를 임의성 있게 작성케 하고
 - 실황조사서는 작성할 사람이 없어서 내가 작성키로 하고
 - 증거품으로 압수한 벼루, 붓, 먹, 연습한 신문지를 압수

조서에 벽보내용과 북괴 전단지와 내용이 일치됨을 상세히 기재할것 등을 지시하고 실황조사서를 첨부하여 성남지청의 공안 검사 지휘를 받아 구속케 하고 나는 분실로 돌아오기 위해 성남경찰서에서 나오는데 성남경찰서 대공계에 있다가 수사과 강력계로 간 원 형사가 정문에서 만나 "벽보사건 해결하셨다면서요."차 한 잔 하자고해 정문 옆에 있는 '남산 다방'에 들어가 쌍화차에 계란 노른자를 타서 한 잔 마시는데 "오늘 아침 대공계에 재일 교포 한 사람 데려다 조사하던데, 무슨 혐의인지 모르겠어요." 하는 소리를 들었는데, 다방에서 나오다 대공3계 직원을 만나 "아침에 교포 조사 한 것이 무엇이냐?"고 묻자"이른 아침에 비행장을 사진 찍는 것을 보고 신고해서 데려다 조사하고 혐의가 없어서 내보냈답니다."하는 소리를 들으니 기분이 좀 이상했다.

"재일교포가 군용비행장을 왜 촬영했을까?"무엇인가 개운치 않다.

아무래도 개운치 않아 다시 대공계로 들어가 대공3계장에게 "오늘 아침 조사한 교포 인적사항 좀 봅시다."근무일지에 적은 인적사항을 수첩에 적고 나오면서 아무래도 의문 덩어리였다. 인천으로 가야 할 방향을 틀어 그 교포가 살고 있는 서울공항 정문 앞 동네로 가니 비행장 정문 맞은편에 구멍가게가 있어 아주머니에게 "이 동네 통장댁이 어디인가요."하고 묻자 "저희 집인데요."하기에 아저씨를 찾으니 직장에 나가서 저녁에나 퇴근한단다.

어디 근무하시나요? 하고 물으니 비행장을 가리키며, "저 미군부대에 다

니세요."한다. 아무래도 예감이 안 좋다.

　나는 우리 분실로 전화를 했다. 분실장에게 "분실로 돌아 가려고 하였는데 무엇 좀 긴급으로 확인할 사항이 있어서 그러니 직원 두 사람만 서울공항 정문 앞에 있는 구멍가게로 긴급히 좀 보내달라고 요청하자 경 형사와 황 형사를 보낸다고 했다.

　성남 대공계의 조사된 내용은 재일 교포 한 사람이 서울공항 미군부대에 다니는 동생 집에 왔다가 기념으로 동생다니는 서울공항을 한 장 찍었는데, 어느 시민이 보고 신고한 것으로 부대에 다니는 동생이 확인되고 혐의 없어서 방면했다고 한다.

　통장을 기다리는 사이 우리 직원이 먼저 도착하여 사진 찍은 지점등을 대공계에 확인 하고 현장을 답사하고 주민을 상대로 탐문수사한 바

　- 재일교포 형이 이번에 처음 나온 것이고

　- 이번에 모국을 방문 동네에 방을 얻어 한 달간 묵었고

　- 동생은 서울공항 내 미육군 항공대에 빠텐더로 근무하는것 등을 수사하는 사이 통장이 퇴근하여 통장을 만나서

　- 미 항공대에서 하는 일은 청소부이고

　- 무슨 부대냐고 묻자 그것은 답변을 거부하고

　- 재일교포가 묵은 기간과 묵은 집을 물으니 약 한 달간 체류하였고 묵은 집은 저 꼭대기 집이라고 가리켜주었다.

　- 지금 무엇을 하고 있나 알아보고 오더니 지금 저녁 비행기편으로 출국하기 위해 짐을 꾸리고 있다고 하였다.

　사진을 찍었다는 장소에서 서울공항을 내려다보니 그야말로 파나로마다 한 눈에 공항이 내려다 보이고 비행기 이착륙 모습이 보였다. 한 달간 묵은 집의 창문에서도 서울공항이 다 관측이 되었다.

다시 통장을 만났다. 통장에게 서울공항 미군부대도 공군이냐고 묻자 머뭇거리고, 잘 이야기하려 들지 않아 경 형사가 "우리가 그냥 묻는 것도 아니고 대공 수사상 묻는 것인데 왜 답변을 피하느냐!"고 언짢게 이야기 하자 그제서야 육군 항공대로 정찰임무를 가진 특수부대라고 한다. 왜 비행기가 한 대도 없느냐고 물으니 밤에만 뜨며 격납고 안에 있고 외부로 노출시키지 않으며 격납고 청소시에도 가드가 총을 들고 따라 다닌다 고 하였다.

통장은 대공분실 직원임을 확인하고는 상세히 설명했다. 이 기종은 쌍발 프로펠라 비행기로 고공으로 날며 활공비행으로 야간 정찰을 하는데 레이더에 걸리지 않는 특수비행기이며 귀환 즉시 배 밑의 필림을 떼어 엠브란스에 싣고 앞뒤에 헌병차가 계호하에 어디론가 간다.

재일 교포 형이 34년만에 입국하였다고 하는바 재일 조총련으로 있다가 민단으로 전향하여 이번에 온 것으로 판단되어 그렇게 신분을 탈바꿈하면서 다녀가는 목적이 무엇일까?

동향을 알아보러 간 통장이 헐레벌떡 달려와서 출국하기 위해 지금 나온다는 것이다. 대기 중인 우리 차에 승차하고 잠복하고 있는데 큰 길로 나와 택시를 재일교포만 타고 김포 공항으로 달려 미행했다.

서울 대치동 입구에서 추월하며 길을 가로 막고 신분증을 꺼내 들고 택시를 정차시킨후 조사할것이 있으니 동행해 달라고 고지하고 가방 4개를 우리 차로 옮겨 싣고 재일교포도를 성남경찰서 바로 옆 남산여관 2층에 방 3개를 잡아 신문에 착수하였다.

우선 치안국 대공반에 재일교포 신원을 대일조회를 통해 긴급으로 의뢰하였다. 가방을 정밀 조사 결과 가방 4개 중 한 개가 바닥이 이중 바닥이었다. 바닥을 뜯으니 그 속에서 일제 '후지' 필림 24통이 나왔다. 당시만

해도 서울 시내에 칼라 현상소가 많지 않았던 때라 서울 북아현동 언덕에 있는 새한칼라 본사로 직원을 출장시켜 숙직 직원을 깨워서라도 밤을 새워서라도 24통을 현상 인화해 가지고 오도록 하였다.

치안국 대공반에서 대일조회 결과가 연락이 왔다. 재일교포 황O순은 오사카 조총련 간부로 이번 입국 직전 민단으로 전향하였다는 것이다.

위 사실을 확인 하자 시인한다. 전향사유는 동생이 보고 싶어서 입국을 위해 민단으로 전향 하였다고 한다.

성남경찰서에 연행되어 조사 받을 때에는 동생이 다니는 비행장을 기념하여 한 장 찍었다고 하였는데 가방 바닥에 숨긴 24통의 사진은 왜 거짓 진술하였냐고 묻자 얼른 대답을 못하고 많이 찍었다면 혼날 것 같아 거짓 진술 하였다는 것이었다.

간첩 혐의에 대해서는 극구 부인하나 횡설수설 하는 것이 간첩 용의점이 농후했다. 미 육군의 대북 첩보 비행기 '모학'의 기지와 이착륙 상황을 촬영한 것은 군사기밀 탐지 수집한 증거는 확보된 상태인바 포섭경위 교육과정 지령사항 등을 밝히면 간첩이었다.

새벽녘에 필림 24통을 전부 현상 인화하여 가지고 돌아와 살펴보니 간첩으로 입증할 자신감이 생겼다.

24통의 사진을 제시하자 고개를 숙인다. 한달씩이나 비행장을 관측하기 좋은 방을 얻어 비행장과 비행기 이착륙 상황과 특히 첩보기 '모학'을 중점적으로 촬영하고 동생 황O근을 통해 '모학'기의 비행사들의 언동과 출격과 회항 시간을 탐지한 이유를 묻자 고개만 숙이고 있다.

다음 날 성남 서울공항 미 육군항공대의 위치와 '모학' 비행기의 이착륙 상황 및 '모학'기의 촬영이 안보상에 미치는 영향과 위해도를 회신해 달라는 영문으로 된 공문을 지참하고 서울공항 미 육군 항공대를 방문하여 항공대장 OOOO대령을 면담하여 제시하자, 이 사안은 특급 비밀이어서 답변할 수 없다고 잘라 말하고 우려를 표하며 다음 날 답방을 하겠다고 하여 돌아왔는바 '모학'기의 대북 첩보활동 상황이 안보상 중대함을 육감으로 느낄 수 있었다.

다음 날 점심 때가 조금지난 시간에 약속대로 미 육군항공대장이 성남경찰서로 방문 위문품(커피 과자류 담배 음료수)등을 가지고 와서 간첩을 검거한 공을 높이 치하 하고 검거함으로서 기밀이 이북으로 넘어가지 않게 막은데 대한 감사를 표시하고 곧 부대는 이동할 것을 시사하고 돌아갔다.

어느 정도 간첩의 윤곽이 들어남으로 상사인 분실장과 정보 2과장에게 전화로 곧 간첩으로 검거할 계획임을 알리자 대단히 좋아했다.

나는 재일교포 황O순에게

- 성남경찰서 대공계에서 조사 받을 당시 기념으로 사진한 장 찍었다고 거짓 진술하였고

- 비행장 전경, 각 격납고 전경, 비행기 이착륙 상황, '모학' 비행기, '모학'기 이착륙 상황, 등 수집한 사진만 사진 700여매의 증거물, 필림 24통 숨긴 상황 등 간첩부분 증거가 너무 많은데 무엇으로 변명하겠다는 것인가! 반성의 기미가 없으면 부인하는 상태로 그대로 송치할 것인 바 엄한 처벌을 받을 각오가 필요하다고 설득했다.

부인하는 상태로 간첩 검거 보고를 했다. 경기경찰국장으로부터 격려 전화가 왔다. 대공분실장도 위문차 방문했다. 분실장은 나에게 "대단한 사람이야, 벽보사건 끝나고 피로해서도 그냥 왔을 터인데 교포를 조사했다는 말은 예사로 듣지 않고 확인하고 분석하고 검거하고 북치고 장구치고 다하는 팔방 미인이야."하며 점심을 하고는 돌아갔다.

그때 황O순이가 나를 찾는다는 말에 가서 독대한 자리에서 모든 것을 말씀드리겠다고 자백의사를 밝힌다.

1976년 4월 조총련 공작원 박OO에게 포섭되어 오사카 '우에노' 공원 근처의 독립가옥에서 간첩교육을 받아왔으며, 같은 달 23일 공작원 K-16 기지를 촬영하고 '모학'비행기 이착륙상황과 출간 및 조종사들의 동향 및 대수를 탐지하고 동생을 포섭하여 정보를 입수하라는 등의 지령을 받았다고 자백하여 재일교포 황O순은 간첩으로, 동생 황O근은 간첩방조로 검거 구속 송치하였다.

제 3 화 간첩 정O용 검거

경기만 해안이 가장 취약하다고 판단하고 도서지역을 중점적으로 점검하기 위해 월부책 장사로 가장하고 인천항에서 약 2시간 거리에 있는 덕적도에 도착하였다.

여인숙에 여장을 풀고 섬 주변을 둘러보니 레이더 기지가 있고 해경정이나 해군의 중간 기지 역할을 하는 전략적 도서로서 강화도 다음으로 큰 섬이다.

탐지 대상물이 있어 몇 개의 간첩망이 있을 가능성이 있다고 판단되어 이 섬 해안선을 따라 도보로 답사를 했다.

이 섬 남쪽으로 이동 진리 포구에 도착하여 연락선으로 40분 거리에 있는 문갑도가 꽤 크게 보였다.

이 섬 동쪽 가까이에 소이작도가 있고 그 넘어에 대이작도가 있는데 두 섬 사이에 해군의 쾌속정 기지가 있어 굉음을 내며 PT정들이 자주 출입한다.

진리 선착장 주막에서 국수 한 그릇으로 시장끼를 달래고, 옆 좌석에서 막걸리를 마시고 있는 두 아저씨에게 "저 섬이 문갑도라죠. 꽤 커보이는데요."하고 말을 건네자 "무엇하는 분이신가?"하고 물어 "예 월부책 장사에요."라고 답하자, "5,60년대에는 조기잡이 어선이 수백척씩 정박하던 곳이라 술집도 많고 유동 인구도 많았던 곳인데 지금은 배 한 척도 들어오지 않는 빈촌이 되었어요. 섬은 크지요"

때마침 문갑도로 가는 배 시간이 되어 답사할 겸 승선하여 문갑도로 들어갔다. 약 40분 걸려 문갑도에 도착해 보니 썰렁하다. 하는 수 없이 민박집을 구하여 밥을 먹는데 김치나 생선 한 토막 찐것에도 고춧가루가 귀한지 허옇다. 된장에 한술 비벼 먹고 말았다.

저녁 무렵 마을 회관에 나가 이장과 동네분과 이야기를 나누는데 해안가의 한 집을 가리키며 "저 집에는 웬 낯선 젊은이가 여러 날 머물고 있는데 누구야?", "선착장 근무하는 경찰에게 한 번 알아보라고 이야기는 했는데"하면서 수상하게 생각하는 것 같았다.

나는 이장에게 넌지시 물었다. "저 외딴 집 아저씨는 무엇하는 분이세요?"라고 물었다. 이장이 한 번 나를 힐끔 쳐다보고는 몇 해 전에 이북에 잡혀갔다 온 어부라고 했다.

나는 문갑도에서 하루 더 묵고는 납북귀환어부 집에 머물다가는 청년과 같은 배를 타고 덕적도로 나와 인천행 여객선을 바꾸어 타고 인천에 도착 즉시 제일 먼저 내려 해안 경찰초소로 뛰어가 나의 신분을 밝히고 문갑도에서 같이 나온 청년을 검문하여 인적사항을 확인토록 하는데, 마침 나와 같은 분실에 근무하는 경 형사가 오기에 저기 오는 청년을 인천경찰서로 연행해 문갑도 방문 경위와 목적을 상세히 진술을 받아 달라고 부탁하고 나는 분실로 들어갔다.

저녁 무렵에서야 경 형사가 돌아왔다. 문갑도를 방문한 청년은 대전 도마동에 사는 안석주(당시 34세)로 군복무 때 사귄 친구를 만나러 문갑도에 갔는데 친구는 외지에 출타 중으로 돌아오기를 기다린 이유는 그간 실업자로 어려움이 많아 선원생활이라도 해 볼까 해서 이 섬까지 방문한 것이며 며칠 기다리는 동안 친구의 형이 친절하여 많은 대화를 했다.

옛날 같지 않아서 지금은 탈만한 선박이 거의 없고 연안에서 낚시를 하는 전마선 뿐이다.

내가 어부로 이북에 잡혀갔다 왔는데 잡혀갈 때는 겁이 났었는데 막상 가보니까 친절하고 대우를 해주어 잘 있다 왔으며 우리처럼 못사는 사람은 이북가서 살면 좋겠더라.

식량은 나라에서 배급주고 공부도 공짜고 여기 저기 관광을 시키고 대동강에 있는 옥류장에서 고기랑 냉면을 먹는데 얼마나 맛이 있던지 눈물이 나더라는 등 많은 이야기를 듣고 더 기다리다 가라는것을 미안해서 나왔다는 진술을 받아 가지고 나와 경 형사에게 수고 많았다고 치하 하고, 저녁에 분실장이 들어와 그간 출장 수사 상황을 보고하면서 문갑도 납북귀환 어부 정O용에 대하여 보고하고 좀더 수사를 해 보겠다고 보고 하였다.

대상은 1968년 6월17일 서해 연평도 근해에서 조업 중 북괴 경비정에게 납북되어 같은 해 11월 1일 귀환된 자였다. 보통 납북귀환 어부가 재북 중 포섭되어 간첩교육을 받고 귀환하는 경우 귀환 후 3~4년이 경과되어 감시가 소홀해지면 활동하는 것을 감안하면 활동 가능한 시기였으며, 왜 귀환 후에는 승선치 않고 외지에 몇 일씩 나가있다 들어 온 사실이 있어서 행적을 수사하기 위하여 1976년 7월경 문갑도를 방문하여 동인의 처를 상대로 탐문 수사한 바 신앙심이 강하여 2년전 11월초에는 주거지에서 북방으로 약1Km 상거한 속칭 '한알리'해안에서 혼자 철야기도한 사실도 있다고 진술하였다.

1976년 7월 하순경 대상 정O용을 임의 동행하여 방문객 안석주에게 북괴를 찬양한 사실을 확인한 바 사실로 밝혀지고 며칠 씩 투숙시켜가며 북괴를 살기 좋은 곳으로 설득한 연유를 추궁하자 납북되어 재북 중 단독수용되어 간첩교육을 받은 사실을 진술하였다.

1974년 11월 초 속칭 '한알리'해안에서 철야기도 하였다는 날이 무월광시로 북괴 공작선이 활동할 시기여서 위 지역을 답사한 바 절벽해안길로 무월광시에는 접근이 어려운 지역인데다 민가가 전무하고 큰 바위로 해안 접근이 용이한 지역이어서 구태어 그 험로를 택하여 '한알리'해안 큰 바위에서 철야기도한 이유를 집중 추궁하자 고개를 떨구며 자백하기에 이르렀다.

1974년 11월 2일 24:00경 위 '한알리'해안에서 북괴 공작원과 접선하여 문갑도 경비상황 등을 보고 하고 공작금 10만원을 수수하여 살고 있는 집의 야산쪽 용마루 (야산쪽은 집이 낮아 쉽게 오를 수 있음)에 은익해 놓고 사용하였음이 밝혀졌다.

한편 위 '한알리'해안 부근에 있는 피의자의 소유 밭가운데 있는 약 30년 생 참나무 (독립수) 밑 해안 방향으로 3뼘 상거지점에 한뼘 깊이로 페니시린 병을 무인포스로 매몰하여 사용하였음이 밝혀졌다.

1976년 9월1일 간첩으로 구속송치하였다.

제 4 화 간첩 오O근 사건

1976년 8월 초 한참 무더위가 시작되던 시기였다. 아침에 출근하자 인천 동부경찰서 대공계장 왕 경사로부터 경비전화가 걸려왔다.

낚시하는 기선으로 강화군 말도에서 월북이 가능하느냐고 물어 그것은 왜 묻느냐 왕 경사가 월북할 일이 있느냐고 물었더니 동부경찰서 관내의 만석부두에는 낚시 전용기선이 많이 있는데 어떤 사람이 물 반 고기 반이 있는 곳으로 안내한다며 가자고 자꾸 유인하는 것이 수상하여 선주가 동부서 대공계로 신고하여 가자고 유인한 사람을 연행해다 놓았는데 처벌근거를 몰라 묻는다는 것이다.

가자고 유인한 것만 가지고 처벌이 어렵고 근본적인 목적이 있어 보인다. 그곳의 지리적 취약성만 설명 다음과 같이 설명해주었다.

이북 황해남도 연백군 남단 소재 혜성염전 정남방 약 7km에 말도라는 섬이 있는데 약 10여가구가 자연산 굴만 채취해 팔아서 생활하며 이 섬에는 해병대 포진지가 있다.

이 말도 서쪽 약 100m상거한 거리에 볼음도란 큰 섬이 있으며 말도와 볼음도 북쪽해안선이 남방한계선으로 이 한계선 북쪽해안에는 출입이 금지되어 있으므로 조업은 불가능하다. 이 섬 북쪽해안에도 해병대 포진지가 있어 경계가 삼엄한 곳이다.

왜 이러한 곳으로 유인하려 했을까? 따라서 대상에 대하여 신상관계를 조사할 필요가 있다고 설명해주었다.

그로부터 불과 30분도 안되어 위 왕 계장으로부터 그 대상이 납북귀환 어부라고 전화가 걸려왔다.

대상의 집은 볼음도 북부 해안 부락이라는 것이다.

나는 왕계장에게 대상을 근본적으로 조사코자 하니 경기도경 대공분실 연행하라는 지시를 한후 대공분실장에게 간첩일 가능성도 배제할 수 없어 일선 경찰서에서의 조사가 어려워 일단 분실로 연행지시를 하였는 바 신병이 도착하면 심사를 하겠다고 보고하였다.

나는 심사서 작성을 하면서 신문을 시작했다. 대상은 1965년 10월29일 조개잡으러 말도 서방 몇 시간 거리의 함박도 (아군 첩보기지) 북방 황해남도 연백군 소재 혜성염전 남방 갯벌로 대합조개 잡으로 갔다가 납북되었으며 같은 해 11월1일 판문점으로 귀환된 자이고, 대상이 유인하려던 곳은 남방한계선 북방으로 조업불가능한 곳으로 조업을 미끼로 유인하려던 것이며 대상이 사는 곳은 이 섬 북방 해병포진지 바로 밑 동네로 이북 혜성염전이 마주 바라보이는 곳으로 이곳에 서 있는 수령 수 백년 된 은행나무는 암 나무로 혜성염전에도 같은 수령의 은행나무 수 나무가 있다고 한다.

　신문장소를 볼음도로 옮기고 현장 신문을 개시하였다. 집을 방문했다. 초등학교 4, 6학년 딸 자매가 결핵을 앓고 있는데 치료도 못하고 있으며 솥에는 몇 개의 감자만 있어 조사가 급한 것이 아니라 가족들 민생문제가 선결문제였다. 우선 내 주머니에 있던 돈 8만원 중 7만원을 주어 양식을 사게 하고 보건소에 이야기 하여 결핵치료를 완치될 때까지 시행할 것을 약속받았다.

　볼음도 선착장에 있는 여인숙으로 돌아와 쉬고 있는데 대상이 나를 만나자고 한다기에 수용 중인 방으로 갔다. 우리 직원이 대상에게 쌀 사라고 7만원을 주고 두 딸의 결핵도 완치될 때까지 볼음면 보건소에서 보장하였다는 말을 전했는지 감동되어 나를 보자고 한 것 같았다.

　나는 대상과 대면한 자리에서 내가 가지고 있는 돈 8만원 중 7만원만 주고 1만원 남겨 놓은 것을 지금 후회하고 있다고 고백하자 대상은 내 앞에 엎드려 흐느껴 울었다.

　대상은 진정이 된 후 1965년 10월29일 납북되어 북에 수용되어 있던 중 성명불상 공작원에게 포섭되어 귀환 후 만 5년 되는 해 주거지 해안에서 발광신호로 안전활동 신호를 이북으로 보내고 간첩활을 하여 왔음을 자백하였다.

당시 대상의 주거지에 있는 해군212레이더 기지에 침투 군사기밀을 탐지할 목적으로 그해 겨울 그물로 잡은 초등학교 학생 크기만한 숭어 한 마리를 구해 지고 이 부대 정문에 이르러 국토 방위임무에 노고가 많으시다며 대장님께 드릴려고 숭어 한 마리를 가지고 왔다고 하자, 정문근무자는 이 사실을 부대장에게 전화로 보고하자 출입이 허락되어 진지에 오른 대상은 부대장에게 국토방위임무에 노고가 많다고 인사하고 차 한 잔 마시면서, "나도 포병이지만 이러한 포는 처음 본다."고 하자, 부대장 OOO 중위는 고무되어 이 포는 국산 신형포로 발칸포라고 하며 사정거리는 얼마이고 발사속도는 분당 몇 발이 라고 군사기밀을 누설하자 이를 탐지하고 이를 조그만 종이깨알같이 기재하여 약정장소인 주거지 소재 은행나무 밑에 매몰하여 무인포스트를 통해 북괴에 보고하였다.

이에 대한 실황검증을 위해 해병 제2여단 사령부에 출장하여, 정보참모에게 협조 요청한 바 거절당하고 나오던 중 여단장을 만나 인사하자 누구냐고 물어 방문 목적을 설명하고 정보참모의 거절로 돌아가는 길이라고 하자 따라오라고 하여 여단장실로 갔다.

여단장은 정보참모를 불러 간첩사건 실황조사를 거부한 이유를 묻고 일대 소동이 벌어진 후 여단장이 실황조사에 직접수행할 것이라고 지시하였고 차질없이 현장검증을 실시하여 해군 212레이더 기지에 침투 병력, 레이더 성능, 화력 등을 탐지수집 하는 등 간첩하고,

1976년 8월8일 06:30 북괴로 탈출하기 위하여 인천 화수부두에서 기선 경인호 (15마력 3.73톤)를 유인하였던 사실과 불고지한 김O립 외 1명을 불고지 죄로 검거하여 1976.10.7. 구속송치하였다.

제 5 화 간첩 안 O 영 사건

위 제5화 사건을 수사하는 과정에, 1965년 10월29일 서해 함박도 조개잡이 납북사건은 적지인 황해남도 연백군 혜성염전 갯벌임으로 항시 유사시에 대비해 선박이 물에 떠 있어야 하였음에도 불구하고 7척 모두 갯벌에 묶여 있었으므로 탈출방법이 전무한 상태였던 점으로 보아 계획적인 사건으로 예의 분석 검토하여 간첩을 색출하여 야 했음에도 전혀 조치가 이루어 지지 않아 참으로 한심스러웠다.
뒤늦게나마 이 사건을 파헤쳐야 한다고 결단하고 수사에 착수하였다.
함박도 조개잡이 사건의 문제점
첫째, 납북된 인원이 무려 107명으로 어부들이 아니라 섬주민들로 조개를 많이 잡아 돈을 벌 수 있다고 선동하여 동원된 점.
둘째, 동원된 인원이 교동도, 미법도, 볼음도, 서도, 주문도등 5개 섬에서 서로 모르는 사람들이 각각 동원시킨 점.
셋째, 조개잡이 장소가 적지이므로 만약의 경우 탈출에 대비하여야 함에도 동원된 7척의 배가 현지에 도착. 뻘에 전부 걸어 인민군이 총을 쏘며 잡으로 와도 도피 수단이 전무했던 점으로 보아 계획적인 납치극으로 판단되는 점.
넷째, 적어도 여러 개의 간첩망이 동원되었을 터인데 같은 해 11월 20일 판문점을 통해 귀환후 철저히 심사분석하지 않은 점.
이러한 문제점이 매우 심각하다고 생각하고 근본적으로 예의 분석하는 과정에 미법도에서 주민들을 함박도 조개잡이로 돈을 벌 수 있다고 동원한 안O영이 3차에 걸쳐 납북귀환된 자로 수사한 바 1962년 8월8일 용인호 선장으로 납북되어, 동년 9월5일 귀환시에는 김효식이란 가명으로 귀환된 자로 위장하였음에도 경찰에서는 가명 김O식으로 시찰하여 왔다.

1964. 7. 29. 신O호 선장으로 서해상에서 납북되어 동년 9.15귀환시 동료 납북어부를 상대로 탐문 수사한 바 재북 중 7일간 격리 수용된 사실이 있었음에도 귀환후 심사시에는 동 사실을 은폐하고 함박도 조개잡이사건 때에는 누구보다 조수 간만의 시간을 잘 알면서도 배를 뻘에 걸리도록 하였으며 주민들을 동원한 사실을 중시하고 임의 동행하여 신문한 바 조개잡이 때 납북을 가장 입북하여 사업보고를 하였다.

1973년 11월15일 24:00경 주소지인 미법도 해안에서 북괴 공작원과 접선하여 대동입북하여 9일간 머물며 사업보고하고 공작금 100만원을 받고 같은 해 11. 24. 01:40경 주소지 해안으로 침투하였는 바 그 정을 알면서도 동인의 처 최O순은 친척집에 갔다고 비호하였다.

1975. 12. 28.까지 4회에 걸쳐 주소지 해안에서 북괴 공작원과 접선 회합하여 탐지한 군사기밀을 제공하는 등 간첩하고 동인의 처 최O순은 간첩방조죄로, 대동월북 대상자로 포섭 중이던 羅O흠은 불고지 죄로 1977. 5. 10. 검거 같은해 6. 10. 구속송치하였다.

제 6 화 혁명도서 미법도의 간첩 안O천 사건

남파여간첩 최부희 사건을 비롯하여 위 제 1 ~ 5화 사건을 분석한 결과 남파 및 복귀 루트로 사용하는 혁명도서가 있을 것이라는 판단하에 이를 찾기 위해 강화도 전체 도서를 답사하기로 하였다.

염하를 사이에 두고 김포반도와 나란히 하는 강화도(본도)가 있고 이섬 서쪽에 석모도가 나란히 하고 있다.석모도에서 북쪽으로 빤히 보이는 섬이 미법도가 있고 이 섬 북쪽으로 배로 30분 거리에 교동도가 있는데 이 섬 북쪽해안에서 이북까지 가까운 거리는 800여m이다 이 섬 서남쪽으로 서도(西島)가 있고 이 섬 서남쪽으로 내려가면 아차하면 볼음 걸린다 하여 아차도와 볼음도가 있고 볼음도 남쪽에 주문도가 있고 서쪽에 말도가 있다.

불과 20여 세대가 살고 있는데 간첩 사건은 3개망과 관련이 있는 미법도가 혁명도서일 가능성이 있어 다시 답사를 하였다.

강화읍에서 남서방향으로 강화도를 가로 질러 서쪽해안에 이르면 외포리 포구가 있다. 이 포구에서 서쪽으로 빤히 보이는 섬이 석모도이다. 이 석모도 동쪽해안 중간에 있는 삼산포구에 이르러 육로로 북쪽으로 약 3Km지점에 하리 포구가 있고 이곳에서 조그만 기선으로 북쪽으로 빤히 보이는 섬에 이르게 되는데 이 섬이 미법도(彌法島)이다. 이 섬 선착장에 외딴 집이 있었다는데 지금은 없고 이 집 옆에 새우젓 드럼통을 쌓아 놓는 창고가 길을 사이에 두고 있었다는데 지금은 없다.

이 섬은 낮은 동산으로 부락은 남쪽 능선으로 형성되고 초등학교 한 개가 있을 뿐 아무 시설도 없다. 이 섬 북쪽해안에는 가옥이 전무하고 북괴간첩기지인 황해남도 연백군 불당포까지의 거리는 약 9Km이다. 석모도와 미법도 사이에 형성된 갯고랑의 물살이 매우 빨라 약 7놋트에 이르며 두 섬사이의 도선은 일몰 후에는 운행이 금지되어 있다.

이 섬에는 여인숙도 식당도 없다. 이 섬에서 민박을 구하기도 쉽지 않다. 마침 이장집이 큼직해 사랑채의 방을 하나 구해 간경화 환자로 요양을 이유로 장기투숙하면서 어느 주민으로부터 첩보하나를 입수하였다.

몇 해 전 새벽에 동리 아주머니들이 굴을 캐러 해안으로 나가는데 새우젓 드럼통 넣어두는 창고 안에서 인기척이 나서 창고 안을 들여다 보자 왠 사람이 숨느라 우왕좌왕하며 드럼통이 쓰러지는 등 사항이 있었으나 그가 누구인지는 알 수가 없었다.

그 후 며칠 후 해안가를 거닐다 선착장 부근 해안에서 탄피 한 개를 주었는데 이북의 따발총알 탄피였으며 쏘제 TT권총 탄피이기도 하다.

이 섬 남쪽 해안으로 외딴 집에 사는 안O천이 요지음 새우잡이로 한참 바쁜 시기에 일을 안 하고 여행만 한다기에 한번 다녀갈 때 얼굴을 익혀 놓았다.

미법도 답사를 마치고 강화읍에 둥지를 틀고 강화도 전체를 분석하던 중 미법도에 연고를 둔 납북귀환 어부 대상이 강화 터미널 부근에서 발견하고 미행결과 강화여인숙에 장기투숙 중인 사실을 알게 되었다.

대상의 납북귀환 상황을 수사한 바 1965. 11. 20. 판문점으로 귀환시 북괴에서 선물로 준 인삼주를 북괴 안내원에게 던지며 반발한 사실을 발견하고 검토 결과 반발할 과격한 성격이 전혀 아니면서 틀림없이 북괴에서 지시한 대로 던졌을 것이란 혐의가 농후하였다.

계속 미행 수사 중 강화터미널 입구에 있는 '평양정육점' 앞에 자주 서 있는 것을 발견 미행하였으나 특이 동향 발견치 못하다가 하루는 약30세 가량의 여인과 만나 투숙 중인 여인숙으로 들어가 한 시간 이상 있다가 나와 버스터미널 옆에 있는 이름난 비빔 국수집으로 들어갔다.

국수집에서 나와 여인은 서울행 급행 버스로 가고 대상은 여인숙으로 들어가 내가 묵고 있던 한도여관에서 여인숙이 잘 내려다 보이는 대구여관으로 옮겼다.

강화정보과장을 통해 대공분실장이 한 번 다녀갔으면 좋겠다. 사무실에 오랜만에 들어와서인지 불평의 이야기도 들렸다.

제일 불평이 많은 사람이 나보다는 경찰선배요 한 계급 위인 최 경사 였다. 불평은 예상대로 숙직하러 안 들어오는 것이고 또 들리는 이야기는 사무실 전화요금이 많이 나오는 이유는 나의 집이 서울이라 시외전화를 많이 쓰기 때문이라고 최 경사가 그러더란 말을 들었다.

 이때 경 형사가 내게 귀뜸을 해 주었다. 최 경사는 숙직 때 동창회 명부를 꺼내 놓고 계속 전화하는 바람에 외부에서 사무실로 전화가 잘 안 된다는 것이다.

 잠시 후 최 경사를 마당으로 불러내 이야기를 했다. "최 부장 내가 시외전화 거는 것 보았오? 나의 집이 서울인 것은 사실이나 내가 사무실에 있는 시간이 거의 없는데 내가 시외전화를 많이 써서 전화요금이 많이 나온다고 했다는데 당신이 숙직하는 날에는 통화 중이라 외부에서 사무실로 통화가 불가능한 이유는 무엇이요? 앞으로 쓸데 없는 소리 한 번만 또 하면 그냥 두지 않겠오."라고 경고를 하자 아무소리 못하고 쳐다만 보기에 "당신 주머니에 들어 있는 동창회 명부 좀 봅시다. 이 분실이 당신 동창회 사무실이란 말이."하고는 나는 사무실로 들어와 버렸다.

 이때 강○정 분실장이 본청에서 정보2과 전체 회식이 있으니 들어가자고 하여 오랜만에 나도 참석하였다. 회식이 시작되었다. 과장님 훈시 있었고 대공계장이 내게 잔을 주며 "요지음 현지에 나가 있느라 고생이 많지 성공을 비네."하며 잔을 채워주어 "감사합니다. 열심히 하겠습니다."하며 잔을 단숨에 마신 후 답례 잔을 건네는데 건너편에 앉아있던 우리 분실 최 경사가 소주잔을 네게 주며 "007양반 내 잔도 받으시오."한다. 나는 그 소리가 나를 비아냥 하는 소리로 기분 나쁘게 들렸다. 받은 소주잔은 던져버리고 맥주잔을 내밀며 소주를 가득 받고 60여명의 직원을 향하여 "건배를 제의 합니다. "앞으로 한 달 안에 북에서 오신 손님을 저의 분실에 꼭 모시겠습니다. 성공을 위한 축배의 잔을 들어 주십시오. 첫 작품의 성공을 위하여!"선창하자 모두 다 같이 "위하여!"함성을 질렀다.

이 때 나는 "과장님 지금 현재 분실 T/O가 5명입니다. 불과 가동 인원은 3명입니다. 그런데 그 중 한 사람이 대공업무의 사명감이 없으면 가동 인원은 2명에 불과합니다. 사실 심각한 일입니다. 제가 약속한 사건이 성공 시에는 분실의 요원들을 심사하셔서 미흡한 점이 발견되면 내보낼 사람 내보내고 의욕이 넘치고 능력이 있는 사람으로 물갈이 해 주실 것을 충심으로 건의드립니다."

이때 과장님은 "지금 시간도 늦었는데 회식이나 끝나거든 출발하지그래. 자네 건의대로 사명감 없이 일하는 직원들의 위화감만 조성하는 직원이 있으면 즉각 인사조치 할 것일세. 내 과장의 직위를 걸고 약속하네."

나는 가방을 집어 들고 일어섰다. "저는 지금 출발해서 결정적 요건이 형성되면 현지에서 보고 드릴 터이니 그 때 지원해 주십시오." 인사를 마치고 나는 오토바이로 강화로 출발하였다.

강화로 가면서 별별 생각이 다 들었다. 이미 폭탄선언을 하였는데 과연 지금 수사 중인 대상이 간첩일까? 아니면 어쩌지 이런 생각 저런 생각하는 가운데 벌써 강화대교를 지나고 있다. 지금 수사 중인 대상자는 심증은 가나 물증이 없다. 물증확보를 위해서는 밀착 수사를 해야 하는데 지금 접근도 못하고 있으니 걱정이다. 그간 잠복도 해 보고 미행도 해 보았지만 아무런 소득이 없다. 이것이 제일 문제다.

나는 결단했다. 내가 투숙 중인 한도여관에서 대상이 투숙 중인 여인숙 대상의 방 옆방으로 옮겼다. 나는 아침이면 월부책 신청서와 책 선전 팜프렛을 들고 나가서는 그 여인숙 입구가 빤히 바라보이는 만물상 가게 안에서 출입자를 감시하고 있었다. 수사를 하다 보니 혼자는 힘이 들었다. 생각다 못해 강화경찰서 정보과장을 만나서 사명감 있고 민첩한 형사 한 명만 지원해 달라고 요청하자 쾌히 승낙하고, 황O복 형사를 지원해 주었다.

실제 내 방에는 월부 책이 여러 박스가 쌓여 있었다. 신청을 받으면 신청서를 작성해서 인천시 답동에 있던 월부책 취급 서점으로 보내면 책도 배달되고 수금사원이 나와서 수금도 해 갔다.

이제 약속한 기간도 2주 정도 남았는데 며칠 있으면 한 가위 추석이다. 집에 갈 생각은 아예 하지도 못했다. 나는 초초하기 시작했다. 아무래도 접근할 방법이 없다. 순간 기발한 생각이 떠올랐다. 대상은 매일 새벽이면 화장실에 가는데…. 기발한 생각이 떠올랐다. 나를 지원하는 황 형사를 불러 강화경찰서 정문에 있는 직할 파출소 차석을 은밀히 한도여관으로 불러 중대한 지시를 하고 초조히 시간을 보내면서 과연 내일 추석인데 새벽녘에 화장실에 가야 하는데….

추석날 아침 해가 밝았다. 귀기울여 살피는데 대상이 슬립퍼를 끌며 텃밭을 지나 화장실로 가자 이내 나도 화장실로 가서 노크하자 안에서도 사람 있다고 노크를 한다.

나는 불문곡직하고 "어떤 놈이 된장을 이리도 오래 풀지 빨리 나와!"하며 문짝을 발로 사정없이 찼다. 견디다 못한 대상이 문을 열고 나오자 마자 주먹으로 나의 얼굴을 가격했다. 나는 비척비척 중심을 잃고 텃밭 옆의 장독대로 가서 넘어졌다. 하필이면 간장독에 넘어지며 항아리가 넘어지며 깨져 조선 간장을 나는 뒤 집어 썼다. 정말 냄새가 지독했다. 나는 일어나 대상을 한 대 찼다. 그러자 내게 발로 응수를 했다. 나는 발로 차이며 또 장독대의 고추장 단지에 넘어지며 또 깨졌다.

이때다 누가 신고했는지 직할파출소에서 정복 순경 2명이 출동하여 나와 대상을 연행해 갔다. 나는 코피까지 터진데다 간장을 뒤집어 써 냄새랑 정말 볼만했다. 연행된 지 얼마 안 되어 순찰을 돌고 들어 온 차석이 싸운 연유를 묻자 대상이 설명을 한다.

차석은 나에게 대변을 다 봐야 나오지 왜 문짝을 찼느냐. 그래서 시비가 된 것 아니냐고 묻는다. 나는 설사가 나와 급해서 그랬다고 변명하자 차석이 나를 불러 십지지문을 찍고는 경비전화로 어데론가 조회를 한다.

차석이 나를 쓱 훑어보더니 "당신 별이 몇 개야?"하고 묻는다. 나는 고개를 숙인체 "별이 네 개입니다" 하자 차석은 "전부 폭력이구만 제 버릇 개에게 못 준다더니 별하나 더 달게 됐군" 나는 고개를 떨구고 한동안 말이 없다가 일어나 차석에게 가서 무릎을 꿇고 "차석님 한 번만 용서해주세요 오늘이 추석인데도 집에도 못가는 것 보세요. 빵에서 나와 보니 여편네는 고무신 거꾸로 신고 어디론가 가버리고 어린 자식들만 고향 노모에게 맡기고 월부 책장사 한데야 수입이 시원치 않아 이번 추석에도 못 갔습니다. 한 번만 봐 주시면 명심하고 잘살겠습니다."

나는 주머니에서 돈을 꺼내어 차석에게 주며 "얼마 안 되는데 한 번만 용서해주십시오."하자 못이기는 체 하며 돈을 받아 넣고는 "저 양반에게 정중히 사과해요"라는 말에 대상에게 다가가 "오늘 정말 죄송합니다. 용서하세요."하며 손을 내릴고 악수를 청하자 악수를 한다.

이 광경을 바라보고 있던 차석은 "오늘 추석 명절이라 특별히 봐 주는 것이니 나가요"하는 말에 절을 몇 번 연거푸 하며 파출소에서 나와 대상과 같이 여인숙으로 돌아오면서 소주 3병, 오징어 2마리, 땅콩1봉지를 사서 들고 돌아와 대상의 방에서 통성명하고 술을 주거니 받거니 하며 화해술로 추석날 아침을 때우고 내 방으로 돌아와 코를 골며 한 잠을 갔다.

추석 연휴 기간 내내 대상과 소주 파티를 하며 더 없이 가까워졌다. 추석 연휴가 끝나고 아침에 장사 나가면서 "안형!"하고 불르니 아직 잠자리에서 일어나지도 않은체 방문을 열고, "김형! 벌써 장사 나가요? 뭐 부탁할 것이라도 있소?"하기에, 라면상자 두 배 정도 크기의 상자 하나를 방문턱에 올려 놓으며 "안형 이 책은 아주 비싼 책인데 잃어버리면 몇 달 장사 헛장사요 그러니 이 책 좀 안형 방에 맡겼으면 해요"하자 쾌히 승낙하며 책을 받아 방 안으로 들여 놓는다. 사실 이 작전을 짠 이유는 한 달에 한두 번 다녀가는 여인의 정체를 알기 위함이요 증거를 잡기 위한 것인데 그 여인이 과연 언제 올지 미지수다. 날은 가고 초초하기만하다.

나는 장사 나와도 돌아다니는 것이 아니라 황형사를 데리고, 그 여인숙에서 약 50m가량 떨어진 대구여관에서 귀에 레시바를 꽂고 감청하고 있었다.

수사비도 바닥이 나서 그 겨울에 찬밥을 냉수에 말아 김치 한 폭 얻어다가 죽죽 찢어 얹어 먹던 생각이 저절로 난다. 그 맛을 못 잊어 겨울이면 그 맛을 보려고 냉수에 말아 먹는다.

그러던 어느 날 점심 때 레시바에 여인의 음성이 들렸다. 대상은 반갑게 맞으며 데리고 나갔다. 이 때 황 형사를 급히 보냈다. 어데로 갔을까 초조히 기다리는데 전화가 와서 받아보니 황형사다. 지금 버스 터미널 옆의 소문난 비빔국수집으로 들어갔다는 이야기였다.

국수만 먹고 여인을 그냥 보내버리면 소득이 없는데 또 초조했다. 레시바에 들리는 소리는 대상이 움직이는 소리 같았다. 그 여인을 보내버린 것은 아닐까?

대상이 먼저 들어오고 여인은 과일이랑 소주와 안주거리도 사온 모양이다. 술도 권하고 무엇인가 먹는 소리도 들렸다. 이 때 황형사가 돌아왔다. 돌아오다 정보계장을 만나 이야기하느라 늦었다고 하는데 대상과 여인은 사랑을 나눈다. 듣기 민망할 정도다 그 여인은 대포집 여자가 아닐까 황형사에게 용모가 어떻더냐고 묻자 화장한 것이 술집 여자같다고 했다.

애정을 나눈 후 옷을 입고는 여인으로부터 심각한 이야기가 나왔다. 그 여인이 대상에게 "날짜는 가까워 오는데 무서워서 못 가겠다. 들키면 총을 쏠터인데…."이 말에 대상은 말을 가로채 "걱정하지 마 그 사람들은 전문가야 저의 집 드나들듯 하는 사람들이야 자기는 그런 걱정 할 것 없어 당신은 가면 영웅대접이야 출세하는 길은 그 길 뿐이야 그 사람들은 다니는 길이 따로 있어서 안전해 아무 걱정 하지 마 내가 경험해서 잘 알아 위험할 것 같으면 내가 시키겠어 안심해."

그 여인은 안정이 되었는지 "알았어 자기 말만 믿을게."영업시간 돼서 가봐야 한다며 일어서는 것 같아 황 형사에게 미행을 지시하여 버스 터미널 입구에서 지키게 하였다. 나는 가슴이 뭉클하며 떨렸다. 이것이 꿈이냐 생시냐였다. 움직일 수 없는 증거가 전부 다 녹음이 되었고 대동 입북 대상자까지 신병이 확보할 수 있으니 더 말할 나위는 없다.

나는 녹음된 부분을 재생하여 다시 들어보니 숨소리까지 선명하다. 이젠 자심감에 차 있었고 용기도 생겼다. 검거계획을 구상하는데 미행나간 황 형사가 돌아와 그 여인이 몸담아 있는 김포 통진의 시장 입구의 술집도 확인해 왔다.

우선 검거계획부터 수립했다.

- D-데이 (5일 후)
- 지원 병력 및 차량
- 검거조, 수색조, 퇴로 차단조, 비상대기조, 호송조, 채증조
- 신문조는 분실에 대기 수사서류를 검토 신문자료 유출

*검거조는 대상을 검거 연행시 옆방에 투숙 중인 나를 함께 검거 같은 차로 연행하여 분실 같은 방에 수용할 것

위의 계획서를 작성하여 강화경찰서 정보과장실로 가서 우선 분실장에게 보고하자 기뻐하며 과장에게도 보고 해 달라고 하여 보고하자 무척 기

뻐한다.

보고를 마치자 검거과정에 사고가 많아 걱정이 앞선다. 동원될 병력에 대한 교양이 반드시 필요할 것 같아 오토바이로 약1시간이면 인천에 도착하는데 내가 조금 더 고생해야지하는 생각이 들어 황 형사에게 잘 감시하도록 당부하고 인천으로 달렸다.

인천에 거의 다 와서 미심쩍어 대곳지서 앞을 지나며 들어가 대공분실로 전화를 했더니 이O구 경찰국장이 대공분실장을 대동하고 나를 만나러 강화로 출발한 지 꽤 된다는 것이다.

오토바이를 돌려 쾌속으로 강화를 향해 달렸다. 강화경찰서에 도착해 정보과로 들어가 물으니 '미락식당'에서 서장과 각 참모들이 점심식사 중일 것이라는 말에 일식집 '미락식당'으로 갔다.

경찰국장은 서장만 남으라하고 각 과장은 다 돌려 보낸 후 서장은 "이근안이가 요청하는 사항은 먼저 조치하고 후에 보고 하라."고 지시하였다.

그간 고생 많았다며 칭찬도 잊지 않았다. 나는 이 자리에서 경찰국장에게 "이 강화에 국장님 얼굴아는 사람이 많이 있을 겁니다. 왜 오셨나? 노출의 염려도 있으니 빨리 돌아가셨으면 좋겠습니다."하자 "그래 바로 출발할께."하고는 출발했다. 나는 대공분실장에게 동원되는 직원들을 분실에 소집시켜 교양을 실시 차질이 없도록 당부했다. 검거 하루 전 은밀이 삼삼오오 강화경찰서로 집결했다. D-데이는 검거 당일 새벽 4시로 강화와 김포에서 동시에 검거키로 하였다. 약정된 시간에 검거조가 들이 닥치며 대상과 나는 수갑을 찬체 같은 차에 승차 대공분실로 호송조에 의해 연행되었고 이어 수색조도 도착했다.

대동입북키로 포섭된 공범도 검거되어 압송되어 왔다. 검거계획대로 차질없이 잘 진행되었다.

대공분실 지하 신문실에 나와 대상이 마주 보고 앉아 있는 가운데 나는 "나는 청산할 것이 하나도 없는데 왜 달렸는지 모르겠다."하자, 대상이 나에게 "저 때문에 그럴 것입니다."라고 하여 이 때다 싶어 "형씨한테 무슨 일이 있는 것입니까?"하자 "아니, 그런 것이 있어요."하고는 구체적 이야기는 애써 피한다.

저녁 때였다. 김포로 갔던 요원 중에 최O남 형사가 지하신문실로 들어오더니 나에게 "부장님 식사하시고 오세요. 제가 있겠습니다."

나는 화가 나서 "너는 처먹는 것 밖에 모르냐 너나 가서 처먹어!"하고는 서무를 불러 그간의 수사 서류를 전부 가져오라 일렀다.

직원들에게 함께 잡혀 온 것으로 위장하라는 지시를 전 직원에게 교양되지 않은 탓이다. 어느 조직이고 꼭 사고뭉치가 있는 법이다.

이 때다 대상이 나에게 "제 뒷조사 많이 하셨나 봐요." 하기에 시치미를 떼고 "뭐 한 3년 했지."하고는 곧 신문을 시작했다. "末O任여인을 언제부터 알게 되었나?"하는 질문에 답변을 못한채 고개를 숙인다. 대상은 분명 무엇인가 망설이고 있는 것 같다. 이 때 강화에서 녹음된 대동입북 대상자로 포섭된 송 여인과의 대화 내용 중 약20초 분량을 들려주고 껐다.

대상은 결심한 듯 긴 한숨을 내 쉬고는 "예, 모든 것을 사실대로 진술하겠습니다." 사실대로 진술하는 길만이 용서 받을 수 있는 길임을 강조하자 "사실대로 진술하겠습니다."대답하고는 엎드려 운다.

이제는 안정이 되었는지 자백하기에 시작했다. 1965년 10월29일 미법도에서 이웃에 사는 형님으로 대하는 선배 안O영 (후에 간첩으로 검거됨)이 서해 함박도 앞 갯벌에 가면 대합조개가 타이루처럼 깔려 있어 큰 돈 벌 수 있으니 가자고 하여 따라 갔다.

갯벌에 내려 대합을 잡고 있는데 총성이 나서 보니 인민군들이 총을 쏘며 우리를 향해 쫓아오고 조개를 잡던 우리 일행108명이 우왕좌왕 하며 우리가 타고 온 배를 향해 뛰어 갔지만 배 7척이 모두 뻘 위에 걸려 있어 한 사람도 탈출하지 못하고 검거되고 아주머니 한 사람은 총에 맞아 실려 갔으며 그 때서야 그곳이 이북 땅인 황해남도 연백군 혜성염전 남쪽 갯벌 인 것을 조사받으면서 알았다.

이북에 수용되어 있던 중 환자를 가장하여 10일간 단독수용되어 성명불상 45세 가량의 지도원으로부터 남조선 해방이 멀지 않았다며 간첩교육을 받았으며 활동은 귀환후 만 4년이 지나면 시작하라는 지령을 받았다.

공작임무는 강화도 근해 어업을 하면서 각 도서의 경비상황을 탐지 하고 대동입북시킬 사람을 포섭하라는 임무를 받았으며 음력으로 매월 말 바다에 나가지 않고 집에 있으면서 접선이 가능할 시에는 앞마당에 흰 빨래를 널어 놓으라는지령을 받았다.

1965년 11월20일 판문점을 통해 귀환하면서 이북에서 준선물인 인삼주 병을 북쪽을 향해 욕설을 하며 던져 버린것은 공작지도원의 지시사항으로 실행하였던 것이다.

1970년 1월 20일 이른 새벽 집으로 공작원이 찾아와 미법도 선착장에 있는 새우젓 창고로 따라가 강화 일대의 해안 초소와 검문상황 및 군부대 위치 등을 보고하였고 대동입북할 사람을 반드시 포섭하라는 지령을 받는데 인기척에 놀라 우왕좌왕하다가 빈 드럼통을 넘어뜨렸는데 그 소리에 굴따러 가던 여인네들이 새우젓 창고를 들여다 보는 소동이 일어나기도 하였으나 별일은 없었다.

송여인을 포섭한 것은 약7~8개월 되었는데 강화 시장 골목에 있던 대포 집 접대부로 우연히 술 마시러 갔다가 알게 되어 가끔 만나 잠자리도 함께 하는 사이가 되었으며 본래 송여인 부모는 황해도 연백에서 피난 나왔다는 것으로 부모님 고향에 대한 향수 같은 것이 보여 대사이 이북에 갔다온 이야기를 해주면서 이북이 살기가 좋더라 배급주고 교육도 공짜라 빈부차이가 없는 평등사회더라. 지금이라도 이북에 가면 나라에서 공부 시켜 줄 것이라고 포섭하기 시작하여 송여인이 "나도 그런 곳에 가서 공부하고 싶다"고 하여 대상이 보내 줄 수 있다고 언약 포섭하게 되었다고 진술하였다.

송여인의 친 오빠가 인천 모 고등학교 선생으로 가정환경도 좋으나 교제하던 남자로부터 배신을 받고 타락하여 창녀로 전락하였으며 늘 비관 하다가 새 세상을 동경하던 나머지 이북이 좋다는 말에 쉽게 포섭되었던 것이다.

대상은 다음에 공작원이 오면 포섭보고를 하고 접선을 약정 한 후 친척으로 가장 미법도로 인도 접선하여 공작원에게 넘겨 줄 계획임이 드러났다.

송여인이 김포에 있는 주점으로 옮겼어도 그래서 계속 접촉하여 왔던 것이다. 대상은 간첩으로 송여인은 간첩방조죄로 구속송치하였다.

나는 이 사건을 하면서 참으로 놀랐다. 이 섬에 사는 주민이라야 24가구인데 그 중 5가구가 간첩이요 남파간첩 최부희의 복귀루트인 점을 감안하면 이 도서는 해방구역이요 이북의 혁명도서가 아닌가 !

나는 이 미법도에 대한 미련이 너무 많다. 최부희사건만 보아도 해결해야 할 것이 있었다. 구태여 국수내기 화투를 치던 장소로 꼭 왔어야 했던 이유는 복귀접선 장소라는 점이다.

이곳에 살던 간O엽이란 노인이 있었는데 인천으로 이사를 가고 당시 살던 사람은 그 후에 이사를 왔다는 것이다.

인천으로 이사간 노인을 추적하여 수사한 결과 이미 병사한 후였고 복역 중인 최O희를 심문하였으나 이미 확정된 형을 살고 있어 일체 굳어진 상태라 수사를 중단하였다. 지금은 그 집조차도 없어져 집터만 남아있다.

제 7 화 간첩 김O수 사건

위 사건을 마치고 석 달만에 서울집에 도착해보니 아무도 없어서 아내가 경영하는 같은 동네의 미장원으로 갔다. 미장원에 들어서는 순간 등뒤에서 누군가 "실례합시다."하여 뒤돌아보니 두 사람이다. 판단컨대 형사인 것 같다. 미장원 문을 연채 두 사람에게 "들어오세요."미장원 안으로 인도했다. 따라 들어오더니 신분을 밝혔다. 동대문경찰서 대공과 형사였다 "실례지만 들고 계신 가방 좀 열어보세요." 손님도 있는데 긴장하는 것 같아 나는 웃으면서 "꼭 보셔야 한다면 보셔야죠."하며 가방을 열었다. 가방 안에는 권총 (5연발 신형 리벌바) 망원경, 지도, 나침반, 간첩장비편람 책자 등을 보여주었다. 얼핏 보아도 간첩이다. 나의 신분증을 제시하자 일어나 경례를 한다. "죄송합니다. 실은 요 옆에 있는 신발가게가 관할 파출소 근무하는 직원이 경영하는 가게인데 그 직원이 대공과에 첩보를 제출하였는데 미장원에 몇 달에 한 번 오는 남자는 교포로 보이는데 미장원 여자는 첩으로 보이며 거동 수상하며 간첩일 것이라는 내용이어서 잠복근무 중 오늘 오셔서 신분을 확인하기 위하여 따라 들어와 실례를 보였습니다. 죄송합니다."

이때 아내가 내온 차를 마시면서 두 형사에게 "은밀히 보고 하고 내 신분이 노출되지 않도록 각별히 주의해 주세요. 내가 이 동네 십 수 년 살아도 옆집에서도 내 신분을 모르는데 노출 되지 않게 하세요.""대구 미 문화원 폭파미수사건 때에는 반팔 난방샤쓰를 입고 내려가서 겨울에 파카 사서 입고 올라왔으니 동네에 이상한 소문도 날만 하지."하며 탄식을 하자 형사들이 일어나 "보안 철저히 하겠습니다." 인사하고 갔다.

　내가 보안을 철저히 지키라 했지만 첩보 보고 하였다는 신발가게 주인도 역시 경찰인데 그 후로는 나만 보면 코가 땅에 닿게 인사하는 것으로 보아 대공요원들이 보안을 지키지 않은 것으로 판단했다.

　그날 저녁 모처럼 온 식구를 데리고 인천연안 부두 어시장에 가서 회를 시켜 먹고 있는데 옆에서 술을 마시는 4, 50대 아저씨들 대화 중 지난번 동지나해에서 갈치를 잡아 목포항으로 입항했을 때 선원 한 사람이 선장에게 돈을 요구하자 노름한다고 돈을 주지 않자 처남 매부 사이인데도 "내 말한 마디면 운명은 끝이야 하는 소리를 해서 목포 보안대에 선장이 끌려간 것을 30만원 먹이고 풀려 나왔지만 언제 죽어도 죽을 거야."란 말이 심상치 않아 눈여겨보다가 그들이 나가자 식구들에게는 먹고 있으라 하고 미행하여 승선하는 배를 확인하고 어선 통제소에 가서 선적과 선원 명단을 입수하여 돌아와 식구들과 젓갈도 사고 생선도 사서 삼화고속버스 터미날에 가서 식구들만 먼저 올려 보내고 수사에 착수하였다.

　당장 대공분실장에게 간단히 보고하고 목포로 출장을 갔다. 목포 보안대에 당시 신고된 내용을 확인한 바 "내 말 한 마디면 죽는다."는 내용 뿐으로 돈을 먹고 방면해서인지 다른 내용은 알 길이 없고 대상 김O수 선장이 두 번 납북귀환 된 자라는 사실만 확인하고 돌아왔다.

　곧 수사공작에 착수하였다. 김선장은 1959. 4. 29. 서해상에서 조업 중 납북되어 9일만에 귀환되었고 1963. 6. 13. 서해상에서 조업 중 납북되어 15일만에 귀환된 자이며 "내 말 한 마디면 죽는다."라고 발설 한 자는 김선장의 매제 신OO이다.

　1977. 5. 29. 동지나해상에서 갈치를 잡아 목포 수협으로 들어와 매각하

자 처남인 선장에게 돈을 요구하였으나 놀음하여 없앤다고 돈을 주지 않자 "너는 내 말 한 마디면 죽어!"한 소리를 다른 선원이 듣고 목포보안대에 신고하였던 사건이었다.

왜 죽는다는 것인지 그 사유를 아는 사람이 없어 4개월간 내사하여 발설자인 신OO을 상대로 탐문수사하여 누님인 김선장의 처를 통하여 안 사실로 판단컨대 누군가 집으로 다녀갔을 것이라는 판단이 서 발설자 신OO을 임의동행 신문한 바 이북에서 사람이 와서 매형을 만나고 갔다는 사실이다.

위 사항을 보고하면서 대상을 임의동행 신문할 것을 승인받아 신병을 확보하고 신문한 바, 1970. 5. 1. 21:05 ~ 21:25간 주소지인 인천시 옹진군 덕적도 해안에서 북괴 공작원과 접선 회합하여 덕적도 근해 경비배상황을 보고한 후 공작금 3만원을 수수하였으나 그후로는 단선되었다.

그러던 중 1976. 7. 5. 14:00경 주소지 앞 마당에 있는 공동 우물에서 발설자의 누이가 막 따온 굴을 씻고 있는데 북괴 공작원이 접근하여 먹음직하다며 한 사발 팔라고 하자 이를 승낙하자 먹고 가겠다며 대상자의 집으로 들어왔고 상차림하여 굴 한 대접을 내 놓자 술 한 되 사다 달라며 부탁하자 술사러 간 사이 주인장을 불러 김 선장이 나오자 상부선임을 확인시키고 계속 암약토록 지시한 바 있어 대상은 간첩으로 검거하여 구속 송치하였다.

이 사건은 대상의 처남이 굴을 사 먹는 것으로 위장한 상부선이 다녀간 사실을 인지하고 있던 중 놀음으로 돈을 탕진하는 것을 막기 위하여 돈을 주지 않자 술김에 발설한 것이 수사의 단서가 된 사건이다.

이 사건을 계기로 이해구 경기경찰국장은 참모들을 대동하고 대공분실인 안전가옥으로 위문차 갈비 한 다라를 가지고 나와 마당에서 숯불 갈비로 가든 파티를 하는 자리에서 나에게 "내가 무엇을 도와주면 되겠나?"하고 묻는 자리에서 나는 "국장님 경기도는 이북에서 그날 밤 침투해서 공작임무를 완성하고 그날 밤으로 복귀하는 당야공작지대입니다. 지금의 인원으로는 도저히 카바가 되지 않습니다. 분실에 대공수사요원을 10명만 더 증원해주십시오."라고 하자 "내가 총무처에 직접 올라가서 절충할 것이니 우선 5명만 더 증원할 것이니 경무과장은 인사에 관여하지 말고 이근안에게 인선토록한 후에 발령하세요. 그리고 분실에서 일은 하지 않고 불평만 한다는 직원이 있다며 즉각 인사 조치하고 분실의 추천을 받아 발령하세요"

이로써 경기대공분실은 일대 쇄신이 이루어졌다. 한편 분실을 떠나는 최경사가 마음에 걸려 개인적으로 만나 어디로 갔으면 좋겠냐고 물으니 부천경찰서를 희망하여 대공 분실장에게 인사계장에게 고생하고 나가는 직원이니 부탁을 해 달라고 간청하자 전화로 건의하여 수락을 받았고 며칠 후 부천경찰서로 발령되어 회식을 하였다.

제 8 화 고정간첩 박○선 사건

새로운 사건을 하기 위하여 조개잡이 납북사건을 다시 분석하는 과정에 섬마다 사람을 동원한 사람이 다르고 동원된 선박도 다른데 강화도 8개 섬 중에서 두 번째로 큰 교동도는 누가 동원하였나 확인 해야 하므로 출장을 갔다.

당시 납북되어 귀환된 사람을 상대로 탐문 수사하였으나 아는 사람이 없다 서로 구전으로 알았다는 이야기다. 동원한 사람은 모르나 당시 자전거에 생선을 싣고 다니며 "함박도에 가면 비싼 대합조개가 타이루처럼 깔려 있어 가면 돈을 벌 수 있다."고 선전하며 동원하였는데 그 사람이 누구인지는 아는 사람이 없었다. 수사가 벽에 부딪혔다.

 수사가 장기화 될 것에 대비하여 교동도 대룡리 소재 낙원여인숙에 장기 투숙하면서 월부책장사로 위장하고 탐문수사에 돌입했다. 조개잡이에 동원된 사람이 사는 부락을 중심으로 수사 중에 당시 동원한 그 사람이 고등어를 팔러 다녔는데 누구인지는 모르나 어쩌다 대룡리 장날 장에서 볼 때가 있다는 귀한 정보가 입수되어 한 가닥 희망이 생겼다. 그것을 기본으로 장날 잠복하며 탐문 수사 중 장날 보았다는 사람이 다른 사람과 그러니 저러니 하다가 생선장사 하던 그 사람을 대룡리 교회에서 본 적이 있다는 말에 또 실망이다. 간첩이 교회에 다닐까? 위장일 수 있다. 그러나 혼란스러웠다.

 일단 주일 날 교회에서 보았다는 사람과 같이 교회를 가니까 어디서 살며 오신 것을 환영한다며 친절이 대단하다. 그러는 과정에 그 사람이 나타났다. 예배를 마치고 미행하여 사는 집을 확인하여 인적사항을 확인하고 대공 환경조사를 해보니 월북자도 없고 부역한 사람도 없다.

 공부상 누락될 수도 있으니 근본적으로 수사하기 위하여 면사무소에 가서 밤을 세우며 제적부를 뒤지다 보니 중요한 사실이 발견되었다.

 대상자의 숙부 朴○烈의 제적부상에 1968년 주민등록 발급 사실이 없음을 발견하였다. 즉 6. 25때 월북하였으므로 주민 등록이 발급될 수가 없다.

 6. 25전에 살던 무학리를 찾아가 고령의 노인을 상대로 탐문하여 보니 인공치하에서 부역하다 수복시 월북하였다는 사실이 확인되는 큰 성과를 얻었다.

 교동면 고구리에는 큰 저수지가 있고 저수지 제방에서 이북 땅 개풍군까지는 가까운 곳은 불과 7 ~ 800m로 아주 가깝다.

일단 강화읍으로 철수하여 강화경찰서에서 전화로 분실장에게 보고하고 밀착수사에 동원될 수사인원을 증원받고 수사에 착수하여 접촉인물, 재산변동사항, 출타사항 등을 수사한 후 임의동행 신문과정에 확인 수사하겠다는 의견으로 결재를 얻어 시행하였다.

만약의 경우를 대비하여 퇴로 차단조를 배치하고 면 사무소 담당 공무원이 인장을 가지고 와서 비료를 타 가라고 전화하자 면사무소로 왔다가 들어가지 않고 되돌아 가려는 것을 경부장조가 신병을 확보 차에 승차시키자 완강히 거부한 후 북쪽으로 달아나 4 ~ 500m가량 쫓아가서 질퍽거리는 논 가운데로 들어가 경 부장과 격투 중 권총 두 발을 위협발사하여 검거하고 강화경찰서까지 연행하였는데 어찌 알았는지 그 교회 목사가 강화경찰서로 항의 방문한 것을 간첩사건에 왜 개입하는가라고 묻자 연유만 알려고 왔다고 꽁무니를 빼고 가버렸다.

강화경찰서에서 신문에 착수하였다. 조개잡이에 사람들을 동원할 때에만 자전거로 생선장사를 하고 그 후 지금까지 농사만 짓고 가보지도 않은 함박도 전방갯벌에 대합조개가 많다는 사실을 어떻게 알았는가?

조개잡이에 사람들을 동원하라는 지시는 누가 한 것인가? 한편 면사무소 앞에서 박 선생하고 부를 때 순응할 것이지. 왜! 이북쪽으로 달아났는가? 등을 묻자 아무 대답 못하고 한숨만 내 쉬고 있어서 유인하는 신문을 했다. 이북에 있는 숙부가 간첩으로 나와 활동하다가 검거되어 옛날 조개잡이 사건을 진술하여 알게 되었다고 하자 놀라며 그렇지 않아도 불안속에 살아왔다며 자백하기에 이르렀다.

1962 ~ 1963년 봄날 어느 날 교동면 무학리 논 가운데 외 딴 집에 살고 있을 때 한 밤 중에 누가 불러 나가보니 월북한 숙부가 찾아와 깜짝 놀랐

는데 교동도 해병대의 경비상황과 머지 않아 남조선이 해방될 것이며 조금만 참고있으라고 하고 돌아간 후 5회 가량 다녀갔으며, 그 후 1965년 3월 5일 밤 11:00경 교동도 해안에서 남파된 숙부와 접선하여 그해 10월 10일이 되거든 교동도 일대를 돌며 함박도에 조개잡이 가면 많이 잡는다고 선동하라는 지령을 받고 공작금으로 일금 26만원을 받아 궁리타가 이 동네 저 동네 다니려면 자전거와 고등어 한 상자 싣고 다니며 팔며 선동하는 것이 자연스럽다고 판단하고 대기하다가 교동도 대룡리 시장에서 고등어를 구입 준비하고 동네마다 다니며 지령대로 선동하고 안전활동 신호로 교동도 수봉산에서 야간에 봉화로 신호해 준 사실이 있고 경비상황으로 해안 초소의 위치 등은 종이에 그려 페니시링 병에 담아 무인포스트에 매몰하여 보고 하였다.

이 사건을 신문하면서도 석연치 않아 과업이 그것 뿐인가! 추궁하자 대동월북 대상자로 사촌동생 박O훈을 포섭하였는데 포섭한 이유는 신체적 결함이 있는데 당시30세의 남성이지만 중성으로 여자처럼 가슴도 부풀고 생식기도 애기들 같아 이북에 가면 무료로 치료해 주고 공부도 할 수 있다고 설득하여 포섭하고 입북 대기 중에 검거되었다.

이 사건을 하면서 잊지 못할 사연이 있다. 매일 매일 경찰청이나 검찰 안기부에 보고하랴 신문하랴 수사하랴 정말 눈코 뜰사이 없이 코피를 흘려가며 일할 때 누구 하나 알아주는 사람 없는데 공무원도 아닌 경찰서 정보과의 타이피스트가 자청하여 밤 늦게 까지 타이핑을 해주고 그것도 모자라 직원들 양말을 빨아주고 새 양말 사다 주고 집으로 초대하여 식사 대접하는 갸륵한 여성이 있었다.

훗날 그 마음씨 고운 아가씨가 결혼한다 하여 축하도 해주었는데 아들이 벌써 군 제대를 하였다니 세월처럼 빠른 것도 없을상 싶다.

얼마전 강화에 갔을 때 그 집을 찾아가 보니 집터만 남고 어디론지 이사 하였는데 오빠는 사업 실패로 자살하였다는 슬픈 소식만 들었다.

이 사건을 송치하고 며칠 쉬고 싶어 집에 갔다. 자식 놈들도 서먹해하고 가까이 오지 않아 이상한 느낌이 들었다. 결코 일만 중요한 것은 아니다. 오랜만에 집에가면 손님 같은 느낌이 든다.

이 때 인천 사무실에서 기쁜 소식을 전해왔다. 제 13회 청룡봉사상 충상 (간첩검거 유공) 수상자로 결정되 었다는 소식이었다.

1979년 3월17일 참으로 오랜만에 입어보는 정복이다. 식장은 세종로에 있는 구시민회관이었다. 그 곳으로 갔다. 참으로 오랜만에 입어보는 정복이다. 예행연습을 마치고 나니 아내가 힘든 모양이다. TV 중계하는데 다른 수상자는 다 본명으로 수상하고 사진도 찍는데 나만 李石雨란 가명으로 수상하고 암살 방지책으로 사진은 나오지 않았다.

시상식이 끝나고 수상자 리셉션이 있었다. 이 자리에서 구자춘 내무장관께서 내게 "자네는 어떻게 간첩을 잘 잡나?"하고 물어 "저는 직업으로 잡는 것이 아니라 취미로 잡습니다."하고 답하자 앙천대소 하며 직상으로 한복감 비단 한 상자를 주셨다. 식구들만 중국집으로 가서 식사하고 기념 촬영도 하였다.

어찌된 영문일까 지난 노무현 정권 때 이 청룡봉사상 제도가 없어졌다가 얼마 전 다시 부활되었다는 이야기를 들으니 입맛이 개운치 않다.

제 9 화 김제 간첩단 사건

(간첩 崔O鎬, 崔O佼, 崔O全)

1981년 2월에 검거한 남파간첩 "장수"로부터 1960년경 안내공작원 시절 김제 만경강 하구에서 그 지역 출신으로 보이는 공작원을 침투시킨 일이 있다는 진술에 따라 만경강 하구에 접한 여러 개의 자연부락을 상대로 엿 장사로 위장 하고 7개월간 탐문 수사하여 재북 연고자로 대동 입북하여 간첩교육을 받고 침투하여 고정간첩으로 암약 중인 간첩 색출에 돌입하였다.

내사공작으로 범증포착한 바 간첩 최을호는 재북간첩인 동인의 숙부 崔O仁에게 포섭되어 1959. 5. 중순 대동입북되어 간첩교육을 받고 동년 6월 중순경 본적지인 김제에 침투하여 간첩 활동 중 재북 간첩 崔O仁이가 다시 남파되어 고정간첩 崔O鎬가에 지하 은신처를 마련하고 은거하면서 조카 崔O佼, 崔O슐에게 무전 치는 교육 등 간첩교육을 하는 등 가족혁명을 하여 崔O슐는 김제 인근의 황산초등학교 5학년 담임을 하면서 가정방문을 가장 미군 미사일부대 종사자인 학부모에게 접근하여 미사일 발사구의 위치 및 개 수 등을 탐지하여 이북에 보고하는 등 암약하였고 암약 중인 10명을 검거하여 3명은 간첩으로, 6명은 간첩방조 및 불고지죄, 국가보안법위반으로 구속 처리하였다.

제 10 화 간첩 李O國 검거

1981. 11. 16. 통신 감청으로 포착된 A-3 6150전문 16조와 관련 지령문
- 1982. 11. 16. 6150호 전문 34조
- 1983. 5. 16. 6150호 전문 34조

등의 방송지령문을 포착 예의 분석결과 년 2회 조직으로 납북귀환 어부망이며, 첫 출현이 1981. 11. 16.로 1년전에 귀환된 어부로 단정 이를 추적 1981. 11. 16. 귀환된 21명의 제1공영호 선원 전원에 대한 납북상황 및

귀환후 동향을 추적수사 끝에 1983. 8. 19. 李O國의 신병을 확보하여 신문결과, 재북 중이던 1981. 11. 7. ~ 11. 17.간 환자를 가장 평양 제2병원 특실에 격리수용되어 간첩 및 통신교육을 받고, 1981.12. 18. 귀환어부로 가장 잠입하여 육군 제 33 사단 방위병 훈련과정과 한강변 경비상황 등을 탐지하는 일방 북괴와 통신하는 등 암약 중인 사실을 밝혀 구속 송치 하였다.

이상으로 간첩사건은 이것으로 줄이며 안타까운 것은 간첩사건 한 건을 처리하려면 창자의 기름이 마를 정도로 사력을 다 하는바 진술로 끝나는 것이 아니라 증인 증거물 조사 현지에 나가 실황검증조서 작성 등 시간이 모자라 쩔쩔 매는데 형사소송법상 72시간 내의 조사는 사실상 불가능하며 일단 방면하였다가 다시 소환하는 것은 증거를 인멸하고 조직원간 연락하므로 불가하며 임의 동행형식으로 본인 동의하에 시행하는 것인데 이는 불법장기 구금이 아니라 예로부터 재판부에서도 하나의 관행으로 인정되어 오던 것인데도 불구하고 요즘 대법원에서의 형이 확정되었는지 벌써 2~30년이 지나서 김대중 노무현 정권에 들어와서 재심을 통해 무죄로 뒤바뀌는 현상이 생겼다.

몇 개의 사건은 가족들이 성당에 나가는 이유로 정의구제현사제단 변호사들의 지원을 받아 장기 구금하에서의 자백은 증거능력이 없으며 고문을 이유로 재심을 청구 하여 무죄선고 된 사건들이 있다. 누구든지 기관에서 조사받은 사람은 다 억울하고 고문당했다고 호소하는 것이 오늘의 실상이다.

간첩사건을 어떻게 조작한단 말인가? 연락조직을 어떻게 조작할 수 있을까 ? 어처구니가 없다.

《 내가 취급한 주요 사건 》

(1) 이○오씨와의 악연

1971. 4경 이○오씨가 민주수호청년협의회를 결성 회장으로 활동 중 1973. 10경 영등포소재 ○○고등학교 국어선생으로 재임 기간 중 반공법 위반 혐의로 연행해오라는 치안국 대공 분실장으로부터 하명을 받고 직원 1명과 함께 ○○고등학교로 갔다.

직원은 정문에 세워둔 차에서 대기하고 나는 교무실을 향해 들어갔다. 수업이 아직 끝나지는 않은 탓인지 학생도 선생님도 잘 눈에 뜨이지 않는 상황인데 복도 저쪽에서 선생님 한 분이 내가 서 있는 교무실 앞으로 왔다.

그 선생님이 나에게 "어떻게 오셨습니까?"하고 물어 "예, 학부형인데 이재오 선생님 좀 뵈러 왔습니다."라고 대답하자 "어느 학생인가요?"큰일이다 학생이름을 엉터리로 이야기 할 수 밖에 없다. 엉터리로 답변했다.

그러자 그 선생님은 "이○오 선생님이 수업이 끝났으니까 곧 내려오실 겁니다"하고는 복도 끝으로 사라졌다. 그 순간 왜 저 선생님은 교무실로 안 들어가고 복도 끝으로 사라질까? 저 선생이 이○오 선생이 아닌가? 하는 의구심이 순간 떠오르는 순간 나는 복도 끝으로 뛰고 있었다. 복도 끝에 이르렀을 때 학생 4명이 오고 있어 "학생 바로 이재오 선생님이 지나 가셨지?"라고 묻자 "네, 방금 후문 쪽으로 가셨어요." 나는 그 때서야 속았구나 하는 생각으로 후문을 향해 뛰어 갔다. 다행히 이○오 선생을 발견 달려가 신분을 밝히고 정문으로연행 승차시켜 치안국 대공분실로 연행하였다.

연행한 지 불과 10분도 안 되어 마포경찰서 수사과 추○○형사로부터 경비전화가 왔다. 나와는 경동고등학교 동기동창으로 아주 절친한 사이였기에 "너 아직 마포에 있니?"하고 물었는데 "너 오늘 ○○고등학교에 왔었니?"하는 말에 깜짝 놀라서 "석중아! 너 간첩이니?" "네가 그걸 어떻게 아니?" 하자 이○오 선생 잡아갔느냐고 물어 그렇다고 이야기 하자 "야! 근안아 이○오 선생이 내 매제야"나도 어떻게 이런 일이….

나는 대공분실장 방으로 가서 박○원 실장에게 이야기하고, 이○오 수사팀에서 제외되었다. 그리고 그후 이○오씨와 사건과 관련되어 만난 때가 전혀없다.

이 당시는 치안국 대공분실에서 제일 하위 계급인 경장 때여서 신문할 지위에 있지도 않았다. 그렇지만 수사팀에서 배제해 달라고 요청하여 받아들여 주었다.

그후 6년 후 남민전 사건 때도 마주친 적이 없다. 이 사건 때에는 경기대 공분실에 있었고 파견명령이 내려와 상경해서 맡은 사람은 이 조직의 중앙위원인 안○구씨이고 그 다음 맡은 사람은 이 조직의 주범인 이○문의 주신문을 맡아 다른 사람 신문할 겨를이 없었다.

(2) 나도 이제는 말을 해야겠다.

고문 기술자로 뜨고 나니 치안본부 대공수사단에서 조사받은 으레히 이근안에게 조사 받았다고 한다. 그래서 사실대로 밝힐 필요가 있다.

가. 90년대 중반 주간조선의 이○오씨 기고문 중 발췌한

- 시월 유신하 세 번째 고문을 당하면서 -

(전약)

"내가 남영동 대공분실을 첫 번째 출입하게 된 것은 감방에서였다. 그러나 대공분실에서 나를 고문한 사람들은 73년, 77년, 두 번이나 나를 투옥시킨 이근안팀이었다."

"나는 그들에게 두 번이나 살인적인 고문을 당한 바 있었기 때문에 우선 겁부터 났다. 내가 여기서 살아나간다면 그것은 기적이다. 죽어나간다. 공포감이 순간 전신을 엄습했다."

　*출처 : http:www.leejo.net/blog/ejo/102
　나. '돌아온 정권실세' 이O오는 누구? - 오마이뉴스(2010. 7. 28.)
　-"영등포 OO고에서 교사 생활을 하던 1973년 10월 이O오는 유신반대 시위 배후조종 및 내란음모죄로 수업 도중 체포, 치안본부 남산 대공분실에서 심한 고문을 당했다.
　이때 이O오를 고문한 사람이 고문경관 이근안이고, 담당 검사는 한나라당 대표를 역임한 이O동이었다."
　o 이O오씨와의 만남은 위 (1)항의 내용 그대로 이다. 이때가 경찰에 입문한지 불과 2년되었을 때라 신문도 할 줄 모르고 심부름하는 정도였고 잠복 근무나 하고 누구 잡아오라면 잡아오는 정도지 신문팀에는 들어 갈 단계가 아닌 때였다.
　73년 10월 OO고등학교에 갔을 때 수업 중에 잡아왔다는데 사실이 아니다 위 (1)항에서 상세히 설명하여 재론할 필요도 없다.
　신문조가 아니라 연행조였기 때문에 대면해서 조사한 일도 전무하며 연행한 것도 제일 친한 동기동창의 매제라 충격이 어서 대공분실장에게 간청하여 그 수사팀에서 나왔다.
　77년도에도 당했다 하였는데 이것도 사실이 아니다. 이때는 치안본부에 근무하지 않했다. 경기도경 대공분실에서 근무하였고 파견간 사실도 없다. 이O오씨를 만난 일이 전무하다
　경찰재직 중 파견 근무는 단 두 번 뿐이다. 남민전 사건 때와 김O태씨 사건 때 뿐이다. 그 외는 없다. 이O오씨께서 착각을 하신 것인지 왜 이런 사

실이 아닌 주장을 하는지 이해가 가지 않는다. 신문과정에서 대면한 일은 단 한 번도 없는데 어이가 없다.

나는 단 한 번 73년도에 연행한 사실이 있지만 수업 중에 연행한 일은 전혀 없으며 오히려 나를 속이고 후문으로 가는 것을 간파하고 쫓아가 연행하였던 것이다.

(3) 소위 남조선민족해방전선 준비위원회 사건

이 사건 이야기 하기 전에 먼저 전제할 이야기가 있다.

☞ 〈통일여명〉의 편집보도 91호 〈남조선민족해방전선〉기에 그 실체나 진상을 규명하는 것이 아니라는 전제는 있지만 이O문씨가 마치 고문의 후유증과 지병까지 겹쳐 옥사한 것으로 보도하였기에 이 글을 읽는 독자는 다 사실로 오해할 것 같아 바로 잡는 의미에서 이O문씨 신문후기를 사실대로 기술하는 바이거니와 2003년경 내가 영등포교도소에서 옥살이 할 때에 청와대 소속 의문사진상규명위원회의 참고인으로 조사받는 과정에서 이O문 사망 사인을 알게 되어 기술하고자 한다.

1981. 11. 22. 위유문부 압착증 (위와 십이지장의 연결부분이 말라버리는 증상)으로 병사하였다는 것이다.

좀더 이해를 돕기 위하여 이O문씨 신문 후기를 실상 그대로 기술하고자 한다.

많은 사람들이 고문기술자라는 이근안이가 신문을 맡았으니 고문하였을 것이라는 생각은 버렸으면 한다.

이 사건에 관련된 중앙위원 안O구 교수나 별도 사건인 무림 사건의 김O인 교수도 실상대로 인터넷 기고문에 쓴 것을 보니, 양심대로 진술하는 사람도 있어서 다행스럽게 생각했다.

그러나 대부분의 사람들은 대공수사단에 가서 조사받으면 꼭 이근안에게 조사받았고 고문당했다고 하는 것이 거의 대부분이다. 그래야만 고문당한 사실이 증명되는가 보다.

이제부터 이O문씨에 대한 신문후기를 처음으로 공개한다. 하물며 심장을 칼로 두 번 찌르는 자해를 하여 서울대학 병원에서 응급수술하여 24일간 입원치료 받은 중환자로 약물 치료 중인데 무슨 고문을 하겠는가? 그렇지 않아도 또 자극받으면 자해할 것이니 절대 자극치 말라는 것이 상사들의 당부였다.

1979. 10. 초순경 경기도경 본청에서 치안본부로부터 전화통지문으로 치안본부 대공수사단으로 파견명령이 내려왔으니, 올라가라는 연락을 받고 올라가 보니 일선에서 일 좀 한다는 친구들이 여러 명 파견 명령을 받고 올라와 있었다.

그 이유는 건국후 가장 큰 좌익조직사건인 남민전 사건이 발생 80여명으로 하부조직은 일선경찰서에 수용하고 주모자급은 대공수사단에 수용하여 신문한다는 것이다. 소위 "남조선민족해방전선 준비위원회"(약칭 : 남민전)사건이었다.

이 사건의 발단은 1979. 9. 말경 청량리 소재 대왕코너 옥상에서 살포된 유인물 살포사건으로 살포 용의자를 미행하여 잠실 시영 아파트 11동 408호를 확인 아지트로 판단하고 병력이 동원되어 포위하고 수색조가 아지트에 이르러 노크하자 누구냐고 수하하여 전보라고 대답하자 의심치 않고 문을 여는 순간 급습하였다.

순간 한 백발 노인이 창문을 열고 무슨 보따리를 창밖으로 던졌으나 낙하 지점에 마침 백차가 있어 직원이 던져준 것으로 판단하고 이를 집어 백차에 실었고, 백발 노인은 들고 있던 등산용 칼로 심장부위를 두 번 찔러 쓰러진 것을 서울대학 병원으로 긴급 후송하여 응급수술로 목숨을 건졌으나 수술후 24일간 치료 후에야 퇴원하여 치안본부 대공수사단 VIP실에 수용하고 계속 약물 치료하며 신문 하였으나 신문진행이 제대로 되지 않았다.

백발노인의 신원을 확인한 바 1973년 인혁당 재건사건으로 전국에 지명수배 중이던 李O汶이었던 것이다. 내가 담당한 것은 이 조직의 중앙위원인 숙대 수학교수인 安O求(가명 : 金大林)였다. 안O구씨가 인터넷에 이야기 한 것처럼 나는 교수의 대우를 하면서 이 조직에서 강도질한 금도끼를 부산으로 팔러 간장물아비가 되었으니 체면이 말이 아님을 강조했고 도피 중 여학생을 데리고 다녔으니 도덕적 책임을 강조하면서 후회한다는 술회에 그럼 남민전을 고발할 수 있느냐고 묻자 확답하므로 "나는 남민전을 고발한다"는 제하로 이O문을 지실한 경위 이 조직에 가입동기와 가입 후 활동상황 남민전의 조직 활약상 등 모든 사실 전체를 논문형식으로 자율적으로 갱지 120여 매에 자필로 논문형식으로 썼다. 이것을 작성하는 과정에 나는 전혀 관여하지 않았다.

이것을 제출받아 이를 근거로 자술서 및 피의자 신문조서 등을 작성하였다.

또한 안O구의 동생 안O웅이도 이 조직에 가입시키고 "김일성에게 보내는 충성결의문"을 간부들의 가명으로 작성하여 이를 소지하고 일본 조총련 조직을 통하여 입북한 사실 등을 자백받고 신문을 완료하고 보고차 대공수사단장실에 들어갔더니 치안본부장과 대담 중이므로 "죄송합니다." 하고 나오는데 단장이 무어냐고 물어 "안O구 신문을 마쳤다는 보고를 드리려고 왔습니다."고 대답하자 "들어와."승낙하므로 들어가 보고하였다. 대공수사단장이 "나는 남민전을 고발한다."제하의 글에 격찬을 하자 치안본부장이 이것을 보더니 또 극찬이다.

이때 치안본부장이 대공수사단장에게 "이근안이를 이O문 방에 넣는 것이 어때요"하자 단장은 나에게 "자네 지금 즉시 이O문 방으로 들어가."지시를 받고 나는 이O문 방으로 들어갔다.

내가 여섯 번째 신문관으로 들어갔다. 백발노인이 소파에 비스듬히 누워 새로운 사람이 들어오자 아래 위로 살핀다.

이미 소문을 들어 아는 터라 이야기 조금하면 꼭 당신 상사를 오라고 한다는 것이다.

나는 이O문 앞에 마주 앉아 "오늘 이 시간부터 신문을 담당할 이근안입니다."하자, 나에게 "당신 계급이 무엇입니까?"묻는다.

이 때 이O문에게 "계급은 왜 묻습니까?"하고 되묻자 아니 뭐… 하며 얼버무린다. 나는 비위가 상해 어귀짱으로 경위요 하지를 않고 "나는 순경이요."라고 답했다.

나는 이때다 싶어 "계급을 왜 물어 당신은 혁명가가 맞어? 무산 대중을 더 위한다는 공산주의 사상도 모르는 혁명가야. 계급이 낮으면 능력도 낮은거란 말이요. 나는 순경인데 이야기 못하겠다 이거요. 당신 돈키호테 아니야."

"나는 이 방으로 오면서 이O문 하면 그래도 혁명가니까 멋이 있을거란 기대를 가지고 왔는데 툭하면 높은 놈만 찾는다며 그럼 당신 정체가 뭐야 사이비 혁명가야 !"

이때 점심 밥상이 들어왔다. 한쪽은 뚝배기에 고기도 잔뜩 들고 장조림에 오랜지즙에 밥이 아니라 처음보는 죽(율무)이다. 다른 한쪽은 김치 깍두기 콩나물국에 밥 전형적 구내식당 520원짜리이다. 이때 나는 밥상 바뀐 것 아니야 하고 물었더니 전부터 죽그렇게 해 왔다는 것이다.

앞서 신문관들이 xxx들이다. 사비를 들여 비위나 맞추어 자백을 받으려

하니 가지고 논 꼴이다. 책임지고 1주일내로 자백을 받겠다던 신문관은 마지막 날 야반 도주했다는 소문까지 들렸다. 한술 더 떠 생배 쨌다는 이야기까지 들리니 망신스럽다.

나는 밥상을 들어 던져버렸다. 앞으로 당번은 피의자 밥은 반드시 구내식만 가져오되 젖가락만 놓지마 신문관은 구내식당 가서 먹고 오겠어. 이를 어기면 용서안해!

당초에 이것을 어느 새끼가 제의하고 허가는 누가한거야. 혁명 잘 하라고 잘 처먹이는 거야 자존심 상하게 어느 새끼 아이디어야!

이O문씨 한 가지 물읍시다. "여기에 잡혀와 있는 이O희란 여인과의 사이는 어떤 관계입니까?"하자 고개를 숙인채 한동안 말을 못한다. 이O문은 "형님의 딸이니까? 조카딸입니다." 그것 말고 또 어떤 사이이냐고요. "해도 고개를 못 든다. 이O희씨가 정부인입니까?" 고개를 들지 못한 채 "예!"하고 대답만 했다.

"정말 개새끼 아냐 도피 중 밥해주러 와 있는 여고생 조카를 올라타고 끝내 데리고 산다니 인간 맞어? 혁명하는 놈은 족보도 무시하고 사는거야! 그것도 혁명이네 이 사실을 당신 졸개들이 알어? 나는 꼭 공개 하겠어 패장이 패장다워야 졸개들이 대우를 받는 거야!"

이때다 이O문이 내 앞에 다가와 무릎을 꿇는다. "다시는 높은 사람 찾지 않겠습니다. 제발 이O희만 공개하지 말아주세요. 제가 각서를 쓰겠습니다."

나는 앞서 신문관들이 기재한 서류들을 대충 확인해 보았다. 그리고는 북북 찢어서 쓰레기 통에 쳐넣고는 백지를 가져오라 이르고 처음부터 다시 시작한다고 선언하자 이재문은 "앞으로는 모든 것을 실상 그대로 자백할 것을 맹세합니다."

이때 인터폰이 울렸다. 인터폰을 받은 직원이 나에게 "전무님 사장님이 오시랍니다."

나는 단장실로 들어갔다. 치안본부장님도 아직 안가고 계셨다. 본부장께서 먼저 말문을 여셨다. "이근안이 욕 잘하대 됐어. 이O문이가 완전 항복 하던데."

앗차 CCTV있는 것을 생각 못하고 욕을 해 댔으니 말이다. 본부장님이 일어서시면서 단장에게 "오늘은 아무것도 하지 말고 회식이나 하세요."하고 나가시면서 나에게 "잘했어! 수고해!"하고 나가셨다.

발빠른 양반들이 재주들 폈지만 실패작이고 나야 금년 3월에 특진하였으니 해당이 되지 않다 보니 홀가분하게 일할 수 있었다.

이제야 말이지만 선임 신문관들 중에는 발빠른 계산을 한 사람도 있었겠지 사건이 종결되면 주범의 주신문관에 대한 논공행상이 거론 될 때 눈치야 보겠지 그것이 인지상정일 것이다.

그러나 나는 금년 3월에 특진하였으니 진급에는 해당이 없으니 홀가분하다.

큰 비밀이라도 터질 것을 기대하였는지 높은 사람과 독대를 요구한다고 단장까지 들어갔으니 옆에서 보는 나는 꼭 꼴불견을 보는 것 같았다.

일계급 특진을 바라보고 주신문관 자원을 하고 사재를 털어 매끼니 보신탕까지 등장했으나 오히려 콧대만 높여 걸핏하면 높은 사람을 찾아 이북 출신인 본청 김O낙 반장까지 출현 하였으나 물거품이었다.

나는 우연히 주신문관의 자리에 앉게 되었지만 특진의 야심도 없고 오직 실체를 규명하는 것 이외 바라는 것이 없었다. 그러니까 순리대로 갈 수 밖에 없었다.

이O문씨가 과연 태도가 변했나 시험삼아 한 첫 질문은, "남민전은 어떤 조직입니까?"하고 물었다. "사회주의 국가를 건설하기 위한 전위조직으로 게릴라 활동 없이는 군자금 조달이 불가능하고 반제국주의자들을 타도할 수 없어서 만든 조직입니다."라고 답했다. 그 다음으로 "남민전의 핵심 아지트가 어디입니까?"하고 물었다. "서울 관악구 신림1동 428-91 소재 정부인 이O희의 친정집입니다."라고 답하며 약도를 그려 제출했다.

그곳에 무엇이 감추어져 있느냐고 물었다. "대문에 들어서면 우측에 펌프가 있고 그 앞에 두 그루의 포도 나무가 서 있는데, 그 사이를 파면 항아리가 묻혀있고 그 속에 남민전의 규약, 강령, 조직원 명단, 남민전 기(旗)가 들어있습니다."라고 답했다.

나는 주요사항이라 판단하고 단장에게 직보하자, 물증 확보가 매우 중요하니 직접 가서 파오라 하여 몇 명의 반장도 함께 동행하여 가서 파보니 이O문씨 진술대로 항아리가 있어 꺼내어 열어보니 다 들어 있었는데 놀란 것은 남민전 기였다. 이O문씨에게 남민전 기를 제시하고 "이 기를 어떻게 만들었습니까?"하고 물었다.

이O문씨의 답변을 듣고 또 한 번 전율을 느껴야 했다. "남민전 기는 인혁당 재건위 사건 관련자 중 8명의 사형수들이 입고 있던 수의(囚衣)를 모자이크로 연결하여 모양은 북한기와 비슷하게 만든 것으로 혁명이 성공하는 날 중앙청에 게양할 기라고 하였다."

이어서 남민전의 투쟁 목표와 발전 과정을 물었다. "남민전은 월남식 혁명을 당면 목표로 하여 한국사회를 미국과 일본의 신식민지라고 규정하고 남민전 10대 강령 중 제1조에서 박정희 유신정권을 투쟁대상으로 삼았다. 이를 위해 의정부에 있는 수락산에서 게릴라 훈련도 실시하였다.

남민전의 발전과정은,

- 1976.2. 남민전 준비위가 결성되고

- 그 해 10월 한국민주투쟁위원회 준비위원회가 구성
   * 이O경을 지도위원
   * 신O식을 교양책
   * 이O오를 민투조직책
   - 1977. 1.경 남민전 지도부 구성
   - 이 조직의 전략
  o 반정부적인 학생, 지식인, 노동자가 주축이 되어 대규모 민중봉기를 일으키면 남민전 무장 전위대로 인민해방군을 조직하여 각지에서 국가 전복 투쟁을 전개한다.
  o 이때 혁명시기가 성숙되면 북한군의 지원을 요청하고, 완성되면 남북 연합 정부를 수립한다. 이 계획과 당간부의 김일성에게 충성 결의문과 사업 보고서를 안O웅(중앙위원 안O구의 실제)이가 휴대하고 일본 조총련 조직을 통해 입북하였다라고 진술하였다.
  결론지어 말하면 남민전은 북한과 연계한 반국가단체이며, 그 산하 민족투쟁위원회와 민주구국학생연맹 또한 남민전의 산하단체로서 전술 전위조직이라는 점에서 반국가단체이다.
  재판결과 이O문과 신O식은 사형이 확정된 후 이O문은 병사하고 신O식은 사형을 집행하고 안O구 최O진은 무기징역 차O환은 징역 15년 민투관련자 25명은 집행유예가 선고 되었다.
  노무현 정부 들어 다음과 같이 민주화 유공자로 인정되었다.
   - 민주화운동 관련자 명예회복 및 보상심의회 위원장 하경철은 남민전 관련자 29명을 민주화운동 관련자로 결정
   o 금도끼 강도질한
   김O주 (민투위원장) 그의 부인 박O숙

이O일 (전 전교조위원장)

이O영 (YMCA 사무총장, 최O석 전 회장집 강도사건 당시 수위를 칼로 찌름, 현 국회의원)

임O열 (민족문제연구소장)

권O헌 (민주화실천가족협의회, 양심수후원회 회장)

등의 행위를 유신체제에 항거한 것으로 판단 민주화 유공자로 인정 결정.

o 그해 9월 남민전 관련자 42명을 추가 지정

박O률, 윤O덕, 임O영에 대하여는 각각 5천만원씩

최O진(대공수사단에서 조사받던 중 야밤에 2층 화장실 창문으로 탈출 뛰어내리다 척추손상으로 불구가 됨)상이 보상금지급 결정.

* 그러나 경찰과거사진상규명위원회 (위원장 이O수 한성대 교수)는 남민전 사건이 용공사건으로 조작되었다는 증거는 찾을 수 없고 남민전은 사회주의를 지향하고 북한을 찬양하며 북한과의 연계를 시도한 자생적 반국가단체라는 대법원 의견과 같다고 결론.

이러한 2중 잣대가 어디에 있는가? 법원의 재심이 요망된다.

이O문 신문과정에 가혹행위는 커녕 상전대우를 받았으며 시간을 지켜 약을 복용시키고 피곤하다하면 다블 침대에 누워 휴식을 취했다. 고문 후유증으로 사망했다는 말은 전혀 거짓임을 분명히 밝힌다.

남민전 조직사건을 새삼스레 80여명에 이르는 상피의자들의 범죄 사실을 각설하기보다는 이 조직의 특징 몇 가지만 살펴 보기로 하자.

o 이 사건은 1976. 2.이O문 신O식 김O권 등이 반유신체제와 반제민족해방운동의 기치를 내건 비밀결사조직으로 '남민전'은 게릴라 활동을 표방한 반국가단체이다.

o 1979. 10. 4.부터 그해 11월까지 이O문, 이O희, 차O환, 이O일, 김O

주를 비롯한 84명의 조직원이 검거되었다.

이 조직의 기관지 "민중의 소리"가 8차례 살포되면서 조기에 검거되지 않은 이유가 있다. 살포 방법이 특이하기 때문이었다.

이것이 없는 것 같다. 간첩들의 전단지 살포방법은 전단지를 묶지 않고 물에 푹적신 다음 건물 옥상 난간에 올려놓고 도피하면 전단지는 제일 윗장부터 차례차례 햇볕과 바람에 말라 바람에 날려 날아간다.

그러나 남민전의 살포방법은 높은 건물 옥상에서 일시에 전단지가 살포되는 방식으로 주로 청량리 역전의 대왕코너 옥상에서 살포되었다. 살포 즉시 올라가 보아도 검거하는데 실패하였다.

"민중의 소리" 살포 방법은 전단지 뭉치를 나일론 끈으로 십자로 얽어 건물 옥상 난간에 매달고 담배 속을 다 꺼낸 다음 마른 쑥 솜을 담배 속에 채워 넣고 불을 붙여 나일론 끈에 끼워 놓으면 타 들어가 나일론 끈에 이르면 나일론 끈이 끊어지면서 전단지 뭉치가 일시에 공중 살포되는 방식이었으므로 도피하기에도 충분한 시간이 확보되는 기발한 방법이었다.

한편 세로형 플랑카드도 둘둘 말어 나일론 끈으로 묶고 위와 같은 방법으로 불을 붙여 나일론 끈에 끼어 놓으면 타 들어가 끈이 끊어지면서 플랑카드가 좍 펴지는 기발한 방법이었다.

당시 일간지들은 일제히
- 북한공산 집단의 대남전략에 따라 국가변란을 기도한 사건
- 북한과 연계된 간첩단 사건
- 무장 도시 게릴라 조직

등으로 헤드라인으로 발표되었다.
o 이 조직은 혁명자금을 마련하기 위하여
- 1978. 7~8월경 예비군 훈련장에서 카빈총을 절취

- 1978. 12. 5. 고위 공직자 집에 들어가 금품을 훔친 봉화산 작전
- 1975. 3. 5. 금은방 보금장을 털려다 미수에 그친 GS작전
- 1979. 4. 27. 동아그룹 최O석 전 회장집 강도사건

  땅벌작전 (수위를 칼로 찌른 강도사건 : 이O영 국회의원)

o 남민전은 북한과 연계된 조직이었다.
- 특사 안O웅을 북한으로 밀파.

☞ 이 조직의 중앙위원 안O구의 실제로 1977. 7. 크라운 물산(주) 무역부장으로 재직시 형 안O구의 영향과 지인 이해경의 권유로 남민전의 전사로 가입하여 가명 권O혁을 제수 받고

☞ 1977. 11. 4. 17:00 중앙위원회에 참석하여 대외연락 부장에 임명되어 보내는 보고문으로 "경애하는 주석 김일성 동지"제하의,

 * 남민전 결성 및 그 목적
 * 민투결성과 투쟁내용
 * 주체사상에 따라 적극투쟁하겠다는 충성결의문을 의결하고

☞ 1977. 11. 4. 22:00경 남조선민족해방전선 준비위원회 중앙위원회 서기 리O문이라 쓴 신임장을 혁대 속에 은익하고 도일하여 북괴와 연계 여부는 형 안O구에게

- "모시실 계약이 잘 되었다"
- "모시실 계약이 잘 안되었다"

등으로 연락키로 약정하여 간첩을 예비하고

☞ 1977. 11. 1. 김포국제공항을 출발 항공편으로 일본 하네다 공항에 도착 조총련계 시인 김윤과 접선회합하여 조총련 동경 지부 상공회 부회장 임한묘의 주선으로 재일 북괴공작원과 접선한 자리에서 남민전 78년도 신년

인사문과 사업보고서를 전달하고 공작자금 3억원을 지원요청하였으며, 북괴공작원을 이를 수락하여 남민전 활동자금으로 미화 3만불을 등산구 수입대금으로 위장하여 L/C로 크라운물산으로 송금키로 약정하고 약속대로 안O구에게 "모시실 계약이 잘 되었다."고 보고하여 반국가 단체와 목적수행을 위하여 간첩하고 그 지도적 임무 완수하고,

1977.12. 일자불상경 동경에서 북괴공작원과 회합하여 암호문건 1점과 일화 20만엔 일제 소형녹음기 1대 중앙위원들에게 줄 내의 각각 1착씩 3착을 수수하고,

1977. 12. 8. 안O웅이 귀국하여 서울 묵동 전O진가에서 이O문에게 사업보고 하고 녹음기 1대와 내의 1착을 수교하고 동일 19:00경 안O웅가로 내방한 안O구, 신O식에게 내의 1착씩 제공하여 지도적 임무에 종사하고,

또한 1978년 1월초 서울시내에 "남조선민족해방전선"명의의 삐라를 살포하면 그 조직력을 인정하고 그 즉시 대남방송을 통해 남민전에서 김일성에게 보낸 신년 인사문을 그대로 방송하겠으니 이를 수신중 알리는 지령을 받고,

1978. 1. 6. 19:00 재일 북괴공작원과 약정된 방법으로 "정권을 타도하자"등 삐라 500매를 서울시내 도큐호텔 앞과 세운상가 앞 노상에 살포하고, 1978. 1. 5. ~ 1. 13. 사이에 3회에 걸쳐 "남조선 해방전사"들이 보내온 신년인사문을 북괴 방송을 청취하므로서 북괴와 연계를 확인하므로서 반국가단체와 통신하고

1978. 2. 28.재차 도일후 같은해 3월초 일자불상경"여행을 한다"는 연락으로 입북사실이 확인된 바 반국가단체의 지배하에 있는 지역으로 탈출하는 등 지도적 임무에 종사하여 간첩하는 등 남민전은 북한과 연계된 조직인 바 안용웅이가 입북하여 김일성에게 사업보고서와 충성결의문을 제출

하였으며 이는 대남방송으로 확인된 바 있고 공산 혁명을 이루려면 북한 군에 원 요청할 것을 모의해 왔고 게양할 전선기는 인혁당 재건 사건으로 사형 집행된 8명이 입고 있던 내의를 모아 염색하여 모자이크로 연결하여 만든 한이 서린 깃발이다.

〈 결어 〉

이○문, 안○구를 신문하여 얻은 결론이다.

이러한 간첩조직임에도 지난 정권 때 이 사건 관련자 대부분 민주화 지정을 하였으므로 우리는 참으로 희안한 세상에 살고 있는 것이다.

김일성에게 충성 결의한 사람이 지금은 민주화 운동한 것으로 국가가 인정하였으니 기막힌 노릇이 아닌가!

김일성에게 보낸 보고문 내용을 보면,

--전술조직으로서 한국민주투쟁국민위원회를 조직하고 지하단체의 존재와 활동을 국내외에 알리기 위하여 지난 1월18일 서울시내 일원에 일만 매의 삐라를 뿌리는 선언 투쟁을 전개했습니다. 이 투쟁에서 우리는 한 사람의 낙오자도 없는 승리를 가져왔으며----혼미백산한 파쇼 일당은 무고한 시민 수 만명을 마구잡이로 검거하여 용의자를 캐내려 했으나 그들은 오늘날까지도 이 투쟁의 단서조차 잡지 못하고 있습니다.

좌익 활동하다가 옥살이 한 사람도 시대를 잘 만나 민주화 인사가 되어 명예회복도 하고 민주화 보상금까지 타는데 국가 보위를 지키기 위해 목숨걸고 일한 사람은 주구(走狗) 소리 들으며 퇴직금 한 푼 못타고 길거리에 파지와 빈병 줏 어서 거지꼴로 살아야 누구하나 쳐다보지 않는다.

국가가 씹다버린 껌처럼 버렸기 때문에 아무도 관심을 갖지 않는다. 애국이 무엇이 말라 비틀어진 것인지 모른다. 하기사 간첩을 잡아 탄 훈장도 노무현 정권 때 박탈해 갔으니 말이다.

빨리 죽는 것이 행복한 것인데 애비 없는 어린 손자들이 눈에 밟혀 못 죽는다. 빨갱이는 점점 늘어나는데 이러다가 빨갱이 세상되는 것은 아닌지.
 국록을 먹는 사람이 애국가도 모르고 태극기도 모르는 세상이 되고 태극기에 경례하기 싫어 조회를 안하는 공직자가 있다는 소리도 들리고 세상은 요지경 속인가 보다.

(4) 전국민주노동자연맹사건과 전국민주학생연맹사건
 이 사건의 주범은 이O복(전 복지부장관)씨였다. 이O복씨도 여러 번 나에게 고문 당한 것처럼 인터뷰 때나 신문이나 잡지에 보도된 것을 보았다.
 이 사건의 주신문관은 김O현 경감이었고 조원은 기억이 안난다. 따라서 이O복씨를 신문한 사실이 전무하다.
 이 사건의 첩보 입수 과정에서부터 사실대로 이야기해보자. 이때는 합동수사본부가 있던 계엄하였다.
 합동수사본부의 지휘에 따라 치안본부 특수에 가서 세종문화회관 폭파미수범 4명의 신병을 인수받아 왔다. 인수이유는 사상범이었기 때문이다.
 범죄내용은, 당시 세종문화회관에서 한국일보사 주최로 '세계미인선발대회'가 개최되는데 여자들이 벌거벗고 돈벌이 하는 것은 부르 조아다 이것을 인민의 이름으로 응징해야하므로 대회현장을 폭파해야 한다는 것이다.
 피의자 4명 중에 사북 출신이 하나 있는대 초등학교 동창 중에 동원탄좌 화약주임이 하나가 있어서 TNT를 구하러 사북으로 내려가 동창인 화약주임을 집으로 찾아가 술을 마시고, 친구 집에서 자면서 TNT 10개만 부탁하자 무엇에 쓸 것인지 그렇게 많이 필요한가 물었더니 고기 잡을 것이라고 했다.
 수상하게 생각한 친구가 사북사태로 계엄분소가 있어서 이곳 신고함으로 체포되었다. 서울로 압송되고 공범 권O창외 2명이 검거되어 치안본부 수사과 특수대에서 신문결과 사상범이므로 계엄사령부의 조종에 따라 다시 치안본부 대공분실에서 인수하여 신문결과 국가보안법 피의자로 검찰에 송치하였다.

송치하던 날 사북출신인 서울대 출신 박 명불상이 나를 보고, 히죽 히죽 웃어 "너 왜 웃어?"하고 묻자 "아저씨 COM조직 아세요?"하기에 "왕초가 누구야?"하니까 "나는 잘 모르는데 李O福이라고 합니다 만나본 일도 없습니다." 이O복이가 어느 학출인지 몇 살이나 되었는지도 몰랐다. 권O창, 권O상 등 4명을 구속 송치한 후 이O복 수사팀이 만들어졌는데 팀장은 김O현 반장이고 공작 2반에서 구성이 되었다. 공작 1반인 나는 당연히 포함되지 않았다.

〈 민노련 〉

며칠 지나자 컴퓨타로 전국에서 30~40세 가운데 이O복을 수색하여 광민사라는 출판사를 경영하는 이O복을 유력한 용의자로 지목 수사한 바, 출간 서적 중 "노동의 철학"이란 책을 감정해보니 좌경의식화 서적으로 맑스 레닌을 한 위대한 철인이라고 비유하여 쓴 책임을 중시하고, 광민사 아래 층에 세를 들고 밀착 미행수사도 하고 접촉인물도 파악하여 홍사단 아카데미와 관련이 있음이 포착되었다.

'전국민주주의 학생연맹'은 약칭 '민학련'이고 사회변혁을 목표로 한 '전국민주노동자연맹'은 약칭 '민노련'과 밀접한 관련이 있음을 발견하고, 수사결과 1980. 5. 창립결성한 바 그 목적은 한국사회 변혁을 위해 제2노총을 기층 노동자의 조직화를 이루는 것이다.

민노련은 1970년 노동운동을 변혁운동으로 전환하자는 주장을 하여 노동운동가들의 투쟁 경험과 학생운동가 출신 지식인이 결합을 모색했다. 지식인의 노동현장 참여가 위장취업이다.

민노련의 등장은 80년대 한국노동운동의 새로운 방향을 예고한다. 즉 노동자 농민을 기본으로 하는 조직으로 발전코자 했다.

- 자본가 이데올르기의 허구성 폭로 대중정치 역사의식을 함양하는 의식화 작업.
- 의식화된 활동가들이 사회전면을 넓히면서 운동기반 조성.
- 노동 운동이 주가 되고 학생그룹은 보조집단 및 문제 제기 집단으로 가능해야 한다.
- 이O복, 김O수 등 10명이 중앙위원이 되고
- 민노련 규약 ~ 근로자 출신 : 지식인 출신 회원 = 6:1
- 남녀의 비율 = 2:1로 제한

이상의 신문내용은 내가 신문한 바가 없어서 전혀 모르는 내용이다.

〈학림 (전국민주학생연맹)〉

- 1980. 9. 서울대생 경제3 이O근에게 혁명보조집단으로서 학생조직 결성 지시

  o 4개월간 점조직으로 11개 대학에 239명의 의식화 학생포섭

  o 1981. 6. 10. 중앙위 개최 현장을 급습하여 중앙위원 5명 검거

  o 1982. 1. 1심에서 이O복은 무기, 이O근은 10년, 박O식은 7년

* 2002. 1. 15. 민주화 운동 관련자 명예회복 및 보상심의 위원회

(위원장 조O희)

이 사건을 조사한 것은 이O복이 아니라 박O식이며 조사 경위는 박O식이가 연행되어 왔을 때 자해 소동을 일으켜 혀를 물고 몸부림치는데 직원들이 제압을 못해 내가 올라가 제지 하였다. 내가 계속 신문하게 되어 박

O식의 아지트인 영등포구 대방동 소재 한옥 본체에 달아지은 조그마한 방으로 가구도 없고 책 몇 권 방바닥에 있을 뿐인데 예의 수색한 바 창호지로 바른 창문이 어두워 자세히 관찰한 바 2중으로 바른 것을 발견 창호지를 뜯어보니 두 장 사이에 무엇이 들어있어 꺼내보나 조직원 명단이어서 압수하였다.

어느 날 박O식을 신문하면서 복도를 지나는데 이O복 방에서 큰 소리가 났다. 김O현 반장은 신사로 소문난 분이다. 그런데 대단히 화가 난듯 큰 소리가 나기에 들어가 보았다

이O복은 누워있고 김반장은 몽둥이를 들고 있는데 이O복의 뒷굼치에서 피가 나고 있어 잘못 맞았구나 짐작은 하였으나 저 몽둥이를 뺏어야 하는데 그냥 뺏으면 김반장이 화를 낼 것 같아서 내가 "왜 말을 안해"소리 지르며 몽두이를 빼앗아 피 안나는 발을 형식적으로 한 대 때리며 이O복 씨를 일으켜 세우고 의자에 앉힌 후 상처를 보니 조금 갈라져 있어 그 방 부신문관에게 약을 사다가 발라주고 붕대로 감으라 하고 나왔다.

며칠 후 김반장이 나에게 이O복 뒷굼치 치료하러 경찰병원에 가는데 같이 가자고 하여 가서 치료하고 오는 길에 설렁탕 먹으며 농담한 생각이 난다.

분명 이야기 하지만 신문한 일은 절대 없었음을 밝히며 내가 작성한 피의자 신문조서를 내 앞에 제시하면 어떠한 사항도 시인하겠다.

당시 사법서류만 보아도 밝힐 수 있다.

박O식 사법서류는 나의 이름으로 피의자 신문조서가 작성되어 있겠지만 이O복사법서류에는 나의 이름이 나올 리가 없다.

(5) 반제 동맹당 사건 (A I L G)

1986. 10. 30. 인천시 남구 관교동 138소재 이O영 (서울대 물리 3) 자취방에서 의식화 학습을 하고 있다는 첩보를 입수하고 잠복 근무 중 이O영과 박O렬 등 2명을 연행하여 소지하고 있던 조직의 강령, 규약 등 35점을 압수하여 분석한 바 1985. 10.부터 인천에서 노동운동을 하다가 제적된 학생들을 규합하여 이북의 주체사상을 지도이념으로 하는 반제동맹당 (Anti Imperialist League Group)을 결성키로 하고 준비하는 일방 러시아 노동당 강령 초안(공산당선언) 조선노동당 강령 등을 참고로 AILG당의 강령을 만들고 이들 전위조직인 투쟁위원회 회장 박O렬(서울법대 졸업) 아래 전술 대외 선동연락담당 등 4개 부서를 두었다.

김일성 선집 등 150여권의 불온서적과 유인물 65점을 압수하고 조직원들을 연행 신문과정에 놀란 것은 이들이 의식화 학습과정에 식사 때 "어버이 김일성 수령님 감사히 먹겠습니다."구호를 외친 다음 식사를 한다는 사실이다. 규약에도 명시된 쪽지도 압수했다.

이들의 유인물을 통한 주장은

o 미일을 몰아내고 민중정권 수립하자

o 속지말자 신민당 몰아내자 양키놈

o 영구분단 획책하는 아시안 게임 저지하자

등으로 연방제 통일 방안이 가장 현실적이라고 북한의 주장과 일치하였으며, 1986. 11. 2. ~ 11. 4.까지 위장취업 중이던 문O성 (서울대인류 3 휴) 등 14명을 추가 검거하고 증거물 334점을 압수하고 같은 해 12. 1. 이적단체로 구속 송치하였다.

(6) 민주화 청년운동연합 (김O태 사건)

이 사건을 결코 재론하자는 것은 아니다. 나는 그분 생전에 화해도 했고 지금은 고인이 되었다. 재론의 의미가 없다. 다만 가끔 그 사건으로 이슈를 만들어 언론플레이를 하니까 사실대로 밝히는 방법 밖에 정도가 없는 상 싶다.

ㅇ 이 사건에 개입하게 된 과정

정확한 날짜는 모른다. 1985년 5월경으로 기억되는데 경기도경 대공분실장으로 근무처는 집무 중 경비전화를 받았다. 치안본부 대공수사단장 박ㅇ원 치안감 전화였다."나다.지금 즉시 올라와라!"하고 끊었다.

무슨 내용인지는 모르지만 상당히 급한 일인 것 같다. 나의 차로 바로 출발해 남영동을 향해 달리다 보니 경기국장에게 보고하고 가야하는데 잊어 먹었다. 비상 라이트 켜고 달리는 바람에 금방 도착했다. 수사단 현관에 들어서자 서무반장 박ㅇ효가 나를 보더니"빨리 사장실로 올라가게."사장실에 들어가니 기다리고 있었다.

지금 김ㅇ태 때문에 아주 곤경에 처해있네. 구수회의를 하던 중인지 반장들이 다 들어와 있다. 이때 김ㅇ태 수사서류를 가서 지시를 했다.

"지금부터 설명할 것이니 잘 듣게"하여 메모 준비를 했다. 김ㅇ태의 대공환경부터 이야기 하겠네.

- 큰형 ㅇ泰는 서울대학 미대 출신으로 인공시대 때 서울시청에 걸린 김일성과 스탈린 초상화를 그려 인정받고 월북하였으며,
- 둘째형 ㅇ泰는 의용군에 입대 월북하여 평성사범대를 나와 고등중학교 교사로 있고,
- 셋째 형 ㅇ泰는 의용군에 입대 월북하여 교육성 장학사로 있는데 한때 통일전선 대남공작원 후보였다는 정보가 있다.
- 숙부 金ㅇ桓은 월북하여 노동성 부국장을 역임.
- 숙모 尹ㅇ姬도 월북.

- 장인 印O起는 6.25때 강화군 교동면 인민위원장으로 부역.
- 처이모부 羅O쥬는 부역후 월북.
- 처외숙모 柳O烈은 6.25 여맹위원장으로 부역 아군에 처형.
- 외사촌형 李O틈은 내무서원으로 부역후 월북.
- 외사촌형 李O旭은 인민위원회 서기장으로 부역후 월북.

이상과 같이 대공화경은 매우 좋지 않다.

대상 金O泰는 1947. 6. 14. 생이고 경기 부천시 소사동에서 출생했고 서울대학 경제학과 재학 중 시위와 관련 제적하고 도시산업선교회 산하 인천일꾼교회에서 노동상담역으로 있으면서 학생들 가두시위에도 깊이 관여하는 것으로 판단되었다.

앞서 이야기 하였듯이 셋째 형 金O泰가 통일전선 대남공작원 후보였다는 정보에 따라 혹 남파되어 접선하고 그 영향으로 좌익활동을 하는 것이 아닌가 하는 용의점이 있어서 모기관 대공수사국에서 수사를 하였다.

위 대공수사국에서 대상을 서울시내 모처로 연행하여 신문 중 화가 난 신문관이 잘못 때려 눈이 밤퉁이가 되어 신문도 중단되고 병원에 치료 중 화해도 잘 안되는 바람에 대상에게 영향력 있는 모 신부의 도움으로 일금 700만원을 주고 겨우 합의한 사실이 있다. 그 일이 벌써 약 6개월 전인데 그 혐의는 풀어야 하므로 서울 서부경찰서에서 경범죄로 구류살고 나오는 것을 연행하여 신문한지 벌써 12일되었는데 묵비권으로 버티고 있다.

사건이 교착상태로 들어가자 여러 사람들이 간첩 잘 잡는 이근안을 부르는 것이 어떠냐고 하여 자네를 불렀으니 그리 알고 절대 강제신문은 아예 할 생각을 말게 털끝도 건드리면 안되니 명심하게.

일단 수사서류를 넘겨 받아 놓고 신문실로 올라가 처음으로 상면한 자리에서 나를 소개하고 "나는 인냇심이 약합니다. 내일 이 시간까지 시간을 드릴터이니 사실대로 진술하기 바랍니다."하는 말로 의지 표명만 하고 전에 내가 앉아서 일하던 자리로 와서 수사 서류를 검토하기 시작해서 다음날 새벽이 되어 숙직 직원과 남영동 해장국집에 가서 식사를 하고 와서 아침에 대공수사단장이 출근 하시면 서류검토 결과을 보고해야 하므로 자료들을 정리하였다. 출근한 대공수사단장실로 가서 검토결과를 보고하였다.
"검토하여 보니 대공환경은 좋지 않으나 접선했다는 근거는 없고 뚜렷한 간첩증거가 없어서 그 부분은 손댈 수 없고 12일간 묵비권을 쓰며 지키려는 것이 무엇인지 신문의 초점은 그것에 맞추어 신문을 해보겠습니다."
 박 단장은 "내가 다시 한 번 강조하지만 절대 고문하면 안되 수습이 어려우니 절대 손대지마!"하고 당부를 하여, "잘 알겠습니다." 다짐하고 나와서 다시 한 번 메모된 신문자료를 다시 한 번 보고나니 벌써 점심 때다.
 오후에 신문실에 들어가 처음 마주 앉았다. 처음에는 심사서 작성 수준이니까 출생성장 과정이나 접촉 인물이나 사상성향등을 질문과 답을 들으며 진행했다.
 접촉인물도 개별적인 사항은 이야기를 하나 여러 사람과 만난 것은 거부반응을 보여 다시 물으면 묵묵부답이다.
 나 역시 왜 그럴까? 무엇이 숨어있기에 여러 사람 만난 모임 이야기는 기억이 안 난다고 답변을 기피하는 것일까? 말문을 여는 급소가 어디일까? 무엇을 물어야 꼼짝 못하고 이야기 할까?
 나는 페턴을 바꾸었다.
 "당신이 6.25 때라면 서너 살 때인데 형들의 월북하고는 아무 관련도 책임도 없으니 신문과정에서도 증거가 없는데, 이북 관련 사항을 묻지 않겠오. 그러나 학생들을 많이 만나고 노동자를 많이 만나고 재야 인사들을 만나면서 많은 이야기가 오고 갔을터인데 왜 그 부분에 들어가면 입을 봉하는 이유가 무엇이요."

나는 약속대로 이북과 관련된 사항은 일체 묻지 않았다. 그렇다고 때릴 수도 없는 일 때리고 물어 줄 돈도 없다. 일단 항복을 받아야 그 다음 이야기가 될 터인데 좋은 방법이 없을까? 나 역시 궁리를 했다.

벌써 하루가 지났다. 그 날 점심을 먹으며 문득 생각이 났다. 경기 대공분실으로 부임하면서 앞으로 게릴라들을 싣고 기습할 AN-2기를 보지도 못한 직원들이 식별을 어떻게 할까?

눈먼 봉사에게 지키라는 꼴이다. 그래서 자료들을 만들고 이를 전시할 전시실부터 만들자 해서 내가 직접 프라모델을 주재료로 만들었다.

왜냐하면 AN-2기에 게릴라를 싣고 레이더에 걸리지 않게 낮게 저공비행하여 골프장 그린에 내릴 것에 대비해서 우리는 일몰 후에는 그린에 철선을 치게 의무화 시켰고 이를 확인 점검하기 위해 관할 대공요원들이 점검을 하고 있는데 AN-2기를 본 일이 없어 식별 능력이 없는 이 현실을 타개 하려고 이북의 군사 무기들의 프라모델을 수집 또는 제작하고 있었다.

그냥 모형뿐만 아니라 생동감 있게 탱크는 굴러가고 비행기는 프로펠라가 도는 모형품을 제작하기를 반년은 되어서야 완성단계였다. 파견명령 받고 대공수사단에 올라가서도 올라 간 날 인근 학교 부근 문방구를 돌며 PD-51(무스탕) 전투기 프라모델을 구했다. 조립하는데 2일, 페인트 칠하기 1일, 적어도 3~4일 걸릴 터인데 여기 일이 빨리 끝나야 하는데 걱정을 했다.

신문 2일째 들어갔다. 나도 돈암교 부근에서 살아서 상지회관을 잘 아는데 그곳에서 재야 인사들 만난 목적이 무엇이냐고 물으니 묵비권이다. 나는 처음 언성을 높였다. 그래도 들은 척도 안 한다.

이때 박 단장 발명품이라는 칠성판에 묶었다. 묶으면서도 자신이 없다. 이곳에서 12일간 묵비권으로 버틸 정도인데 이것가지고 되겠나 싶었다.

얼굴에 물을 뿌려보았지만 전혀 반응이 없다. 칠성판이 짧아 발이 나가 몸은 꼼짝 못하는데 발목은 자유자제로 움직인다. 실패작이다 칠성판에서 일단 풀었다.

이때 생각 난 것이 프라 모델 만들 때 경험한 전기 쇼크다. 그래서 "너 같은 놈은 전기로 지겨야 되!"하고 말로 협박하기 시작했다.

그러면서도 내가 프라모델 만들다가 쇼크 받은 것은 겨우 1.5v 짜리 더블 A (AA) 밧데리인데 시험을 해 보기 위해 내차로 가서 더블 A (AA) 밧데리를 꺼내 혀에다 대 보니 혀가 짜릿하며 떨릴 정도의 위력이라 나도 놀랐다. 그 정도면 충분하나 작은 밧데리 가지고 달려들면 가소롭게 생각할 것이므로 더구나 발에 소금물을 뿌리고 하면 더 위력적일 것이라는 판단 아래 눈을 가려 밧데리를 보지 못하게 하면 된다는 판단을 했다.

그러나 염기 작용이 되었을 때 얼마나 셀까? 궁금해 코일을 알맞게 잘라 식당으로 가서 소금물을 타서 실험해보니 놀랍다. 짜릿하며 근육이 떨었다.

차에서 도구가방을 꺼내 다 퇴근한 후 공작1반에서 용접기로 1.5V 밧데리에 코일을 용접했고 소금은 구내식당에 준비했다.

칠성판에 묶은 후 눈을 가리고 얼굴에 샤워기로 물을 뿌렸다. 그정도는 숙달이 돼서 어림도 없다. 그래서 계획한대로 밧데리로 전기 고문을 하자 어느 정도까지는 견디며 항거했다.

나는 다시 한 번 강조했다. 이북과의 연계여부는 묻지 않겠다. 그러나 지금 버티는 것은 가지고 있는 비밀 지하조직을 지키겠다는 것인데 나도 양보 못한다. 국가 보위를 위해서 그 조직만은 밝혀야 하겠다고 강조하고 전기 자극을 하자 드디어 항복을 했다. '민주청년운동연합' 조직이 세상에 드러나게 되었다.

 백지 전지를 갖다 주고 계보도를 그리기 시작했다. 이어서 배후 인사들과 지원한 자금액수를 진술했다.

 1983. 9. 30. 서울 돈암동 카토릭 상지회관에서 문O환 목사가 주선하고 함O웅 신부가 고문으로 민주청년운동연합이 발족되고 그 의장에 취임하여 각종 반정부 시위를 배후에서 조종하였다는 것이다.

 혁명이론은 NDR(National Democratic Revolution) 민족민주주의혁명이며 특히 NDR은 북한의 민족해방 인민민주주의 혁명논리와 동일하다고 설명하였다.

 조직원 중 이 혁명논리를 교육받은 사람은

 - 부의장 최O화
 - 운영위원장 김O택
 - 집행국장 이O영
 - 사무국장 박O섭
 - 부위원장 연O수
 - 사무국 대변인 김O상
 - 사무국 총무부장 천O초
 - 집행국 교선부장 서O기
 - 집행국 청년부장 김O복
 - 정책실 이O호

 등이라고 진술함에 따라

 상임위원자 김O곤

 정책실 이O호

노동현장 총책 박O식

학생총책 문O식

노동투쟁 민O열

학생회 사회부 민O홍

지역선전부 이O원

등이 검거되었다.

신문 결과 자금을 지원한 배후는

- 함O웅 신부

- 문O환 목사

- 예O호

- 박O규 목사 (도시산업선교회)

- 김O완 목사

- 이O영

- 김O훈

- 성O운

- 권O경

- 이O정 등이며,

민청연과 연계된 단체는

- 민통연 : 문O환 (박O동, 이O찬, 이O식)

- E.Y.C. : 박O철, 유O선

- 기독교 농민회 : 배O열

- 영등포 도산 : 이O복

- 인천 도산 : 김O택

- 목사단 : 김O완, 라O기

- 한국교사협 : 조O기
- 카토릭 학생회 : 멜
- 명동천주교 청년회
- 카토릭 농민회 : 서O원
- J.O.C.
- 카토릭 정평위 : 문O주
- 정의구현사제단 : 김O훈 신부
- 민문협 : 김O철(채O석, 최O화, 김O민)
- 자유실천문인협 : 양O우, 채광O석,
- 민주언론운동협 : 송건O호
- 한국노동자복지협 : 방O석

혁명노선으로 북괴의 민족해방 인민민주주의 혁명논리로

o 한국사회의 주요 모순관계를 파악하는 과정은

- 미제 신식민지적 상태에 있어 민족적 모순과 계급적 모순이 동시에 존재한다.
- 외세와 결탁한 매판 자본가 지주 반동관료배편과 노동자, 농민 등 민중편으로 둘 사이의 기본모순.

o 혁명방법으로는

- 노동계급이 영도하고 노동동맹에 기초한 인민민주정권을 창출하고 노동계급의 지도에 따라 사적 소유제를 폐지하는 사회구조로 개조해 나가는 사회주의 혁명을 곧이어 수행해야 한다.

o 혁명의 주도 세력은

- 노동자 농민이 주력군이고 진보적 청년학생 지식인 및 도시 소자본계급 애국적 민족자본가 등의 계급이 보조 역할을 한다.

- 현 한국상황에서는 진보적 청년학생들의 역할비중이 높다.
o 당면 투쟁형태는
- 반제 반파쇼 민주화 투쟁

  * 미제를 첫째가는 투쟁대상으로 주공방향으로 규정하고 외세에 발 붙어사는 국내 매국세력을 투쟁대상으로 한다. 등의 신문내용과 민주화청년운동연합 조직계보도를 작성하여 수사단장에게 제출하고 신문착수 3일만에 신문완료하고 인천근무지로 복귀하여 상사에게 보고하고 일상으로 돌아간 지 3년 반이 지나도록 말 한마디 없었다.

  인터넷상의 기록들을 보면 남영동 수사단에서 신문받은 기간 22일이었나 본데 그 내용은 모르겠고 내가 신문한 기간은 2박 3일간이었다.

〈 사건보도와 〉

1988. 12. 24. 세계올림픽경기가 끝나던 그해 크리스마스 이브 날 석간신문에 각 신문마다 "고문기술자 이근안"으로 일제히 보도되었다.

그날 저녁 어두워지자 치안본부 대공수사단장 박O원 치안감이 급거 경기도경대공분실이 있는 수원으로 내려와 분실근처 노상에 주차한 박 단장 승용차 안에서, 박단장으로부터 노태우 정권하에서 일제히 풀려난 재야세력들이 다시 결속한 가운데 모 언론단체가 주가 되어 각 신문 TV 언론 매체들이 일제히 포문을 열어 쉽게 가라앉지는 않을 것 같다.

문제는 김O태 사건을 왜 경기도경 대공분실장이 와서 신문을 했느냐가 쟁점인데 누구의 지시였나가 초점이 되는데 그렇게 되면 조직이 와해될 수도 있다.

"조직을 살리는 방법은 자네가 일단 사표내고 잠적을 해라. 그리하면 수습을 해 보겠다."는 말에 알겠습니다."가족을 부탁합니다."는 말 한마디 하자, 박 단장은 패스포트에서 십만원 짜리 수표 두 장을 꺼내 주며 준비

없이 와서 돈이 없다는 말에 기분이 확 상해 그 수표를 집어던지며 그 만한 돈은 제게도 있습니다 퉁명스럽게 말하고 나왔다.

〈도피생활〉

박 단장과 헤어져 나오면서 일단 나의 사무실로 와서 집으로 전화를 하여 급한 일이 생겼으니 돈을 있는대로 구해서 가지고 오도록했다. 저녁 10시 가까이 되어서 아내가 돈 300만원을 구해가지고 내려왔다. 자초지종 이야기를 해주고 잘 극복해달라고 당부하고 사표와 경찰신분증은 서무주임에게 맡기고 가방 하나 들고 택시로 수원역으로 나와 부산행 완행열차에 입석으로 승차하여 그 칸 제일 끝의자와 벽 사이의 약간의 공간에 끼여 모자를 푹눌러 쓰고 자는 척 고개 숙이고 있다가 열차의 연결부분 통로에 나가 서 있다가 추우면 다시 차내로 들어와 섰다가 김천에 가서 자리가 나서 앉아서는 모자를 눌러 쓰고 고개를 숙인 채 새벽에 부산역에 도착 부산역 광장 좌측 아리랑 호텔 옆 샛길의 김밥 집에서 김밥으로 요기를 하고 김밥 2줄은 싸서 들고 도보로 용두산 공원을 향해 걸었다. 충무로에 오니 옛날 김해중학 다니며 고학하던 생각을 하며 충무로를 지나 용두산 공원에 이르니 겨울의 공원에 한가로이 쉴 공간도 없다. 용두산 오르는 계단에 앉아 있다가 광장 벤취에 앉아 있다가 배회를 해도 시간은 가지 않고 하는 수 없이 시청 앞으로 내려와 버스를 타고 부산진역에 와서 동해경부선을 타고 영주까지 와서 영주 장날이라 장터에 다니며 난전에서 국수를 사먹고 강릉발 청량리행 열차를 타고 청량리에 도착하니 새벽이라 역전에서 요기하고 시간 보내다가 중앙선을 타고 부산 방향으로 내려갔다. 그렇게 열차만 타고 2주간 도피 행각을 하니 한계가 왔다. 몸에서 냄새가 나서 도저히 견딜 수가 없다. 그렇다고 여관이 나 여인숙 잠은 극히 위험한 것을 아는 지라 들어갈 수는 없어 도리 없이 거리를 헤매는 것인데 보도는 연일 터졌다.

　박 단장의 말대로 모 언론단체가 주도적으로 하던 각 언론사는 꼼짝 못하고 오늘은 어느 신문 내일은 어느 언론사 정해놓고 보도를 한다는 말을 들었다.

　나는 중대 결정을 하지 않으면 안 되었다. 이때 당뇨의 조갈증이 심해 역의 화장실 수도꼭자룰 물고 한없이 물을 마셨다.

　간첩을 잡으러 다닐 때는 변장도 잘 했지만 내가 도피자가 되니까 의욕이 상실되어 변장한다는 생각 자체를 못했다.

　집으로 들어가는 방법 이외는 없었다. 설마 이근안이가 집에 숨어있겠는가? 하는 생각들을 대부분 할 것이니 오히려 안전할 수 있다.

　집으로 들어가기로 결단하고 서울행 기차를 부산에서 탔다. 서울에 도착하니 대낮에 들어갈 수는 없고 시내 재생관 극장에 가서 시간을 보냈다. 밤 11시쯤 집부근 지나며 동정을 살펴보니 아내가 경영하는 미장원에 집중 매복들을 하는데 기자들이 많았고 경찰팀도나와 있고 검찰수사팀도 나와 있는 것이 보였다. 살림집에서 전면에만 승용차를 대 놓고 자는 직원들이 많아 새벽이 안전한 시간이었다. 집 뒤쪽 골목으로 들어가 담치기로 넘어 집으로 들어가 막내 아들이 자는 방으로 접근 부르니 깜짝 놀라며 문을 열어 주어 집으로 들어가는데 성공했다.

　우선 창고방 짐을 정리하여 속에 공간을 만들고 문을 열고 제일 아래 중앙의 박스 하나만 빼면 들어갈 수 있고 그 박스를 제자리에 막고 안에서 빗장을 질러 밖에서 뺄 수 없게 만들었다.

　그런데 문제가 생겼다. 그 속에서 담배를 피우니까 창고방 문만 열면 담배 냄새가 진동하여 금방 알 수 있다는 이야기다. 그래서 나는 담배를 끊었다.

그런데도 수색을 하면 들통이 날 것 같아 새로운 모색을 했다. 목욕탕 다락을 통해 천장 속을 살펴보니 합판 반장 정도를 오리면 밀실이 하나 마련 될만한데 한 가지 결점은 스라브집이라 천장이 낮아 엎드려 있어야 한다.

두 번째 결점은 바퀴벌레가 너무 많다. 그거야 약 뿌리면 없어지겠지 했다. 그러나 약을 뿌리면 그때 뿐이다. 고민이었다.

박O철 사건으로 국민 여론이 최악의 상태와 맞물려 어찌해 볼 도리가 없다. 더구나 언론단체가 주도하는 것이어서 전체 언론사들이 단합하여 하는 양상이라면 중과부적(衆寡不敵)이라 박 단장도 속수 무책인가 보다. 그러니 답답한 마음에 아내를 박 단장에게 보내봐도 "조금 더 기다리라."는 답변 뿐이었다.

박 단장이 어떻게 수습하겠지 하는 기대도 삭혀지기 시작했다. 보내봐야 꼭 같은 대답 뿐이라 기대도 사라져 갔다. 한 달이 일 년이 되고 일년이 3년 되는 사이 박 단장 스스로 내게 이래라 저래라 말 한마디 없이 내 아내가 찾아간 것도 두 세 차례에 불과 하지만 찾아가면 그렇게 냉대하였다는 말에 마음이 상했다.

그래도 대공의 우상인 그분 말이라면 죽으라면 죽을 정도로 충성을 다했건만 이젠 토사구팽(兎死狗烹)이라 옛 말이 그른 것이 없다.

박 단장이 수습해주리라 믿고 기다린 세월이 한 달이 일 년 되는 사이 가정은 파탄에 이르렀다. 아내가 경영하는 미장원에는 기자 아니면 수사기관원이나 북적대니 손님이 끊기고, 경제가 어려워지자 결국 문을 닫고 동리에 있는 조그만 빌딩 청소부로 일을 했다.

내가 도피할 때 막내아들이 초등학교 5학년이었는데 벌써 중3이 되었다. 어느 날 학교 담임선생이 불러 아내가 학교에 갔는데 지금의 상황에서는 아무데도 진학을 할 수 없다는 말을 듣고 와서 울기만 하는 것을 바라보며 죽고 싶은 심정이었다.

　천장에서 내려가 막내아들을 앉혀놓고 설득을 했다. "아버지가 그간에 해 온 일이 개인의 일을 한 것이 아니라 이 나라 보위를 위해서 사명감을 가지고 해 온 일이라는 것 너도 잘 알지 않느냐 정권이 바뀌니까 역적으로 바뀌어 이 수난을 겪는 것 너도 잘 알지 않느냐 너의 성적이 나뻐서 진학이 어렵다고 하니 이게 웬말이냐 심기일전 해서 아버지도 도와 줄 것이니 우리 한 번 해보지 않겠느냐 내가 영어와 수학을 도와 매일 가르켜 줄 것이니 암기과목은 네가 열심히 하거라 그리하면 좋은 결과가 있을 것이다."라고 설득하자 열심히 하겠다고 약속을 받았다.

　그 후 7~8개월 열심히 한 후 서울 북공고에 응시했다. 수석 합격이라는 영광을 얻어 3년간 등록금 면제라는 장학생이 되었으나 기자와 수사요원들이 수시로 수업 중에 불러내는 바람에 학업에 의욕을 잃고 방황도 했다.

　나 역시 박 단장만 기대하고 기다릴 것이 아니라 나의 새로운 삶이 필요했다. 그 역경 속에 아버지가 그리웠다. 화 내는 것 한 번 보지도못할 정도의 학자풍의 조용한 분이셨다. 어려운 일 있으면 늘 기도하시던 그 아버지가 그리웠다. 이미 소천하신지 20년이 넘는 그 아버지가 선했다. 천장 속에서 바퀴벌레와 동거한지도 벌써 몇 몇 년 당신이 보시던 성경을 우연히 집에서 발견 그것을 어루만지며 아버지를 동경하면서 뜻도 모른채 읽다 보니 버리지 못할 귀한 말씀들이라 통독을 시작했다.

　천장 속에서 다른 책 볼 일은 없었다. 마음에 드는 귀한 말씀들은 노트에 쓰기 시작했다. 11년간 칩거(蟄居)하면서 귀한 말씀 구절을 골라 쓴 것이 3,400여개에 통독 70독을 하고 나니 속칭 예수쟁이가 되었다. 모든 것을 포기하게 되니 신앙에 의존하게 될 수 밖에 없었다.

〈 자 수 (自首) 〉

 1999년 10월 21일 경찰의 날 행사 뉴스를 들은 뒤에 나온 슬픈 소식이었다. 경기도경 대공분실에서 신명을 받쳐 일하던 옛 동지 3명이 구속되었다. 내가 안 잡히자 부하들을 잡아넣으면 내가 나온다는 관측을 한 모양이다. 내가 나가서 내가 책임질 일이라는 것을 말하지 않으면 나를 믿고 일한 저 직원들이 희생을 치루게 되기 때문에 나는 자수하기로 마음을 먹는다.
 내가 나가지 않으면 저 직원들도 박 단장처럼 버린 자식이 된다. 그것은 치욕이다.
 내 몸이 열쪽이 나는 한이 있더라도 나가서 모든 책임은 나에게 있다고 해야 저 직원들을 구할 수 있다고 결론지었다.
 같은 해 10월 25일 자수할 마음을 먹었는데 이틀 후면 막내 아들이 육군 사병생활을 마치고 제대하고 오는 날이다. 아내가 막내아들을 보고 자수하라고 애원이다. 나는 신경을 써서인지 그날부터 몹시 심하게 아팠다.
 막내아들이 제대하고 왔다. 막내아들과 둘째 아들, 그리고 아내가 함께 앉아 아픈 몸이나 완쾌하면 자수하라고 권해서 그리하기로 하였다. 10년 11개월 두더쥐 생활 했어야 박 단장으로부터 안부 한번 들어보지도 못했으니 일할 때만 애국이니 국가 보위니 하지 이제는 씹다버린 껌의 신세가 아닌가 애국도 눈치를 보며 해야 하는 세상이 되었구나 나는 박 단장처럼 구속된 직원들을 버릴 수는 없었다.
 1999년 10월 29일 20:20경 두 아들과 같이 집에서 나와 큰 길에서 택시를 타고 우리 직원들이 구속되어 있는 서울지검 성남지청에 도착하였다. 성남지청 정문은 잠겨 있고 옆의 작은 문으로 들어가닌 젊은 직원 2명이

TV드라마를 열심히 보느라 누가 들어오는지도 관심이 없는 듯 쳐다보지도 않는다.

"자수합시다."하자 쳐다 보지도 않고 말로 "무슨 자수요."한다. 나는 주민등록증을 책상 위에 내 놓자 드라마만 쳐다 볼 뿐 손만 내 밀어 주민등록증을 집어다 보는 순간 벌떡 일어서며 옆의 직원에게 제시하며 "야!"하자 그 직원도 주민등록증을 보더니 TV를 끄며 벌떡 일어서자 직원 하나는 급히 안으로 들어가더니 다른 사람과 같이 2층에서 내려왔다. 2층에서 내려 온 분이 당직 검사였다. "잘 하셨습니다 올라가시죠!"2층 검사실에 들어가니 냉장고에서 박카스 한 병을 꺼내주며 앉으라고 권하여 앉자, 옆 방으로 가더니 어디론가 전화를 하는 모양이다. 조금 있으니 부장검사가 들어오고 차장검사, 지청장까지 들어왔다.

자수한 지 불과 20분 검사가 창 밖을 보며 "앗따!"하고 탄식하는 소리에 나도 일어나 내다 보니 현관 앞에 버스 3대가와 서 있는데 버스 지붕에는 스포트 라이트가 현관을 비추고, 기자가 수 백명이 와 인산인해다. 검사실 TV에 화면 밑으로 "속보 이근안 자수!"하고 자막이 나오는 것을 보고 언제 누가 어떻게 언론사에 전파하였을까? 참으로 궁금했다.

서울지검 강력부로 압송하라는 지시가 떨어진 모양이다. 서울지검에서 압송팀이 10명이 출발했으니 조금 기다리라며 앉으라고 하여 앉아서 기다리자 압송팀이 도착했다.

현관에 포토라인이 설정되고 압송팀 계호를 받으며 현관으로 나가 기자들 질문에 "검찰에서 사실대로 밝히겠다."는 답변만 하고 호송 승용차에 승차하는데 밀고 당기고 겨우 승차하여 보니 내 잠바가 갈기 갈기 다 찢어졌다. 성남지청에서 출발하여 서울지검에 도착하기 까지 취재 차량들과 앞서거니 뒤서거니 자동차 레이스 하는 것처럼 너무 야단이다.

나는 告白 한다

(이제 나는 말을 한다)

4. 길고도 긴 터널 A, B

국가보위를 위해 애국하다가 도망자 되어 음지에서 11년간 도피하다가 자주하여 7년의 옥고를 치루고 18년만에 나오는 길고도 긴 터널이었다.

(1) 김O태 전 장관 신문경위

1985년 5월경 치안본부 대공수사단장 박O원 치안감으로부터 급거 상경하라는 파견명령을 받고 급거 상경하여 서울 용산구 남영동 소재 치안본부 대공수사단에 도착하였다. 당시 나의 직책은 경기도경찰국 대공분실장 경감이었고 근무지는 인천이었다. 박 단장으로부터 지시받은 사항은 대공상 용의점이 있는 김O태씨를 연행해 조사하고 있으나 12일간 묵비권을 쓰고 있어 간첩을 잘 잡는 자네를 불렀다고 하였다. 박단장으로부터 들은 두 가지 용의점은 첫째 친형 3명과 숙부 숙모가 6. 25 때 부역후 월북하였는데 셋째 형이 남파공작원 후보로 중앙당에 소환된 바 있어 남파가능성이 있어 접선하였을 가능성이 있고 둘째 재야 거물로 지하조직과 관련성과 시위 조정가능성이 있다는 것이다. 참고사항으로 약 6개월 전 안기부 대공수사국 요원들이 연행 신문과정에 눈을 잘못 때려 병원에 입원시키고 합의가 잘 안되어 어려움을 겪다가 모 신부의 설득으로 치료비 700만원을 주고 합의 한바 있으니 절대 강압신문은 하지 말라는 지시를 받았다. 그간 수사한 자료 두 권을 넘겨받아 철야 검토한 바 있다. 먼저 조사된 대공환경조사서를 보았다.

친가의 대공환경은,
- 큰형 김O태는 6. 25 당시 인공치하에서 대형 김일성 스탈린 초상화를 그려 인정받고 월북하였고
- 둘째 형 김O태는 6. 25 때 월북하여 평성사법대를 나와 고등중학교

교사였고
- 셋째 형 김O태는 의용군 입대 월북하여 교육성 장학사로 한때 통일전선부 대남공작원 후보였고,
- 숙부 김O환, 숙모 윤O희는 월북하여 숙부는 인민경제대학을 졸업한 후 노동성 부국장을 역임하였다.

처가의 대공환경은
- 장인 인O기는 강화군 교동면 인민위원장으로 부역하였고
- 처 이모부 라O채는 6. 25 때 월북하였고 외가의 대공환경은
- 외숙모 유O열은 6. 25 때 여맹위원장으로 부역후 아군에 의해 처형되었고
- 외사촌 이O창은 6.25 때 내무서원으로 부역후 월북하였고
- 외사촌 이O욱은 6. 25 때 인민위원회 서기장으로 부역후 월북하는 등의 대공환경이었다.

나는 김O태씨와 마주 앉아 단도직입적으로 선을 그었다. 6. 25 당시 어렸으므로 월북한 형들과의 연계를 추궁하기에는 아무런 증거가 없는데 12일간 묵비권으로 지키려는 것이 조직이라 판단하고 대북관계는 논하지 않을 것이나 국가보위상 지키려는 조직은 반드시 진술할 것을 요구 하고 하루의 여유를 주었다.

그러나 아무 소용이 없어 몇 시간 슬갱이 하다가 하는 수없이 물리적인 힘을 가했다. 샤워꼭지로 물을 뿌려보고 물리적인 힘을 가해도 소용이 없었다. 12일간 버틴 사람이 손 쉽게 내놓을리는 없고 그렇다고 상처나면 뒷수습이 곤란하고 생각 끝에 전기고문을 생각했는데 한전 전기가 아니라 밧데리였다.

경기 대공분실장으로 부임하면서 전시실을 만들면서 AN-2기나 PD-

51(무스탕 : 6.25 참전 전투기)기 모형기를 만들어 AA (2A)1.5V 의 위력을 알기 때문에 소금물을 붓고 대면 위력이 배가되므로 충격을 주는 데는 충분하나 눈으로 보면 우습게 볼 것이므로 눈을 가리면 속일 수 있을 것이라는 판단하에 밧데리 2개를 구입하여 코일로 실험해보니 위력적이었다.

박 단장의 발명품이라는 칠성판 위에 묶고 눈을 가리고 소금물을 발가락에 붓고 밧데리를 대는데 약 한 시간 전부터 전기로 지져야 한다고 말로 겁을 주다가 막상 시행하니 효과적이었다 얼마 못가서 자백을 하였다.

'민주청년운동연합' 조직을 실토한 후는 실타래 풀듯 진술하고 계보도를 그리고 배후도 진술하고 본인이 가지고 있는 혁명논리도 진술하였다.

다만 시행착오는 칠성판이 짧아 발목이 밖으로 나가 고통에 비벼 아킬레스근 부분에 상처가 난 것을 전혀 몰랐다.

나는 진술내용을 정리하여 도표를 그리고 계보도도 만들어 박 단장에게 보고하고 상경 3일만에 신문을 마치고 임지인 인천으로 돌아가 일상으로 돌아갔고 그후 3년 반이 되도록 아무 말이 없었다.

(2)도피 경위

1985. 5.경 치안본부 대공수사단장 박단장으로부터 파견 명령을 받고 근무처인 경기도경 대공분실(인천)에서 급거 상경하였다.

상명하복 그 명령은 안 들을 수도 없는 절대 명령이다. 그간의 수사한 서류를 검도하기를 만 하루 걸렸다.

심사결과 월북한 형들과 연계하였을 가능성 보다는 치안 본부 대공수사단에 연행되어 와서 12일간 신문을 받으면서 묵비권으로 버티었다는 것은 대단한 의지력을 가진 것으로 판단하고 그토록 지키려는 것이 무엇일까? 심사숙고 해 보았다.

접촉인물을 신문해보니 모두 재야 인사들이다 그들이 만나는 것은 무엇인가 목적이 있다. 그 목적 수행을 위해서는 개인이 아니라 어떤 조직이 있을 것이라는 결론을 얻었다.

그렇다면 지키려는 것은 그 조직의 정체일 것이다. 초점을 그것에 맞추어 신문 결과 적중하여 '민주청년운동연합'이란 조직을 밝히고 상경 3일 만에 인천 근무지로 복귀하였다.

그후 3년 반 동안 아무 말 없이 5년의 형기가 확정되어 홍성교도소에서 복역 중 형기 3년 반 정도 살았을 때였다.

노태우 대통령의 양심수라는 이름으로 수감 중인 재야세력들이 특사로 모두 풀려 석방되자 그들이 다시 결속하는 계기가 되었고 그 과정에 당시 신문했던 장본인이 이근안이라는 것을 한겨레 신문 기자를 통해 알았다고 한다.

1988년 12월 24일 세계올림픽경기가 끝나던 그해 크리스마스 이브 날 저녁 석간신문에 '고문 기술자 이근안'이란 타이틀로 언론에서 일제히 보도되었다.

당시는 경기도경과 인천시경이 분리되면서 경기도경이 수원으로 이전하였고 경기 대공분실은 수원시 권선구청 별관을 빌려 쓰고 있을 때였다.

석간 신문에 일제히 보도되던 그날 저녁 치안본부 대공수사 단장 박처원 치안감이 경비전화로 저녁에 수원으로 내려오겠다며 위치를 물어 수원시 권선구청이라고 하고 기다렸다.

얼마후 일반전화로 도착하여 분실 옆 이면도로에 주차시켰으니 차로 오라고 하여 갔다.

차에 승차하여 이야기를 나누었다. 박 단장은 침통한 어조로 정권이 야당으로 넘어 가게 되니 이런 일이 생긴다며 모 언론단체가 주동이 되어 언론기관 전체가 들고 일어나 당분간 수습이 어려울 것이라고 하였다.

문제는 치안본부 대공수사단 사건에 경기도경 대공분실장이 와서 신문을 하였느냐는 것이다. 누가 시켰느냐는 것이다. 자네가 들어가면 자연히 내가 거명이 될 것이고 대공조직은 와해될 것이니 조직을 살리기 위해 자네가 사표를 내고 일단 피해있으면 당신이 수습해 보겠다는 것이다. 사면초가(四面楚歌)다. 내가 결단하는 수밖에 없다. 제가 희생하는 수밖에 별 도리가 없군요. 알겠습니다. 가족이나 돌봐주세요. 이때 박 단장이 패스포트를 꺼내 10만원짜리 수표 2매를 주면서 "오늘 준비없이 와서 돈을 마련 못했다"는 말을 하기에 나는 손으로 밀며 거절했다. 비위가 상했다. 도피시키러 오는 사람이 겨우 20만원 주며 도망가라고… 나는 "내게도 그만한 돈은 있어요." 하며 수표를 던지고 차에서 내려 사무실로 돌아와 아내에게 전화로 "아주 급한 일이니 돈을 구할 수 있는대로 구해서 속히 내려오라"고 이르고 기다렸다.

수사할 때도 급하다면 간첩 잡아서 포상금 타면 갚는다고 돈 갔다 쓴 돈이 수도 없다. 당시는 수사비 신청하면 95%는 과운영비로 쓰고 수사요원들에게는 10원 한 장 지급되지 않던시절이다. 간첩 잡아서 포상금 타봐야 높은 사람들에게 진상하고 외상값 갚기도 빠듯하거나 부족했다.

(3) 도망자

밤10시가 돼서야 아내가 내려와 자초지종 설명하자 낙심하여 울고 있다. 돈은 300만원만 급히 빌려 왔다며 건강 해치지 않게 잘 피신하라고 한다. 나는 시간이 없어 챙겨놓은 가방을 들고 서무주임을 불러 사표와 신분증을 내일 제출하라 이르고 택시로 수원역에 도착하여 무조건 부산행열차를 타고 보니 완행열차로 크리스마스이브라서 그런지 승객이 너무 많아 서 있기조차도 불편했다. 모자가 필요했다. 얼굴 가리는 데는 제일 필요한 것이 모자, 마스크였다. 전에 간첩 잡을 때야 변장도 잘 했지만 내가 도망자가 되고 보니 의욕이 상실되어 생각지도 못했다. 고작 생각한 것이 모자, 마스크, 목도리였다 얼굴 가리는 데는 그만이다.

새벽녘에 부산역에 내려 아리랑호텔 옆 골목에 김밥 집이 눈에 보여 그리로 갔다. 마침 손님은 아무도 없다 들어가 한 줄을 우동국물에 먹고 한 줄은 사서 가방에 넣고 걸었다.

6.25때 김해 피난시절 고학하면서 충무로 남포동 국제시장에 미제물건 구입하러 많이 다녀 그 일대 지리는 눈감고도 알기에 옛날 생각하며 걸었다. 충무로를 지나 용두산 공원으로 올라갔다 겨울이라 썰렁했다.

광장 벤취에 앉았다가 추워서 다시 충무로로 내려와 남포동 시장 골목에 들어가 보았으나 이른 시간이라 아무 것도 없다. 자갈치 시장통에 해장국집에 들어갈까 말까 망설이다 김밥을공연히 먹었다 싶다. 자갈치시장에서 배를 타고 영도로 건너 갔다가 둘러보고는 영도다리를 건너 걸어서 충무로로 나와 남포동 시장 입구에서 마스크와 모자 그리고 머플러도 하나 사서 목에 두르고 마스크까지 하니 웬만해서는 얼굴을 알아보기 힘들거란 위안 속에 부산진역으로 버스를 타고 나와 동해경부선 열차를 타고 영주로 오니 마침 장날이라 장터 이곳 저곳을 헤매다가 국밥 집에 들어가 한 그릇 먹어보니 구수하니 맛이 있어 한릇 다 먹고는 강릉발 청량리 열차를 타니 마침 자리가 있어 머플러를 두르고 잠을 청해 실컨 자고 일어나니 제천이다. 생각 끝에 집 주변을 한 번 살펴보고 싶어 새벽에 청량리에 도착하여 용두동까지 걸어 먼발치에서 살펴보니 미장원에도 지키고 집앞에도 잠복하는 차량이 보여 다시 청량리로 나가 완행열차를 타고 중앙선으로 부산진 역에 이르니 저녁무렵인데 아직 여관이나 여인숙은 제일 위험한 곳이라 다시 열차를타고 경부선으로 서울로 오다가 대전에서 내렸다.

내린 이유는 갈증 때문이다. 물이 먹고 싶다. 대전역 화장실로 들어가 수도꼭지에 입을 대고 얼마를 마셨는 지 배가 부르고 트림까지 했다.

이때부터 당뇨병증이 나타난 것 같다. 열차만 타고 2주간 다니다 보니 한계가 왔다. 몸에서 냄새가 나서 못견디겠어서 집으로 들어가는 수 밖에 이렇게는 오래 버틸 수가 없다고 결론 짓고 집주변을 다시 정밀 탐사를 하기로 하고 상경했다.

집과 미장원이 불과 50m가량이라 옆길로 지나며 보니 집에는 3명인 것으로 보아 검찰 수사팀이고 미장원 앞에 차에서 자고 있는 팀은 기자들 같고 경찰수사팀은 왔다가는 가는 모이다 그래서 집 뒤로 월담하면 들어가는 데는 문제가 없을상싶다.

그날은 청량리 역 대합실로 가서 스팀 옆에 기대고 있다가 밤 2시 넘어서 슬슬 걸어서 동부시립병원 담장을 끼고 뒤로 접근하여 살펴본 후 월담하여 망내가 쓰고 있는 창가에 가서 노크하고 작은 소리로 부르니 깜짝 놀라 문을 열어주어 들어 가는데 성공했다.

집으로 들어 온 이유는 노숙자 스타일로는 오래 견딜 수가 없고 설마 이근안이가 집에야 숨어 있겠는가? 하는 생각들은 다 할터이니 그것이 안전할 수 있다는 생각을 했다. 나는 두 아들을 데리고 창고 방의 짐을 정리했다. 짐을 엇갈려 쌓아 속에 숨을 공간을 만들고 방문쪽으로 제일 밑에 상자를 빼고 들어가 그 상자로 막고 안에서 막대를 꽂으면 걸려서 안 빠지도록 설계하여 만들었다. 아내가 보자고 하여 나갔더니 "당신 그렇게 숨으나 마나에요. 창고방 문만 열면 담배 냄새 때문에 금방 알겠어요." 하는 말에 결단하여 담배를 끊었다.

그런데 수색을 하면 들통이 날 것 같은 예감에 새로운 모색을 하여 목욕탕 다락으로 천장속을 보니 합판 반장 정도면 은신처가 되겠기에 아들에게 합판을 사오게 하여 작업을 하여 천장에 은신처를 만들었다. 그러나 문제가 있었다. 바퀴벌레가 너무 많아 F킬라 스프레이로 뿌리는 것으로는 한계가 있었다. 그리고 스라브 집이라 천장이 너무 낮아 엎드려 있어야만 하니까 너무 불편하다. 여름에는 너무 덥고 겨울에는 너무 춥다.

내가 판단하기에도 박O철 치사사건으로 국민여론이 최악이어서 어찌할 도리가 없나보다. 박단장 말대로 모 언론단체가 주도하는 것이어서 전체 언론사들이 단합하여 하는 양상이라면 중과부적(衆寡不敵)이라면 박단장도 속수무책일 것이다.

그러니 답답한 마음에 아내를 박 단장에게 보내봐도 "조금만 더 기다리라."는 답변 뿐이었다.

박 단장이 기다리라는 것도 한 달이 일 년되고 일 년이 삼 년되었는데 박 단장이 말 한마디 없으니 마음은 이미 떠난 것 같았다.

아내가 찾아간 것도 불과 두세 번이지만 그렇게 냉대하더란 말에 참으로 불쾌하였지만 10만원 짜리 수표 두 장 주면서 도망가라고 한 것부터 계획적이었던 것 같다. 거절한 것이 참 잘했다 싶었다.

대공의 우상인 그분 이야기라면 죽으라면 죽을 정도로 충성 했건만 이젠 토사구팽(兎死駒烹)이라 옛말이 그른 것이 없는 것 같다. 주인 명령에 따라 죽을 힘을 다해 토끼 사냥을 했는데 가마솥에 물을 끓여 사냥개를 잡아 먹는다는 말이다.

박 단장이 이제껏 하는 것이 꼭 그런 것 같다. 가정 경제는 파탄이 왔다. 미장원에는 수사기관원 아니면 기자들만 들벅이니 손님이 있을리 없다.

결국 폐업을 했다.

주거지 인근에 있는 빌딩 청소부로 일하면서 밤으로 온 동네를 다니며 깡통, 빈병, 파지 등을 주워다 고물상에 팔아 생계를 유지해 갔다. 내가 도피할 때 막내 아들이 초등학교 5학년인데 이제는 중3이 되었다. 어느 날 막내 담임 선생님이 불러 학교에 갔다 오더니 아내가 울고 있기에 연유를 물으니 지금 성적으로는 고등학교 진학이 어렵다는 것이다.

다 내 탓이었다. 하는 수 없이 막내와 마주 앉아 이야기 했다. "아버지가 그간 해온 일이 개인을 위한 것이 아니라 이 나라 안보를 위해서 사명감을 가지고 해 온 자랑스런 일 아니냐 정권이 바뀌니 이제는 역적 취급하는 것은 아버지 잘 못이 아니지 않느냐, 그렇다고 너마저 사기가 떨어져 고등학교 진학도 못한다면 말이 되는가? 이제 심기일전해서 공부를 하거라 지금도 늦지 않다. 아버지도 도와 주마 영어 수학은 아버지가 가르쳐 줄 것이니 암기과목은 네가 책임지고 해라 그러면 좋은 결과가 있을 것이라고 설득하자 다짐한다.

다음 날부터 열심히 했다. 그리고 서울 북공고에 응시원서를 내고 입시를 치루었다. 놀라웠다 수석합격으로 3년간 등록금 면제의 혜택을 받았다. 그러나 그 기쁨도 잠시 수시로 수업 중에 기자, 기관원들이 불러내어 아버지 어데있냐며 유도 신문하는 바람에 사기가 떨어져 공부를 포기하다 싶이 하였다. 나 역시 박 단장만 기대하고 기다릴 것이 아니라 나의 새로운 삶이 필요했다.

생각지도 않게 20년 전 돌아가신 아버지가 그리웠다. 교회에 가자고 하시면 시험 때라고 거짓 말하고 시합있다고 하고 거짓말로 모면했다.

어려운 일이 있으면 늘 기도하시던 아버지 그 아버지가 그리웠고 공교롭게도 그 시기에 아버님이 보시던 발견 천장 속에서 뜻도 모르고 읽기 시작해서 버리지 못할 귀한 말씀에 심취하여 마음에 드는 성구는 노트에 쓰기를 10년이요. 통독이 생활이 되고 10년을 극복하는 명약이 되어 70독을 하였다.

11년 칩거(蟄居)하면서 극복할 수 있었던 원동력은 통독이었다. 마음에 드는 성구도 필사하였으니 말이다. 자연 상말로 예수쟁이가 되었다. 하나님 말씀에 심취하니 마음이 그렇게 평화로웠다.

그러던 중 요한 일서 1: 9말씀이 마음에 꽂혔다. "우리 죄를 자백하면 죄를 사하시며 모든 불의에서 우리를 깨끗케 하신다."이 말씀을 마음에 새기며 자수하기로 마음을 정리해 나갔다. 하나님께서는 제 마음을 아시는지 하나의 계기를 만들어 주셨다.

1999년 10월21일 경찰의 날 행사를 TV로 보았는데 뉴스에 경기대공분실에서 많은 사건을 하면서 나의 분신처럼 일하던 동료 3명을 검찰에서 구속하였다는 보도를 듣고 쇼크로 누웠다.

저들이 책임 질 일이 아니라 내가 나가서 내가 책임진다고 해야 풀릴 것임을 나는 안다. 더 이상 지체할 일도 아니다. A4용지에 다른 말 쓸 이유도 없다. 박 단장에게 "나는 버림을 받았지만 나는 동료들을 버릴 수 없어서 오는 10월25일에 검찰에 자수하겠습니다."라고 써서 아내에게 박 단장집에 갔다 주고 오라고 시켰는데 일언 반구도없었다.

그런데 그날부터 누워서 끙끙대며 앓았다. 그리고 막내 아들이 육군 복무를 마치고 10월27일 제대하고 귀가 하는 날이라 아내가 막내나 보고 들어가라는 권유를 듣기로 하고 기다렸다.

10월27일 막내가 제대하고 돌아오고 둘째 아들 내외랑 온 식구가 저녁회식을 하고 가족회의를 했다. 그 자리에서 막내가 "아버지가 들어가셔야 이 문제가 해결되지 그대로 계시면 끝이 없으니 들어가셔요."하기에 그렇지 않아도 들어가려고 하였는데 네가 제대하고 온다기에 보고 들어가려고 기다렸다 10월 28일에 들어갈 것이다.

(4) 자 수

1999년 10월 28일 20:20경 두 아들과 함께 택시를 잡아 타고 성남지청에 도착하여 두 아들이 바라보는 가운데 검찰 숙직실로 들어갔다.
젊은 직원 2명이 TV드라마를 열심히 보고 있기에 "자수합시다!"하였으나 쳐다보지도 않고 "무슨 자수요!"하기에 나의 주민등록증을 책상 위에 내놓자 TV를 보면서 손만 뻗어 집어다가 보더니 깜짝 놀라며 벌떡 일어서며 자기 동료에게 "야!"하며 주민등록증을 동료에게 건네주고는 2층으로 뛰어올라가더니 다른 한 사람과 급히 내려왔다 보아하니 당직 검사였다. "잘 오셨습니다. 올라가시죠."하기에 당직 검사를 따라 올라갔다. 박카스 하나를 꺼내 주고는 옆방으로 갔다. 어디론가 전화하는 것이 상사에게 보고하는 것 같았다.
아니나 다를까 직원 하나가 들어오더니 "부장님 들어오셨습니다."보고하자 이내 당직 검사가 나갔다. 곧 이어 차장 지청장까지 들어와 본청과 협의하는 모양이다.
당직 검사가 들어와 창가에서 내다보고는 "앗따!"하며 감탄사다. 나도 궁금해 내다보고 놀랐다. 자수한 지 불과 2~30분 되었는데 버스 3대가 현관 앞을 가로 막았고 버스 지붕의 스포트 라이트는 현관을 휘황찬란하게 비치고 어느새 포토라인까지 설치해 놓았다. 그 주변으로는 수 백 명의 기자들이 운집해 있다. 검사실 TV에서는 자막으로 "속보 : 이근안 자수"가 보도되고 있다.

서울지검 지휘가 서울지검 강력부로 압송하라는 것이고 이미 압송 팀이 성남지청으로 출발했다는 것이다. 압송 팀이 도착하자 나를 에워싸고 현관으로 나가 설 장소에서자 기자들이 질문공세가 이어졌으나 나는 "앞으로 검찰조사에 사실대로 진술하겠다."는 답변만 하고 승용차에 오르는데 밀고 당기고 아비규환(阿鼻叫喚)이다. 차에 오르고 보니 잠바가 여기저기 찢겨져 있다. 압송과정도 영화의 한 장면 같다. 앞서거니 뒤서거니 자동차 레이스다. 서울지검에 오니 가관이다 성남지청보다 취재진이 더 운집해 있다. 압송팀이 에워싸고 들어가는데 밀고 당기고 잠바가 갈기갈기 찢겨져 들어가 엘리베이타로 올라갔다 부부장 검사실이다.

이내 옆방으로 데리고 가더니 최모 검사가 다가오더니 아무말도 하지 않고 손바닥만 벌려 내 밀고 무엇인가 내 놓으라는 시늉이다.

영문을 몰라 우두커니 서 있자 "여권내놔"하기에 어이가 없어 앙천대소(仰天大笑)했다.

최검사는 흥분된 어조로 "당신이 북경에 있는 조그만 호텔 사장 노릇 한 것도 다 알아. 그러니까 여권을 내놔!"하였다. 나는 어이가 없어 "검사님 내가 간첩을 잡던 놈인데 공작원이 득실거리는 중국으로 밀항을 하겠습니까? 이북으로 납북되고 싶어 가겠습니까!"

그래도 막무가내(幕無可奈)다. 나역시 답답했다. 나는 짜증이 나서 제보자와 대질 시켜 줄 것을 주장했다. 제보자가 얼마 전 그 호텔에서 만나 차도 마시고 악수까지 하였다는데 거짓일 수 있느냐는 것이다. 참으로 나역시 답답했다. "자수한 놈이 거짓말 하겠느냐"고 항변했다. 밤 2시가 돼서야 그날 신문을 마치고 성동구치소로 돌아왔다.

일층에 독방만 있는 사동으로 들어가 제일 끝방의 철문을 열더니 "들어가세요!"한다. 생전 처음 들어가는 방이다. 들어가자 파란 담요 8장을 갖다 주고는 '덜컹' 철문이 잠겼다. 앉지도 못하고 선채로 한동안 서 있었다. 여기가 감옥이었다. 약 2평도 안 되는 방에 한 쪽은 비닐로 된 문짝이 달려 있고 그 안이 화장실이다. 변기 앞에 수도 꼭지가 달려 있다. 선채로 깊은 생각에 빠졌다. 형기를 얼마나 받을 것인지. 그 형기를 우두커니 어찌 버틸 것인가?

이때 천장에서 거미 한 마리가 곡예를 하듯 죽내려 오더니 방바닥 한 뼘 정도 높이에서 서서는 고문기술자가 서 있으니까 겁을 먹고 그 줄을 타고 올라갔다. 고문 기술자가 무섭긴 무서운 모양이다.

고문 기술자란 도대체 누가 명명한 것이기에 신문마다 TV도 호칭이 '고문 기술자'다.

신문을 보니 어처구니가 없다. 어느 언론 매체이든지 전기 고문에 대한 실상을 보도한 곳은 없다. 무조건 전기 고문 기술자다.

그러니 일반 국민들은 220V로 지지는 줄 안다. 더블 A(AA) 밧데리로 한다는 사실을 보도한 언론사가 없으니 그 속내는 뻔하다.

그런데 방 한쪽 모서리가 뺑 뚫려 있는데 가만히 있어보니까 서(鼠)생원이 빤히 보고 있다.

이때 교도관이 와서 "왜 자리를 깔지 않으십니까?"하고 묻기에 쥐가 들여다 봐서 잘 수가 없다고 하자 신문지를 잔뜩 갖다 줄 것이니 신문으로 임시 막고 자고 나서 근본적으로 떼우겠다고 약속하여 신문지로 임시로 막았다. 담요 8장이래야 사회에서 쓰는 밍크 담요가 아니라 얇고 작은 것이어서 네 장은 깔고 네 장은 덮었다. 그러나 바닥에서 냉기가 올라와 6장을 깔고 두장을 덮으니 좀 나은데 잠을 이룰 수 없었다.

생각해보면 기가 막힌다. 돈을 먹고 들어 온 것도 아니고 국가 보위를 위해서 헌신적으로 일했건만 정권이 바뀌니 역적으로 알고 퇴직금도 받은 배우자 몫인데 본인과 같이 와야 준다고 구실을 붙여 5년이 경과하자 국고로 환수조치해 버렸다.

다른 검사실로 옮겨 김O태 관련사항을 조사했다. 조사는 불과 약 30분 만에 끝이 나고 과거 굵직한 시국사건으로 남민전 사건, 민노련, 민학련, 학림, 무림, 반제동맹당 사건 등을 조사하기를 몇 일이 걸렸다.

그러던 어느 날 강력부 부부장 검사가 불러 들어가니 커피 한 잔 내놓으면서 "축하합니다. 중국건은 해결이 났습니다." 열린음악회 황모 MC의 부군 되시는 최 검사가 직접 중국 북경으로 출장을 가서 확인결과 전 사장이 상해 어느 호텔사장으로 갔다고 하여 상해까지 가서 직접 만나보았는데 조금 비슷한 점은 있으나 결정적인 것이 키가 아주 작아 아니라고 확인한 것을 조금전에 팩스로 받았다는 것이다. 제보자는 경제사범으로 수배되자 중국으로 도피하여 북경 그 호텔에 묵고 있다가 미국으로 가서 도피중 자수하여 국내에 들어와 서울구치소에 수감 중인데 TV에서 보고 신고하여 이렇게 되었다는 것이다. 설상가상(雪上加霜)이라더니 일본에 불법체류 중 나와 함께 오끼나와에서 6개월간 밀양 박 아주머니 집에 하숙을 했다며 신고 하였다는 것이다. 검찰에서는 또 그 말이 솔깃해서 내게 추궁하기에 웃고 말았다. 의혹은 풀어야 할 입장이니 어쩔 수 없다며 그 제보자와 나를 대질시켰다.

나를 보더니 제보자가 와서 절을 하며 "아니끼(형님) 오랜만이에요. 언제 들어오셨어요." 실제 같이 있었던 것 모양 능청맞게 "아니끼 하며 오사까에 수도공사하러 다닐 때 같이 다니시지 않았습니까? 나 하고 한 방을 썼는데 왜 이러십니까?"

아주 그럴듯한 연기다. 이 친구가 왜 이럴까? 도저히 이해가 가지 않는다. 가만히 생각해보니 이 문제는 검찰에 맡겨서는 잘못하면 쥐집어 쓰겠어서 내가 풀어야 한다고 생각하였다.

　나는 그 제보자에게 너 내 기질 알지 ? 하자 알다 뿐입니까? 아니까 해병대 나온 것을 내가 왜 모르겠습니까!

　이때 "그럼 당신이 나와 한방도 쓰고 목욕도 같이 하였다니까 내몸에 상처있는 것도 알겠네."하자 "알다 뿐입까! 왼쪽 옆구리에 칼 맞은 자국이 크게 있는 것을 내가 왜 모르겠습니까?"

　나는 계속해서 질문을 던졌다. "당신이 일본갈 때 누구랑 같이 갔다며." 하자 "예! 있어요. 제가 지금 개인 택시하고 있는 OOO아닙니까!"이때다 싶어 "그래! 맞어! 그 친구 한 번 연락했으면 좋겠는데."하자 수첩을 꺼내더니 전화번호를 찾아 알려주어서 메모하여 놓고, 검찰 계장에게 잘 보세요 지금부터 입증을 하겠습니다.

　"첫째 나는 해병 출신이 아니라 공군 나왔습니다. 나의 공군 군번은 공군 78기 군번은 3237173이니 공군 본부 확인 조회해보세요" 둘째 내 옆구리나 몸에 칼자국이 없습니다."이때 나는 웃통을 벗고 "자 보세요."했다. "셋째 일본에 같이 갔던 친구를 부르면 확인이 가능하니 불러 주세요. 이상입니다 더 이상 이 친구와 이야기 하는 것을 거절합니다. 미친놈 아니고야 이렇게 황당한 일이 세상 어디에 있겠습니까 나까지 미치겠습니다."라고 단호하게 검찰에 요구하였다. 조사를 받는 동안 제보자와 같이 일본에 같이 갔다와서 개인 택시 한다는 친구가 도착하여 특조실에서 대면하자 "저 xx 미쳤군 일본에 있던 분은 이 분이 아니에요. 몸집도 왜소하고 키가 아주 작아요"하자 검사실에 대기 중인 제보자를 검찰계장이 머리통을 한 대 갈기며 바쁜 사람들을 놀린다고 꾸짖고 내 보냈다. 내가 두들겨 주고 싶었다. 생각지도 않은 수난이었다. 나는 왜 그렇게 하는 지 이해가 가질 않는다. 정상은 아닌듯 싶다. 40일간 겸치를 받으며 조사를 마치고 재판 받으러 다닐 때의 일인데 잊혀지지 않아 이야기한다.

  서울 성동구치소 독방에 수감되어 있으면서 재판받으러 다닐 때 내가 있는 사동에 근무하러 나오는 교도관인데 나는 늘 관에서 지급해주는 검은 고무신을 신고 다녔다. 그날도 검은 고무신을 신고 재판 받으러 나가는데 그 교도관이 핀잔을 주는듯 "왜 검은 고무신만 신으세요 보기싫어요. 이것을 신고 나가세요."하며 흰고무신 새 것 한 켤레를 내어주어 신었다. 값으로야 얼마 안 되는 것이지만 검은 고무신 신는 것을 왜 마음 아파 했을까?

  당시 나의 형편으로는 변호인 선임할 경제적 여력이 전무한 상태여서 관선 변호인이 지정되겠지 하고 있었는데 선임 변호사라며 선임계를 작성하러 성동구치소로 방문했다. 어떻게 된 영문을 몰라 궁금해하자 나의 큰 아들과 고대 동문으로 상대가 인권을 주장하면 아버님에게도 인권이 있는법이라 무료 변론을 맡았노라는 설명에 눈시울이 붉어졌다.

  이 각박한 세상에 무료변론을 맡기가 쉬운 일이 아닌데 하물며 악질 고문기술자로 낙인 찍힌 나를 변호를 맡는 다니 단순 사건도 아니고 정치적으로 얽힌 복잡한 사건을 선임한다는 것이 과연 그럴 수 있을까?

  재판이 진행되면서 무료 변론인데도 공판 준비 하는 성의가 예사롭지 않다. 그럴수록 더 미안하고 언론에 나의 사건이 연일 대서특필 여론도 분분한데 유료변호보다 더 성의 있게 준비하는 모습이 너무나 감사하여 눈물이 났다. 대법까지 모든 공판을 변호해 주신 내 평생 잊지 못할 나의 수호신이다. 어디 그뿐인가 출소후 6년이 지났어도 지금도 보살펴 주는 참으로 고마운 변호사님을 만났으니 김O진 변호사님이다. 여기에 성명을 밝혀도 되는지 여쭈어 보지도 않았지만 참으로 고마우신 분이라 실명을 밝힌다. 이 책이 출간 되면 한 권 들고 찾아 갈 예정이다.

흰 고무신을 사다 준 그 교도관이나, 사심없이 대법까지 묵묵히 변호해 주신 김O진 변호사님 내 어찌 잊겠읍니까! 그분들이 기억을 못해도 좋다 내게 소중했던 추억이기 때문이다.

자수한다는 연락을 받고 나보다 먼저 도망간 박 단장보다는 얼마나 인간적이던가! 나를 씹다버린 껌처럼 내동댕이 친 박단장 보다는 얼마나 따뜻한 사람인가? 나는 박 단장처럼 비굴하기보다 자수한 것은 하나님 말씀대로 요한 일서 1:9절 말씀의 숭고한 뜻에 따른 것이지만 내가 자수하면 구속된 세 동지들에게 용기도 주기 때문이다. 매일 생각할 겨를도 없이 검찰에 조사받으러 나가랴 재판받으러 나가랴 정신이 없었다.

1심에서 독직폭행죄로 7년형을 받고 항소하여 성동경찰서에서 안양경찰서로 이감되었다. 짐 검사를 마치고 1층 독방 사동으로 안내되어 가서 방 앞에 짐을 내려 놓고 방문을 열어주기에 들어가려고 하는데 이층 화장실의 똥물이 아래 방으로 뚝뚝 떨어져 그 방 화장실을 열어보니 변기에 수북이 쌓여 있는 상태다.

아무리 생각해도 못들어가겠어서 내 짐 위에 걸터 앉아 교도관에게 "도저히 못들어 가겠습니다."고 입방 거부 의사를 말할 때 마침 보안과장이 그 앞을 지나다 보고 교도관을 불러 연유를 물어 그 상황을 설명하자 무엇인가 지시를 했다.

교도관이 짐을 들며 "따라 오세요."하여 따라 한참 따라갔다. 교도소 감방들이 있는 밖에 공장 건물 안에 독방 11개가 있는 곳으로 나중에 안 일이지만 말썽 피우는 문제수들을 수용하는 곳이었다.

3개는 방이 넓고 깨끗한 편이고 8개는 0.7평 짜리 아주 작은 방으로 수도도 없고 사람 하나 누우면 남는 공간이 별로 없는 방이다.

그래도 **뺑끼통(화장실)**이 새지 않아 냄새는 덜 나고 드럽지 않아 안도했다. 좁기는 해도 아늑하고 조용해서 좋다. 이제야 성경을 펴고 볼 여유도 생겼다. 며칠 지나서 운동시간이라고 나오라고 하여 밖에 나갔는데 다른 10명의 죄수는 바로 앞 작은 마당에서 운동시켜 들여 보낸 후 나는 혼자 불러 교도관 두 사람 계호를 받으며 운동을 하라기에 바로 옆에 있는 조그마한 저수지 축대에 앉아 바람 쏘이고 있는데 약 50명 정도 무리지어 가는 재소자 무리에서 누군가 "이근안 이 새끼!"하며 달려드는 것을 순간적으로 무의식 중에 잡아 거꾸로 연못에 잡아넣으려고 번쩍 들었는데 교도관이 "아-"하고 비명을 질러 던지지 않고 내려 놓는 사건이 발생하였다.

언론에 고문 기술자, 관절꺾기의 명수, 관절빼기의 명수 하며 보도되니까 일반 국민들은 정말 악질로 인식하여 악한 감정만 갖게 만든 결과의 산물이다.

연락 받고 출동한 빨간 모자 조사계 직원들이 와서 연행해갔으니 말이다. 나하고는 아무 관계도 없는 사람이 보도만 보고 그랬다는 말을 나중에 들었다. 그래도 언론은 국민의 알 권리라며 취재를 하고 근거도 없는 이야기를 기사화하여 보도한다.

그로부터 또 며칠 지나자 담당 교도관이 불러 갔더니 난로 옆에 앉으라고 하며 안양교도소는 교도관도 이 교도소로 오지 않으려고 한다며 평균 범수가 6.7범이라고 한다.

조용한 날이 없다는 것이다. 저녁에 내방을 옮기려고 지금 방을 청소 중이라고 하여 보니 재소자들이 쓸고 닦고 청소 중이다. 저기 저 사람은 주의하라고 귀띔한다. 전과 9범이라고 한다. 눈여겨 보았다.

성경 공부를 해야겠는데 어수선하여 갈피를 못잡고 있었다. 넓은 방으로 옮기니 너무 좋았다. 우선 성경부터 꺼내 놓고 채비를 했다. 그 날도 나의 방 바로 앞에 담당이 책상에 앉아 있어서 보던 신문도 넣어주곤 했는데 나오라고 문을 열어주어 나가 난로 옆에 앉았는데 "어찌하다 박O철을 죽였느냐"고 묻는다. 그러니까 일전에 연못가에 있을 때 덮친 친구도 박O철을 내가 죽인 것으로 알고 저지른 일이라고 합니다.

"저는 박O철 사건과는 아무 상관이 없습니다. 그 사건 났을 때 저는 인천에 있는 경기 대공분실에서 집무 중이었습니다. 그 사건 내용도 모르고 박O철은 일면식도 없습니다."라고 설명하자 웃으며 미안하다고 하면서 전부 내가 죽인 줄 안다고 하기에 그러면 기술자가 아니죠! 하고는 한바탕 웃었다.

"신문에 보니까 청 사과는 단단한데 이런 사과도 한 손으로 반을 쪼갠다면서요."하기에 나에게 구매해 놓은 사과가 있어 세 개를 꺼내 왔다.

내가 한 번 사과 한 개를 주자 받아 들고는 쪼개보고는 두 손으로도 해 보았지만 안 쪼개진다. 이 때 내가 한 손으로 사과를 반으로 쪼갰다. 바닥에 떨어진 반쪽을 주서서 보더니 칼로 쪼갠 것 같네요하며 감탄하면서 신문 내용이 맞군요 한다. 그러기에 설명을 했다. "이것은 마술처럼 트릭이 아닙니다. 힘도 있어야 하고 요령도 있어야 합니다. 본래 손에 힘이 있어서 중학교 때부터 원반던지기 선수생활을 했어요. 사과 쪼개기 하고 고문하고는 아무 상관도 없어요." 그런데 노무현 국회의원 시절 경향신문 외신부장 이O일씨와 기자협회장 김O홍씨가 국회청문회에 나가서 하시는 말씀이 "이근안의 손이 솥뚜껑만 한대 한 손으로 사과를 쭉 뽀개며 그 손으로 고문을 당했다."하자 노무현 의원께서 검거 현상금으로 일금 300만원을 걸었던 사실이 있었지요. 내가 자수했으니 그 돈 나에게 주어야 하는 것 아닌가요.

역시 안양교도소는 무시무시한 곳이었어요. 한 번은 그곳에 근무 중인 안경을 쓴 주임인데 근무 중 앞서 주의하란 전과 9범짜리와 말다툼을 하기에 쳐다보는데 발로 교독관 얼굴을 차서 안경 유리가 깨지며 상처가 나서 피투성이가 되었는데 비상벨을 눌러 직원 두 명이 출동하여 제지하여 수갑을 채우려는데 잘 안되어 뒤범벅이 되자 전과 9범이 이것도 고문이라며 이근안이 봐 너희도 저렇게 돼 하는 말에 화가 치밀어 소리를 질렀다. "이문 열어!"하자 교도관이 열어 주어 내가 나가 "다 비켜! 너 뭐라고 했어?"하며 팔을 제압 수갑을 받아 채워 교도관에게 인계하고 증인 자술서를 작성 제출하여 재범 재판에 제출하여 추가를 띄우고 청송교도소로 이감하는데 도와 준 사실이 있었다.

나의 항소심 재판도 기각되어 또 이감을 갔다. 도착한 곳은 영등포 교도소이다.

일층 독방있는 사동으로 가서 내가 들어갈 방 앞에 이르렀을 때에 교도관이 이상한 표정으로 미소를 짓는다. 직감적으로 이 방에 무엇이 있구나 하는 생각으로 급소를 찔렀다. "이 방에 무슨 사연이 있소?"하고 묻자, "네, 전에 김○태씨가 이 방에 있었습니다."한다. 생각해보니 그 웃음의 의미가 너도 결국 이 방에 들어왔지 않느냐! 하는 것 같아 "다른 방은 없오?"묻자 방은 여유가 있다고 하여 다른 방으로 들어갔다.

얼마 안 있어 교도소장과 보안과장이 다녀갔다. 7년 형기 중 1년은 잡념 가질 사이 없이 바쁘게 돌아갔지만 이제 앞으로 6년은 마이너스 되는 삶을 살아서는 안 되었다

〈 불신의 죄 〉

하나님 그간 아버지에 대한 동경대신 성경을 지난 10년간 가까이 하면서 할 줄 모르는 기도로 나를 구원해 달라는 것도 아니고 사실보도만 하게 해 주십시오 하고 얼마나 기도를 하였습니까? 그간 아무 것도 보이지도 않고 들리지도 않았으며 사실대로 바로 잡힌 것도 없습니다.

불신의 죄인 줄 알면서도 이런 생각이 듭니다.
- 왜 고난 가운데 하나님은 침묵하고 계십니까?
- 고난이 하나님의 뜻이 되어야 하는지
- 왜 선하신 하나님이 고통을 주십니까?
- 고난이 위장된 하나님의 축복일까?
- 왜 아무런 표징도 안 주십니까?
- 암담한 고난 속에서도 왜 희망해야 합니까?
- 고통에 대한 최종적 대답이 왜 십자가입니까?

(5) 거듭남

고난을 통해서 성령의 인도로 지혜를 깨닫게 하시는 줄 믿습니다. 갈등하던 이 시기 낯선 목사님 한 분이 찾아 오셨다.

"나는 전 안양교도소장으로 이 선생 생활을 1년간 자세히 지켜보던 사람이요. 요즘도 성경을 열심히 보십니까?"하고 물어 나는 "그것이 보다 말다 하는 것이 아니지요!"이에 나는 절박한 심정으로 매달렸다.

"정년퇴직 후 목사 안수를 받고 한국교정선교회 회장으로 시무하고 있는데 안양소장시절 부하들 보고를 통해서나 내가 직접 순시하면서 늘 성경을 보고 있는 것이 선하여 오늘 이렇게 찾아 왔오!"하기에 "하나님이 주신 기회라 믿고 부탁을 드리겠습니다!"하였다.

"나에게 성경교리를 가르켜 주십시오 통독만 가지고는 한계가 있습니다. 부탁드립니다."하고 부탁을 하자, "내 마음대로 하는 것은 아니나 영등포교도소 당국에 협의해서 가능하면 월1회 방문하여 교리 학습을 하는 것으로 합시다."하는 매우 긍정적인 답변을 주고 가셨다.

그분 박도석 목사님을 몇 번 만나는 과정에, "누구든지 그리스도 안에 있으면 새로운 피조물이라 이전 것은 지나갔으니 보라 새것이 되었도다."하는 고린도 후서 5:17의 말씀을 깊이 새길 수 있었다. 즉 내가 믿음 가운데만 안주한다면 새로운 피조물이 될 수 있다는 소신을 가지게 되었다. 나의 응어리진 마음의 그늘 또한 있었다. 지난 날 내 개인의 영달을 위해서 일한 것은 결코 아니거늘 정권이 바뀌었다 해서 주구(走狗)로 매도해 버려도 관심갖는 사람 하나 없으니 무엇을 믿고 애국하겠는가!

지난 날 가족도 모르고 친구도 잃으면서 오직 안보사건에만 전념하였는데 오히려 이제는 뒤집혀 그 당시 형무소 갔다온 사람은 민주인사요. 그에 대한 보상을 받고 명예회복까지 받았는데 반대로 국가 보위를 위해 일한 놈은 주구로 매도되고 가족까지 희생양이 되어 쪽방에 사는 것까지 보도하며 수모를 받는 현실에 대한 불만은 늘 가져왔던 것이 사실이란 고백을 하였다.

이에 박O석 목사께서는, "울분의 주먹을 쥔 자에게는 하나님의 분노와 저주가 있지만 두손 모아 기도하는 자에게는 하나님의 은혜와 축복이 있음을 강조하셨다.

이때에 묵상으로 구한 세 가지가 있다.

첫째, 하나님 환하게 보이소서!

사사기 13:2에 삼손의 아버지 마노아가 "하나님을 보았으니 반드시 죽으리로다"하였으되 죽어도 좋으니 환히 보여 주시길 바랬다.

둘째, 하나님 더 진실한 믿음을 주소서!

지금의 통독과 예배와 기도로는 한계가 있는 것 같았다.

셋째, 하나님 더 가까이 다가가게 하옵소서!

10년 세월이 결코 짧은 세월이 아닌데 하나 같이 믿음 가운데 있었다고 자부하나 내게 보여주신 것도 들려 주신 것이 없어 불신의 죄도 짓고 있는 실정의 절박한 심정이었다.

그리하여 시몬 베드로의 고백처럼 (눅 5:8), "예수의 무릎 아래 엎드려 가로되 주여 나를 떠나소서 나는 죄인이로소이다."하는 회개를 하게 한다.

영등포교도소로 이감온 지 며칠 후였다. 보안과장의 부르심을 받고 독대한 자리에서"이제 형이 확정되어 시간이 잘 안 가는 것 같을 것입니다. 모든 것 다 잊으시고 새 생활에 적응하셔야 지루하지 않으실 것입니다. 출역(교도소 내에서 직장에서 일하는 것)의 보수는 낮으나 여러 사람과 교분도 갖게 되고 행형성적의 좋은 점수를 얻어 후일 가석방 대상도 됩니다.

출역 대상이 몇 가지 있으나 장단점이 있습니다. 원예를 많이 희망을 하나 그곳에는 과거 한 자리 하던 사람들이라 아집이 강하고 자존심이 강해 잦은 충돌과 마음고생이 심한 곳으로 낮에 돌아다니며 화단 정리하는 곳입니다.

그곳 보다는 식품이 있는데 12명 정도로 젊은이 노년층 골고 루 섞여 있어 조화를 이룰 수 있는 곳으로 두부공장인데 아침 08:00에 나가 작업이 12:00이전에 작업이 끝나 오후에는 쉬다가 들어오는 곳이라 그곳이 적합할 것 같고 그 외는 인쇄 공장도 있습니다."

나는 이렇게 배려해 주셔서 너무 감사 합니다 과장님 고견대로 두부공장으로 해 주십시요. 두부공장으로 배치가 되어 공장에 가보니 마침 콩이 한 트럭와서 콩을 내려 창고에 쌓는 작업을 해야 하는데 나를 늙은이 취급하여 한 쪽으로 비켜있으라는 것을 불만이라 트럭에 올라가 하차를 맡아 내려주는데 콩 1포대는 50kg으로 나에게 전혀 문제될 것이 없었다.

80포대를 거뜬히 하차 하자 노인네 대단하다고 야단들이다. 나보다 3년

년 배 한 분도 서울시공무원으로 뇌물죄로 복역중인 양반은 한 포대도 들지도 못해 그늘에 쉬고 있는 꼴이 썩 좋아 보이질 않았다.

열심히 두부 찍는 것을 배웠다. 그때 당시는 14명으로 방도 4.7평 방 하나에 다 들어가 생활해야 하는데 잠자리가 비좁아 바로는 눕지 못하고 옆으로 지그 재그로 자야 다 잘 수 있다. 즉, 이쪽 벽으로 7명 머리를 두고 또 저쪽 벽으로 7명 머리를 두어야 다 잔다.

나이 탓에 전립선 비대증으로 소변을 자주 보는 것이 핸디캡이다 뺑키통에 갔다 오면 잠자리가 없어져 비집고 들어가려면 욕지걸 하고 싸움이 된다.

소위 뺑키 통 (화장실)에 다녀와서 자리가 없어지면 쪼그리고, 앉아 성경책이나 꺼내 놓고 보는데 코 제일 많이 고는 친구가 하는 말이 "그놈의 책장 넘기는 소리에 잠을 못 잤다."고 불만이다.

그래도 조심스럽게 넘기며 통독을 다시 시작했다. 그리고 기도를 했다. 하루에 한 번 운동장에 나가는 운동시간에 나가보고 깜짝 놀랐다. 동물원에 동물 구경하듯 나를 향해 손가락질 하며 박O철이 죽인 이근안이 나왔다고 아우성이다. 그렇다고 안 나갈 수도 없다. 또 일일이 한 사람씩 붙들고 박O철과 나는 아무 상관도 없다고 해명할 수도 없으니 말이다. 그로인해 대인기피증이 날로 심해갔다. 그래서 일주일에 한 번 개최되는 기독교 집회에는 나갈 생각 조차 못하는 실정이다.

운동장에 나가면 구석진 곳을 찾아 숨어 있듯이 쭈그리고 있다가 들어오곤 했다.

매일 기도 제목이 고문의 실상을 국민들이 알게 해 달라는 것이었다. 그러면 박O철과 무관한 것도 해결이 되리라 믿었다. 나를 용서하시고 구원해 달라는 기도는 이제껏 해 본 일이 없다.

매일 애걸하다 싶이 기도에 기도를 했다. 그러던 어느 날 화장실에 다녀와서 자리가 없어져 화장실 앞에 쪼그리고 앉아 기도 묵상 중에 놀랍게도 하나님의 음성이 내 귓전을 울렸다. "내가 머무는 곳에 오너라"였다. 그 의미를 몰라 전전긍긍(戰戰兢兢)하며 누구에게 함부로 이야기하면 미친 놈 취급할 것이라 며칠을 생각했다.

드디어 답을 찾았다. 마태복음 18:20말씀이었다. "두 세 사람이 내 이름으로 모이는 곳에는 나도 그곳에 있느니라."는 임재의 말씀이었다. 하나님께서 예배 보는 날 그곳에 있을 것이니 그곳으로 나오라는 명령이기도 하고 내게 주시는 첫 사랑의 말씀이었다. 돌이켜 보면 〈예레미아 29:12, 13〉말씀이 진리였다. "너희는 네게 부르짖으며 와서 내게 기도하면 내가 너희를 들을 것이요 / 너희가 진심으로 나를 찾고 찾으면 나를 만나리라." 하신 것처럼 일치되는 말씀이다.

어디 그뿐인가 마태복음 7:7, 8의 말씀 또한 같은 진리다. "구하라 그러면 너희에게 주실 것이요 찾으라 그러면 찾을 것이요 문을 두드리라 그러면 너희에게 열릴 것이니/구하는 이마다 얻을 것이요 찾는 이가 찾을 것이요 두드리는 이에게 열릴 것이니라."

이로써 나는 용기를 얻었다. 하나님의 음성을 들었으니 본 것과 무엇이 다르랴 이제는 확신을 갖고 믿음 생활도 하게 되었다.

그래서 용단을 내린 것이 하나님 명령대로 집회에 나가는 것이다. 대인기피증 따위가 문제될 것이 없다. 예상대로 성경을 옆에 끼고 집회에 나가자 숙덕이고 손가락질이다 그러나 그 따위는 눈에 들어오지 않았다. 반면 형제들의 뜨거운 환영도 있었다. 그리고 새신자반에 인도해 주어 세례 학습에 참여하였다. 12주간의 세례 학습을 마치고 세례를 받았다. 14형제들과 세례식을 끝내고 의식을 집전한 영등포 고척 교회 조O재 담임 목사님은 나에게 "제일 연장자이신데 소감한마디 하시지요."하는 제의를 받고 강대상에서 목청이 터지도록 "할렐루야!"함성을 웨치고 내려왔다.

그 다음 주 집회 때 조 목사님은 나에게 "세례 받는 그날 왜 소감 말씀을 않고 할렐루야 함성을 지르셨나요 그것이 궁금했어요."라는 질문에, "인간이 모체의 몸에서 이 세상에 나오면 응아 하고 힘차게울음으로 신고를 합니다. 이근안은 사망하고 그날 세례 통해 거듭남으로 새롭게 태어났으므로 '할렐루야' 함성을 지르며 새로 태어나는 함성을 지른 것입니다."라고 하자 조목사님은 무릎을 탁 치셨다. 그리고는 "할렐루야"의 의미는 '중생의 의미'였군요 하셨다.

(6) 세례교인으로서의 우리의 정체성은 무엇인가 ?

목에 십자가만을 거는 것이 다가 아니라 하나님의 종으로서 그리스도의 몸된 교회를 중심으로 성경지식을 제고하고 그것을 바탕으로 선교사역을 전개하므로서 내 교회는 우리들 능력으로 번성시킬 의무와 책임을 갖는 것이다.

(7) 세례교인으로서의 자성 (自省)

첫째, 전도명령을 지키는 것이다.
이것은 그리스도의 유언이요 절대명령으로 우리의 의무이다
"내가 너희에게 분부한 것을 가르쳐 지키게 하라."〈마태복음 28:20〉
"너희는 온 천하에 다니며 복음을 전하라."〈마가복음 16:15〉
"…땅 끝까지 이르러 내 증인이 되라."〈사도행전 1:8〉

둘째, 전도의 필수요건을 실천하는 것.

성경 지식의 아는 정도가 믿음의 깊이는 아니더라도 복음이 하나님의 말씀에 기초하며 체계적인 성경지식이 없이는 체계적인 복음이 불가능 하다. 따라서 성경지식을 제고하여야 한다.

"지혜를 얻는 것이 은을 얻는 것보다 낫고, 그 이익이 정금보다 나음이니라."〈잠언 3 : 14〉

"너희가 은을 받지말고 나의 훈계를 받으며 정금보다 지식을 얻으라."〈잠언 8 : 10〉

셋째, 전도자가 된다는 결단.

o 세례 교인으로서의 새로운 자성으로 전도자가 되기로 결단하고 성경 지식을 제고하기 위하여 두부공장에 나가는 출역을 취소하고 독방으로 전방하여, 그곳에 세례 때 받은 십자가를 벽에다 걸어 놓고 각종 기독관련 서적을 준비하고 성경 학습에 심취하여 묵상, 기도하고 찬양하고 예배하며 통독하고 필사하며 조직신학에 심취 하였다. 그 독방이 나만의 성전이었다.

o 그러나 담당 교도관이 내일 수원아주대학 병원에 나갈 준비 하라는 말에 왜 나가느냐고 물으니 "모르셨나요. 지금 교도소 내에 성경에 돌았다고 소문났어요 내일 정신과 진료를 받아야 해요."나는 다음 날 병원 가는 것을 거부하였다.

(8) 기도에 응답하시는 하나님(I)

아침 10시 경이면 구매 시킨 빵이 올 터인데 그냥 지내쳐 일부러 불렀다. 분명 어제 빵을 구매했는데 왜 그냥 가는 겁니까? 하고 물었다. 장부를 보고 확인 하더니 "빨간 볼펜으로 그어 삭제해 놓았네요. 그럴 리가 없는데요."누가 그었지 가만히 생각해 보니 이감이다. 그래서 장부에서 삭제한 것이었다.

큰일이다. 이제 독방으로 와서 나만의 성전을 차리고 신학공부에 몰입하는 이 시기에 왜 이감일까? 정신병원에 가자는 것을 거부해서 이감시키는 모양이다. 이 생각 저 생각 하며 뒤척이며 누워있는데 담당교도관이 왔다. "영감님 짐을 싸셔야 겠어요."하기에 "어디로 갑니까?"하고 물으니 모른다고 한다. 죄인이 어쩌겠나 도리가 없지 내 예상이 맞았구나 어디로 가지 멀리 가면 가족들 면회도 힘들겠구나. 이제 신학공부 좀 하는구나 했더니 결국 몰아내는군 짐을 싸다보니 책만 130여권이라 라면 상자 같은 것이 있어야 하는데 싸다말고 넋을 잃고 있는데 담당이 왔기에 상자 좀 부탁을 했더니 가서 여러 개 가져와 담당이랑 함께 싸면서 어디로 가느냐고 물으니 자기들도 모른다고 시치미를 뗀다.

오전 10시경인데 문을 열고 나오라며 짐을 빨리 실어야 한다며 손수레를 가져왔다. 짐은 트럭에 싣고 사람은 호송 버스에 타는데 이송가는 사람이 제법 많다. 수갑을 2개씩 차고 굴비 엮듯이 밧줄로 34명을 묶고 버스에 승차하며 보니 전부 틀이 낀 늙은이들 뿐이다.

어디 북망산 공동묘지 가까이 가는 상 싶어 버스에 앉아 또 독방 찾이 하려면 쉽지 않을 터인데 여럿이 쓰는 방에 들어가서는 공부하기는 어려운데 아무데라도 좋으니 독방만 구하면 된다는 식으로 생각을 돌리고 눈을 감고 기도를 했다.

가는 방향을 가늠해보니 영동고속도로를 타는 것으로 보아 멀리 가는 것 같은데 어디로 가는지 통 알 수가 없다. 기도에만 몰입했다. "자비하신 하나님 사건해결했다고 최고라고 상을 줄 때는 언제고 정권 바뀌니까. 형무소 가야하고 어느 장단에 놀아야 합니까? 이제는 똥물 튀길까 겁먹고 일 시킨 상전들은 아는체도 안 합니다. 이꼴 저꼴 안 보려고 신앙을 택하였사오니 이 늙은 놈 소망하나 들어주시옵소서 아무데 가도 좋습니다. 공부할 수 있게 독방만 하나 주시는 은혜를 내려주시옵소서. 감사하오며 예수 이름으로 기도드립니다. 아멘.”신학공부도 다 틀리는 것 아닌가 이 생각 저 생각 참으로 불안하다. 이제 도착이 된듯 싶다. 호각 소리가 나고 시끌한 것이 도착했다. 버스에서 내리자 주임 한 사람이 와서 내 이름을 호명하여 대답하자 “따라 오세요.”하여 따라가며 보니 장부 하나 들고 왜 나만 부르는 것일까? 작은 사무실인데 들어가니 마주보고 앉았는데 나에게 질문을 했다.“어떤 생활을 원하십니까?”그 뜻을 몰라 물었다. 웬 성경공부를 그리 열심히 하느냐고 묻는다.

  그제서야 말뜻을 알고 이것이 찬스다 싶어 “주임님 인생 말년에 오직 희망을 신앙에 두고 있으니, 공부 할 수 있게 독방 하나 주십시오. 부탁드립니다.”주임은 나의 부탁에 고개를 저으며 “이 여주교도소는 신축한지 이제 2년된 시설로 아주 현대식으로 잘 지어진 곳입니다. 서로 독방을 달라고 하여 경쟁이 치열하여 제 마음대로 할 수는 없고 계장님 허가를 받아야 합니다.”들고 있던 책을 놓아둔 채 기다리라며 나갔다. 아마도 계장 허락을 받으러 가는 것 같았다. 호기심에 두고 간 책을 제쳐 보니 표지에 “특별관리 대상자 이근안”이다.

  내용이 더 궁금하여 열어 보고 깜짝 놀랬다. 시간 시간 체크리스트다. 바로 자고 있음. 옆으로 자고 있음. 성경 읽고 있음. 매 시간 단위로 기재되어 있다. 특별관리 대상자가 아니라 특별감시 대상자였다. 오는 인기척에 보지 않은척 태연히 앉아 있는데 미소지으며 들어오는 것으로 보아 희망이 보인다.

나를 힐끔 보더니 "가시죠. 다른 짐은 갖다 드릴터이니 들 수 있는 것만 들고 가세요."지하통로를 따라 한참 가자 관리 사무실이 나왔다. 한 곳에서 사방을 관측 할수 있게 되어 있다. 이곳에서 얼마 안되는 곳으로 번호를 누르자 자동으로 문이 열렸다. "들어 가세요."하기에 들어 가보니 책장이 벽에 붙박이 장으로 8칸이 있어 책 정리에 좋고 선풍기, TV, 화장실도 유리문으로 들어가 보니 양변기인데 좌변기에 싱크대까지 있어 그야말로 호텔급이다. 밖으로 나와 "몇 명이 써야 합니까?"하고 물었더니 4명이 쓰는 방인데 혼자 쓰세요 하기에 그 자리에서 큰 절을 하며 "한 3년 더 있겠습니다."하였더니 앙천대소(仰天大笑)다.

한 시간 정도 후에 경교대 직원들이 손수레에 짐을 싣고 가져와서는 "웬 책이 이렇게 많습니까? 이렇게 많은 것은 처음입니다."탄식하며 갔다.

저녁무렵에 담당인 김O용 교사가 와서 인사를 나누었다. 신우회 (교도관 기독회원)회원이자 총무 일을 보고 있었다. 나는 저녁 늦게 까지 공부할 계획을 세우느라 분주했다. 다음 날 아침을 먹고 성경 공부를 시작하려고 평신도 조직 신학을 막 시작하려는데 담당인 김병용 부장이 와서 말은 안하고 히죽 미소 지으며 "저 이번 12월에 교도소 중에서 처음으로 '두란노 아버지 학교'가 개설이 되는데 영감님 한번 받아보세요."하며 권한다. "내 나이 70을 바라보는데 내가 자식 낳을 일이 있습니까? 아무리 좋아도 이 늙은이가 아버지학교에 가기는 너무 지각생 같은데요."하며 거부반응을 보이자 알겠다고 하며 갔다.

웬일로 저녁 무렵 김부장이 또 와서 지나다가 들렸나 했다. 그런데 또 그 이야기다. "영감님 제가 꼭 추천하고 싶으니 꼭 아버지 학교 과정을 이수하셔요. 부탁드려요. 이미 제가 추천을 1번으로 해서 그렇습니다."

그것이 얼마나 대단한 교육인지는 모르겠으나 담당이 1번으로 추천까지

하였다는데 별도리가 없다 생각하고 승낙을 했다. 교육과정을 물었다. 5주 과정인데 120명으로 매주 토요일에만 낮1시 폐방이후 강당에서 교육을 하는데 외부 참여 도우미가 300명이나 된답니다. 별로 기대도 하지 않고 첫주 교육을 받으러 가보니 대단한 규모다. 김O묵 본부장님의 묵직한 강의는 인상적이었다. 교육을 받을수록 폐부에 와 닿는 감동을 받았다. 고백한다면 첫주 교육에서 KO가 되었다

결론지어 말하면 이렇다. 나부터도 아버지의 자화상이라면 자식을 낳아서 양육해서 교육만 시키면 할 일 다 한 줄로 알았다.

교육을 받고 보니 아버지란 제사장의 위치에서 영성을 가지고 믿음의 블럭으로 담장을 쌓아 사탄 마귀의 침투를 막고 신앙적으로 영도 하에 십자가 푯대를 향하여 나아갈 때 그 가정에 하나님의 은총이 있다는 아버지로서의 자아를 발견케 되었고 아버지로서의 눈과 심장을 새롭게 갖게 되었노라고 그날 KBS, SBS 등 카메라 앞에서 간증하였다.

이것이 계기가 되어 아버지학교 강의로 제3강 아버지의 사명과 제4강 아버지의 영성에 대한 강의를 전국으로 다니며 하는 하나님의 사랑을 받았다.

우리 가정에도 놀라운 변화가 일어났다. 옥중 세례 소식이 아버지학교 가정통신문을 통해 알려지자. 기독교 신앙 가정으로 변화해 갔다.

제5주 아버지학교 수료식이 있던 날 세족식에서 내 발에 얼굴을 묻고 눈물을 흘리며 통성기도한 분이 OO 제일교회 장로로 시무하시는 우O각 장로님인데 약사이신 이분이 아프면 약을 보내주시고 괴로워 할 때 같이 괴로워 하시고 2006년 12월 출소 때까지는 물론 지금까지도 신앙인도를 해주셨던 분이다.

위 우O각 장로님과 서신을 통해 교감하면서 한 번은 편지 속에 OO 제

일교회 주보를 한 장 보내주셔서 교회 모습도 알게 되었고 광고란에 내년에 설립 60주년 기념행사로 성경 필사본 전시회를 갖는다는 광고를 보고 묵상 기도하던 중 하나님께 여쭤 보았다. "하나님께서 결코 쉽지 아니한 일이니 신중히 하라. 중도에 포기하는 우를 범하지 말며 자신을 시험해 보는 좋은 기회라고 말씀하셨다."

나는 우O각 장로님께 외부사람도 필사본 전시회에 참여 할 수 있는지를 물었더니 대환영이다. 나는 쓰기로 결단 하고 3일간 금식 기도를 통해 심기를 가다듬었다. 우O각 장로께서 필사 노트 8권을 보내주셨다. 권 당 400 페이지짜리 노트였다. 피를 잉크삼아 한 자 한 자 찍어 쓰는 기분으로 필사를 시작했다 기도로 시작해서 기도로 끝맺었다.

1년4개월만에 완필하여 우 장로님께 택배로 우송했다. 전시회 2개월 전이다. 우 장로님의 높은 찬사가 있었다. 사진도 찍어 보내주셨다. 모두 14명이 참여한 소식도 전해주셨다. 나는 재소자라는 사실도 밝혔다. 참가상으로 성경 한 권을 보내주셨다. 전시회가 끝난 후 후회하시는 말씀을 들었다. 단연 돋보이게도 써서 전시회에 출품된 14개 중 다른 사람의 것은 보지도 않고 내게만 사람이 운집해 있어 오히려 큰 과오가 된 느낌을 가졌다는 후일담을 들었다. 성경 필사 완필도 하나의 하나님의 은사인 것이다. 써보니까 결코 수월한 일은 절대 아닌 것 같다.

(9) 기도에 응답하시는 하나님(II)

기도하면 하나님이 직접 오셔서 돕는 것이 아니라 도우미를 보내주셔서 돕는다는 사실을 실제를 통해 경험할 수 있었다.

* 그간 내게 보내주신 하나님의 사람들은 다음과 같다.

(1) 박O석 목사 (한국교정선교회 회장)

6년간 신앙 인도를 하셨고 교리 학습으로 성경지식을 제고하고 신학대학과 대학원에 진학시키고 목사 안수 및 임직케 하고 한국교정선교위원으로 사역케 하였다.

(2) 우O각 장로 (원주제일교회 장로)

2003년 12월에 두란노 아버지학교의 세족식에서 만나 2006년 12월7일 출소 때까지 옥바라지 및 신앙 인도 및 출소후 전도 사역을 인도.

(3) 박O후 장로 (소망교도소 보안과장)

재소 중 생활 상담 및 신앙인도 및 소내 각종 교육 이수.

(4) 김O용 계장 (소망교도소 교무계장)

여주교도소 재소 중 담당 직원으로 인생상담 및 교육.

인도와 성경교리연구 집필 후원과 신앙 인도.

(5) 유O홍 권사 (지구촌 교회 봉사 자매팀)

- 신앙지도

- 각종 교육지원

* 2003년 담안에서 시작된 교류가 현재까지 변함없이 이어지는 천사같이 한결같은 믿음으로 감동을 주시는 분이다.

위 여러분들의 도움으로 교도소 내 각종 교육 섭렵

o 내적치유 세미나

o QT베이직 세미나

o 기도멘토쉽 세미나

o 교리학습 (3년)

o 교의신학

o 교리학습(지구촌교회)

o 고난 속의 고통을 연단의 도구로 삼은 욥과 요셉

　욥은 우스 땅의 일개 족장으로 사탄의 시험에 걸려 가축과 종과 10자녀를 잃는 고통 속에서도 고통은 극복하고 하나님에 대한 믿음을 지킴으로서 더 큰 축복을 받았고, 요셉은 야곱의 11번째 아들로 태어나 이복형들의 버림으로 사선을 넘어 노예로 팔려 이국땅에서 종살이 하며 보디발가에서 음모로 옥살이 하며 꿈 해몽으로 바로 왕을 감동시켜 총리가 되어서도 겸손을 잃지 않고 솔직한 삶으로 형통한 삶을 살면서 형들을 용서하고 화해하는 삶을 살았다.

  * '용서하라 그리하면 너희가 용서를 받을 것이요' 〈 누가복음 6 : 7 〉
  * 고난을 통해서 지혜를 깨닫게 하시는 하나님이시다. 〈 욥과 요셉 〉
  * 욥과 요셉을 모델로 바라보았다. 이것은 도피 11년간을 극복케 하는 원동력이 되었다.
  - 작고 낮아진 자세
  - 하나님의 임재만을 확신
  - 고난속의 고통을 연단의 도구로 삼음

o 욥의 신앙고백
  - 전도서 5:15에서 "저가 모태에서 벌거벗고 나왔은 즉 나온대로 돌아가고 수고하여 얻은 것을 아무 것도 손에 가지고 가지 못하리라"라고 한 솔로몬의 고백에의 의미에 감동하였고,
  - 욥의 신앙고백은, 고난의 극치를 경험하면서도
  * 하나님을 욕하지 않고
  * 육신마저 썩는 가운데 '하나님을 욕하고 죽으라'는 아내의 말도 듣지 않고
  * 가축을 빼앗기고 종들을 다 죽이고 10자녀마저 압사 당하는 역경 속에

서도 하나님께 경배하며 하나님이 그에게 주신 시련을 겸손하게 받아들이는 순종의 모습 등은 참 믿음이요 그 이상의 믿음은 없다고 결론 짓고 그를 닮기로 결단하였다. 그러한 믿음만 있다면
 - 어떠한 난관도 어떠한 고통도 극복할 수 있고
 - 목숨까지도 받치리만큼 강해질 수 있다는 용기를 보았기 때문에 극복할 수 있었다.
 o 예수 그리스도를 묵상하며 우리는 무엇을 닮아야 하는가 ?
 - 생애를 통해 어떻게 살 것인가 (삶의 목표)
 - 죽음을 통해 희생을 보여주심
 - 부활을 통해 승리를 보여주심
 - 승천을 통해 왕권을 보여주심
 - 중보를 통해 제사장의 직분을 보여주심
 이러한 것을 우리는 닮아야 한다

(10) 하나님의 은사 : 성경 교리 연구 집필

신학 공부를 하면서 성경이 참으로 어렵고 신묘하다고 생각했다. 예수께서 말씀으로 이 땅에 육신의 몸으로 오셨는데 떡집이란 뜻의 '베들레헴'으로 오셔서 '가버나움회당'에서 말씀하시기를 요한 복음 6장 47절에서 "진실로 진실로 너희에게 이르노니 믿는 자는 영생을 얻으리라."
 48절에서 "곧 생명의 떡이니라."
 51절에서 "내가 하늘에서 내려온 떡이니 사람이 이 떡을 먹으면 영생하리라 내가 줄 떡은 곧 세상의 생명을 위한 내살이니라."
 58절에서 "이것은 하늘에서 내려온 떡이니 조상들이 먹고도 죽은 그것

과 같지 아니하여 이 떡을 먹는 자는 영원히 살리라."

　위와 같이 생명의 떡 즉 말씀을 쉽게 먹을 수 있는 방법을 모색을 위한 묵상 기도 중, "맛 있는 떡을 혼자만 먹고 있느냐?"는 질책의 하나님 음성으로 책으로 빚어 나누는 것에 착안 표제를 '성경교리 연구' 라 하고, 52교리로 분류하여 집필하기로 하였다.

　2년간 집필하고 9개월간 교도소 독방에서 정서하여 복사 제본 책자로 제작하기에 이르렀다.

　이 책을 집필하면서, 담안의 생활 속에서 부끄럽고 적은 믿음으로 신앙의 길로 접어든지 얼마되지는 않지만 매주 정기 집회에 참석하여 찬양하고 예배드리며 하나님의 귀한 진리의 말씀은 듣고 있으나 오시는 교회와 목사님이 매주 다르다보니 체계와 연속성을 기할 수 없는 실정입니다.

　물론 성도들이 각자 성숙을 위해 노력은 하시겠으나 무오하고 심오한 하나님의 말씀의 참뜻을 이해한다는 것이 그리 쉽지는 않은 것이 현실입니다. 이러한 때에 주님의 말씀처럼 "내가 너희에게 분부한 모든 것을 가르쳐 지키게 하라"(마태복음 28 : 20)는 말씀을 상고하지 않을 수 없습니다.

　주님께서 부활 승천하실 때에 한 생명이 온 천하보다 더 귀하다고 말씀하시면서 마지막 부탁이자 명령으로 전도 하라고 하신 것은 전도를 통해 한 형제를 얻는 것은 한 생명을 구하는 것이기 때문입니다. 성경 지식의 아는 정도가 믿음의 척도는 아니더라도 복음이 하나님의 말씀에 기초하며 체계적인 성경의 지식이 없이는 체계적인 복음이 불가능 하다는 사실입니다. 신앙의 성숙은 결코 구체적인 가르침 없이는 이루어질 수 없기 때문입니다. 하나님의 백성을 양육하는데 있어서 체계적인 학습을 간과 해서는 결코 안 된다고 확신합니다. 신학적 발전이 곧 신앙적 성숙에 필수 불가결한 요소라는 엄연한 사실 때문 입니다. 이러한 이유 때문에 담 안에서의

생활은 성경진리의 체계적인 학습에 주력하기로 결심하기에 이르렀습니다

성경 지식의 제고를 위해 체계적인 학습을 모색하던 중이던 2004년 3월 초 지난 1년간 교리를 지도해 오시던 박도석 목사께서 저의 의중을 간파하시고 '평신도 조직신학' 등 많은 책을 마련해주셨고 그간 통독 70독을 바탕으로 하여 성경의 핵심 교리를 52개로 하여 1년 과정으로 매 과마다 주제, 서론, 핵심진리, 강해, 이 진리의 교훈으로 구성하고 CHART화 시켜 매우 감동적으로 공부할 수 있게 하였습다.

나는 이 작업에 매우 심취하여 매일 기도로 시작하고 기도로 마감하기를 2년간 집필하였습니다. 그간 산발적으로 알고 있던 성경지식들이 체계 있게 정리되는 큰 기쁨도 맛보았습니다. 이러한 기쁨 가운데 어느날 묵상 기도 중에, "맛있는 떡을 혼자만 먹고 있느냐?"는 질책의 음성을 듣고 이 떡을 책으로 빚어 고루 나누는 것에 착안하였습니다.

그러나 수의를 입고 15 척 담장 안에 갇힌 죄인이 주제 넘게 하나님의 양식을 어찌 논할 수 있는가라는 질타도 없지 않을 것이라는 두려움이 앞섰습니다. 그러나 요셉이 하나님을 흠모하여 은혜를 받았고 사도 바울이 옥중에서 복음을 전파한 것을 상고하면서 이 사역에 몰입하면 성령하나님께서 도와주실 것으로 확신하고 다시 용기백배하였습니다.

나는 하나님의 양식을 먹고자 하는 형제자매들에게 나눔의 양식이 되게 하려면 어떤 방법이 좋을까? 장고 끝에 Chart화 하여 쉽게 만들기로 작정하였습니다. 57매의 차트를 작성하는데 9개월이 걸렸습니다.

2004년 추석 연휴가 시작되던 날 원고를 완성하고는 몸져 누워 7일을 죽게 앓았습니다. 성경을 정독하고 이 책으로 정리하시면 도움이 되리라 확신합니다.

이 글을 집필할 수 있도록 여주교도소 홍남식 보안과장님과 기독선교회 회장님을 비롯하여 선교회원님들의 격려와 특히 박O후, 김O용 두 집사님께서 기도해 주시고 적극 지원하여 주시지 않았다면 불가능 했던 일이어서 더욱 감사드립니다.

내용도 미흡하고 난필에 착오도 있으리라 생각됩니다. 넓으신 해량 있으시길 바라오며 이 글을 완성할 수 있도록 허락하여 주신 하나님께 감사와 영광을 드리며 하나님의 백성이 되고자 노력하는 모든 분들게 미력하나마 도움이 되시기를 무릎으로 기도합니다.

o 말씀이 이렇게 어렵습니까 ?

- 만인이 쉽게 먹을 수 있는 방법은 없을까요 ?

- 쉽게 먹을 수 있는 방법 모색이 전도이다.

o 인간은 어떤 복을 원 합니까 ?

- 9988, 장수를 원할 것입니다.

* 모세는 〈시 90:10〉에서 "인간 연수는 칠십이요 강건하며 팔십을 산다"고 하였습니다.

o 인간이 병들면 어떻게 됩니까 ?

- 나약해지고 의욕을 상실해 무기력해진다

- 인간이 건강할 때에 하나님을 생각하지 않고 병들어서야 하나님께 의뢰하여 병이 완치되었다는 간증이 많다. 신체의 나약함이 복이 된 경우입니다. (그렇다고 복받기 위해 병들면 안 된다.)

- 건강만이 하나님의 복이 아니다.

사도 바울은 죽은 사람은 고치면서 자신의 병은 하나님께 고쳐달라고 간구하였으나

* 하나님께서는 "네 은혜가 네게 족하다"〈고후 12:9〉 라고 말씀하므로

써 '병을 가르켜 은혜'라고 하였다.

= 그러므로 예수 그리스도의 위대한 능력은 나의 강함을 통해서 나타나는 것이 아니라 나의 약함을 통해서 나타나는 것임을 알아야 한다. (나의 경우 고난 속에서 깨달음을 주셨다)

- 건강의 비결은 무엇입니까 ?

* 말씀을 가까이 하는 것입니다.

* 하나님의 말씀은 영혼을 치료하므로 육체까지도 건강하게 한다. 〈잠 4:20~22〉

"내 아들아 내 말에 주의하여 나의 이르는 것에 네 귀를 기울이라. / 그것을 네 눈에서 떠나게 말며 네 마음속에 지키라. / 그것을 얻는 자에게 생명이 되며 그 온 육체의 건강이 됨이라.

☞ * 20절 : "하나님의 말씀은 유의하여 들어라"는 뜻

21절 : "하나님의 말씀은 유의하여 동시에 마음속에 지키며 그 말씀을 마음의 양식으로 삼아 그대로 행한다."

22절 : "그것을 얻는 자는 생명이 되며 육체의 건강이 된다."

o 범사에 복받는 길은 무엇인가 ?

- 하나님 말씀에 순종하는 것입니다.

- 순종의 비결은 ?

☞ 하나님 말씀에 귀를 기울이고 경청하는 것.

"네 여호와의 말씀을 순종하며 모든 복아 네게 임하여 들어가도 나가도 복이 된다."〈신명기 28:1~ 3〉

☞ 물질보다 하나님을 더 중하게 여김.

*사르밧 과부가 엘리야의 말에 순종하여 복을 받는 이야기.

"엘리야가 저에게 이르되 두려워 말고 가서 네 말대로 하려니와 먼저 그

것으로 나를 위하여 작은 떡 하나를 만들어 내게로 가져오고 그 네 아들을 위하여 만들라 /이스라엘 하나님 여호와의 말씀이 나 여호와가 비를 지면에 내리는 날까지 그 통의 가루는 다하지 아니하고 그 병의 기름은 없어지지 아니하리라 하셨느니라/ 저가 가서 엘리야의 말대로 하였더니 저와 엘리야와 식구말씀같이 통의 가루가 다하지 아니하고 병의 기름이 없어지지 아니하니라./ 이 일 후에 그 집 주모 되는 여인의 아들이 병들어 증세가 심히 위중하다가 숨이 끊어진지라"〈왕상 17:13 ~ 17〉

☞ 말씀에 순종하면 성령 충만으로 자연에서도 복을 받음

*광야에서의 이스라엘 백성:만나와 메추라기와 반석의 생수 "저녁에는 메추라기가 와서 진에 덮이고 아침에는 이슬이 진 사면에 있더니. 이스라엘 족속이 그 이름을 만나라 하였으며 깟씨 같고도 희고 맛은 꿀 섞은 과자 같았더라."〈출애굽기 16:13, 31〉

"모세가 놋 뱀을 만들어 장대 위에 다니 불 뱀에게 물린 자마다 놋 뱀을 쳐다본즉 살더라"〈민수기 21:9〉

"너를 인도하여 그 광대하고 위험한 광야 곧 불 뱀과 전갈이 있고 물이 없는 간조한 땅을 지나게 하셨으며 또 너를 위하여 물을 굳은 반석에서 내셨으며"〈신명기 8:15〉

* 베드로가 예수 그리스도의 말씀에 의지하여 그물을 던짐.

"시몬에게 이르시되 깊은 데로 가서 그물을 내려 고기를 잡으라 / 시몬이 대답하여 가로되 선생이여 우리들이 밤이 맞도록 수고를 하였으되 얻은 것이 없지마는 말씀에 의지하여 내가 그물을 내리리이다 하고 / 그리한즉 고기를 에운 것이 심히 많아 그물이 찢어지는지라 / 이에 다른 배에 있는 동무를 손짓하여 와서 도와 달라 하니 저희가 와서 두 배에 채우매 잠기게 되었더라"〈누가복음 5:4~7〉

세계올림픽을 치루었던 1988년 12월 24일 연말이 되면 의례히 비상근무가 있을터이니 망년회를 일찌감치 하는 것이 좋겠다 싶어 아침 조회시간에 저녁 석회 시간에는 한 사람도 빠짐없이 참석할 것을 지시하고 서무에게는 회식장소를 물색해 놓으라고 지시하였다.

 아침 조회를 마치고 막 2층 내 방으로 돌아와 앉는데 한 통의 경비전화가 걸려와 받았는데 한겨레 신문 기자였다.

 1985년 5월 치안본부 대공수사단에서 취급한 민청련 사건의 주범 김O태씨 신문을 맡은 사실이 있느냐는 것이다. 그 말만 하고 전화를 끊었다. 이 시기 노태우 대통령이 "보통사람"구호 밑에 구속수감 중인 시국사범들을 양심수라는 이름으로 특별사면으로 석방되었다. 풀려 난 양심수들은 정부에 감사하기는 커녕 더욱 결속하여 새로운 조직으로 재결속할 것이니 이 세상이 어디로 갈까? 우려가 먼저 앞섰다.

 사건 후 3년 반 동안 말 한마디 없다가 특사로 풀려나자 모 언론 단체가 주체가 되어 언론플레이로 나를 죽이기에 착수 각 신문사가 순번을 정해놓고 돌아가며 보도하는 등 집요하게 움직였다는 이야기를 들었다. 소위 언론플레이였다. 각 신문사별로 돌아가며 대서특필이다.

 그날 오후 박 단장으로부터 경비전화가 걸려왔다. 저녁에 내려 갈 것이니 사무실에서 기다리라는 이야기였다. 아무리 생각해도 속수무책이다. 그날 오후 4시가 못되어 직원들이 신문을 들고 들어와"실장님 큰 일 났습니다. 신문 1면 톱으로 터졌습니다. 어떻게 해야 합니까?"사뭇 걱정이다. 조직보호를 위해 일단 내가 사표를 내는 선에서 마무리 되기를 희망했는데 저녁에 박 단장과 상의해서 결정해야지 하고 기다리고 있었다.

 그날 저녁 8시경에야 일반전화로 우리 사무실 후문 입구 방향 이면도로에 주차 중이니 그리로 오라는 전화를 받고 갔다. 박 단장이 조수석에 앉앉고 백남은 반장은 뒷좌석에 김수현 반장과 나란히 앉아 있어 뒤좌석에 탄 채 대화를 했다. 박 단장 이야기는 간단했다. 이 사건을 모 언론단체가 주도적으로 해서 당장 수습이 어렵다. 하지만 조직보호를 위해서 일단 내가 희생적으로 사표를 내고 잠적하면 수습해 보겠다는 이야기였다. 더 이상 설명이 필요치 않아 보였다. 비밀 지하조직 '민청연' 조직을 파헤친 공로는 말 한마디 없고 1.5볼트 밧데리로 한 전기고문 실체는 밝히지 않고 '전기고문'으로만 보도해 버리니 일반 국민들은 마치 220볼트 전기로 지진 것으로 곡해를 하는 것이 분명했다. 나는 박 단장에게 "가족을 부탁 합니다"하고 내리려는 순간 나를 잡으며 준비 없이 왔다면서 10만 원권 수표 2장을 주기에 울화가 치밀어 "이만한 돈은 제게도 있습니다"하며 뿌리치고 차에서 내려 사무실로 돌아와 생각해보니 그간 목숨 바쳐 충성했건만 모든 것이 허사였다. 토사구팽(兎死狗烹)이란 사자성어가 이런 때를 가리키는 구나 너무도 비참했다.

 이제 아내에게 또 무어라 말을 해야 하나 한 걱정이다. 미룰 만한 시간 여유도 없어 하는 수없이 전화로 "아주 급한 일이 있으니 빨리 돈을 있는 대로 구해 수원으로 내려오라"고 당부하고 기다렸다. 그날 밤 10시 가까이 되어서야 아내가 급전으로 빌린 돈 300만원을 들고 놀란 가슴으로 내려왔다. 자초지종 설명할 시간도 없어서 신문을 잘 보라 이르고 서무주임을 불러 내일 아침에 본청에 들어가 제출하라며 사표와 신분증을 주고 승용차는 사무실에 둔채 가방 하나 들고 택시를 타고 수원역에 도착하니 크리스마스 이브라 사람이 운집해 있어 마침 부산행 완행열차가 있어 승차하여 좌석도 없이 제일 끝좌석 뒤 공간에 쭈구리고 섰다가 앉아 있다가 김천에 와서야 빈 자리가 나서 이판사판 앉아 가방을 끌어앉고 고개를 숙인 채 잠자는 것 모양 이 생각 저 생각하며 부산에 도착한 것은 새벽 4시가 조금 지난 시간으로 통행금지가 막 풀린 시간이었다. 수십 년 만에 부산에 도착해 보니 광장 남쪽에 아리랑호텔이 눈에 익고 그 옆 골목에 김밥 표지판이 눈에 들어와 그리로 갔다. 가게 안을 들여다 보니 손님은 한 사람도 없는데 아주머니 한 분이 난로 옆에서 졸고 있어 들어서며 경상도 사투리로 "아지매 김밥 두 낱 싸주이소 얼맹교"하니 김밥 두 줄을 도마에 놓고 썰어 은박지에 싸고 단무지와 젓가락 두 개를 까만 비닐봉지에 넣어 주는 것을 받아 들고 충무로 방향으로 이면도로로 걸었다.

　목표는 용두산 공원이다. 당장 필요한 것은 털모자이다 추위도 막고 푹 눌러 쓰기 편하고 얼굴을 가리는 데는 안성맞춤이라 판단되어 남포동 시장에 나가 난전에서 모자를 사려면 오전 10시는 넘어야 하는데 시간을 보내려면 용두산 공원이 좋을듯 싶어 걸었다. 한참 걸어 시청 앞 광장에 이르렀는데 아직 이른 아침이라 영도다리로 가서 바다를 보며 깊은 생각에 잠겼다. 아내에게 제일 미안했다. 충무동을 가로 질러 용두산 오르는 계단을 하나 하나 밟으며 올라 가 보니 아침 운동하는 사람들뿐이지 관광객이 새벽에 올리도 없다. 고원 이곳 저곳을 둘러보며 김밥을 한 개 한 개 꺼내 먹다보니 두 줄을 다 먹었다. 아침 10시경 되어서야 슬슬 내려오기 시작하여 남포동 시장으로내려와 보니 그래도 이르다 아직 노점상들이 나오질 않아 자갈치 시장으로 나가 수산시장의 공판장을 둘러보고 다시 남포동으로 나오니 노점상들이 점포를 펴서 털실로 짠 모자를 어두운 색으로 골라서 사서 쓰고는 시내버스를 타고 부산진역으로 나와서 열차 시간을 보니 약 한 시간 뒤에 영주방면 기차가 있어 영주가면 중앙선이 연결되니 한 바퀴 돌면 또 하루는 보낼 수 있다 생각하고 대합실에서 기다리며 화장실에 가서 눈치 보며 세수도 하고 열차를 타고 영주로 갔다. 털모자를 푹 눌러 쓰고 다니니 위장에는 다시없이 편리했다. 정신적으로 피로한 탓인지 잠이 쏟아져 영주행 열차에 타자마자 창가에 기댄 채 잠이 들었다. 누가 깨워 놀라 눈을 떠 보니 여객 전무가 열차표 검표를 하는 것이라 표를 검사받고 잠이 깨어 밖을 내다보며 얼마 안 가서 영주에 도착하여 역에서 그리 멀지 않은 시장에 사람이 많아 살펴보니 영주 장날이었다. 장터 국밥 생각이 나서 털모자를 푹 눌러 쓰고 시장을 향해 걸었다. 내가 들어 선 곳은 우시장이었다. 걷다보니 구수한 냄새에 살펴보니 국밥집이라 들어서 한 쪽에 자리 잡고 국밥을 시켜 궤 눈 감추듯 먹어치우곤 장터를 걸었다. 떡집이 있어 인절미랑 몇 가지 골라 떡을 사서 가방에 넣고 영주역으로 나와 강릉발 청량리행 열차를 타고 상경하였다. 길로 헤매는 것은 한계가 있다. 우선 씻지 못해 문제다 그렇다고 숙박시설에 갈 수는 없고 집으로 들어가는 수 밖에 없어 집의 동향을 파악해야 했다 전화는 도청할 것이 분명하니 전화할 수는 없고 직접 살펴보아야 하므로 상경하는 것이었다. 청량리에 도착한 것이 거의 새벽 5시경으로 곧 밝을 터인데 일단 밤까지는 기다려야 한다. 극장에서 대부분의 시간을 보내고 어두워져서야 내가 사는 동네로 접어들어 좀 떨어진 지점을 통과하며 살펴보니 기자, 검찰, 경찰 수사팀들이 진을 치고 있는 것이 분명했다. 집에 들어가는 것이 아직은 성급한 것이라 판단되어 발길을 돌려서울역으로 가서 다시 완행열차에 몸을 싣고 부산으로 향했다. 부산에 도착해서는 누님의 산소가 있는 김해로 갔다. 산소를 둘러보고 초등학교 때 소풍갔던 은하사 절도 둘러보고 다시 부산으로 나와 극장으로 태종대 해변가로, 광안리 해안, 해운대 해안 일대를 다녀 봐도 마음이 편치 않아 시야에 들어오는 것들을 감상할 겨를이 없다. 다시 부산진역으로 나와 동해 경부선을 타고 강릉으로 올라갔다가 다음 날 다시 청량리행 열차를 타고 상경하여 집주변을 둘러보았지만 아직은 이르다싶어 다시 부산행 열차를 타고 내려갔다가 영주를 거쳐 청량리에 도착하는 대로 새벽녘에 집주변을 살펴보니 잠복하는 것으로 보여지는 승용차 안에 잠들어 있는 사람을 보고 집 뒤편 담을 월담하여 집으로 들어가자 식구들이 놀란다. 초등학교 6학년 짜리 막내를 데리고 화장실 다락을 통해 천장에 합판 4/1정도의 합판을 깔았으나 스라브 집이라 천장이 낮아 엎드려 있는 수 밖에 없었다. 며칠 지난 후 또 다른 은신처를 만들어야 한다고 판단하고 창고방에 주로 박스에 담겨진 물건들이라 그것을 이용해 가운데는 공간이 생기게 박스를 쌓고 입구의 제일 아래 박스 하나만 잡아다녀 빼면 기어들어가고 그 박스를 당겨 안에서 가로 막대로 잠금장치를 만들어 끼워 넣으면 밖에서 뺄 수 없게 만들어 천장에도 있다가 창고방으로 가서 있기도 하고 그날 기분에 따라 있었다. 제일 힘든 것은 곰팡이 냄새가 아니라 바퀴벌레였다. 오래된 집이라 바퀴벌레가 너무 많았다. 천장 속은 스프레이 약으로는 구석구석 뿌릴 수가 없어서 둘째 며느리 건의대로 연기를 피우는 약을 쓰기로 하고 대야에 모래를 반쯤 담고 깡통으로 된 바퀴벌레 약에 불을 붙이자 회색 연기가 솟구쳐 천장 속에 넣었다. 얼마 안 있어 소동이 났다. 지붕과 처마 밑으로 연기가 쏟아져 나오니 동네 사람들은 불이 난 것으로 판단하고 불과 200m 떨어진 소방서에 신고하여 소방차가 출동하여 소방관이 들어 닥쳤는데 마침 점심 차려 주러 들어 온 둘째 며느리가 나가 바퀴벌레 잡으러 약을 피운 것이라는 설명에 이 바퀴벌레 약을 피울 때에는 소방성에 신고 해야 한다는 말을 듣고 집에 진입은 하지 않아 모면 할 수 있었다.

그로부터 얼마 후였다. 식구들이랑 아침을 먹고 있는데 대문이 열렸는지 현관에서 "계세요"하는 소리에 놀라 수저를 든 채 옆에 있는 양복장 속으로 들어갔다. 방으로 들어 온 두 사람은 동대문 경찰서 수사 전담 형사들로 그간 소식이 없었느냐는 것이다. 소식이 전혀 없다고 하자 확인만 하고 나갔다. 며느리가 미장원에서 손님해주고 급히 아침 차리러 들어오면서 대문을 잠그지 않았다는 것이다.

　이 시기에 들려진 국회청문회 소식이다. 경향신문 이 모 부장과 전 기자협회장 김○홍씨가 당시 노무현 국회의원에게 "이근안 손이 솥뚜껑만 한데 사과를 한 손으로 받을 쪼개어 우리들에게 주는데 그 손으로 고문을 한다."는 것이다. 한 손으로 사과를 쪼갤 줄도 알고 쪼갠 것도 사실이나 그것도 고문이란 말인가? 사과를 쪼개는 것은 요령이지 그것이 무슨 대수인가? 그 말을 들은 노무현 국회의원은 나의 현상금 300만원을 걸었다는 뉴스를 문제의 전기 고문도 하나의 트릭이었다. 2A 1.5볼트 전지 하나면 불도 붙일 수 있다. 진한 소금물을 뿌리고 대면 위력적이다. 그러나 신문은 밧데리라는 보도는 한 번도 보도하지 않고 그냥 전기고문이라고만 보도하니 일반 국민들은 220볼트로 지진 것으로 착각한다 그래서 당시 눈을 가렸던 것이다. 한 해가 지나고 또 해가 바뀌어도 박 단장은 일언반구 한 마디 없는 것을 보고 부려만 먹었지 무슨 관심이 있겠는가 싶고 토사구팽의 실상을 알게 되었다. 그래도 설마 하는 마음으로 기다린 것이 만 10년 11개월이다. 그래서 나의 주변 사람들이 네게 붙여준 별명이 곰이다. 천장 속에 그 많은 세월을 보내면서 내가 그리웠던 것은 신실하셨던 나의 아버지이셨다. 늘 기도에 묻혀 사시던 아버지 그 아버지가 그리워 그분이 보시던 성경을 끌어안고 아버지를 부르다가그 성경을 보니 읽어도 모르겠던 그 말씀 속에 버릴 수 없는 귀한 말씀들을 발견하면서 수없이 읽으며 귀한 말씀 골라 쓴 것만도 3400여 구절이다. 하나님의 인도하심은 하나님의 손이 아니라 성경을 통한 진리였다. 그것이 길이었다. 그 길을 행하는 것이 곧 하나님의 인도요 하나님의 역사였다. 가야 할 곳과 가지 말아야 할 곳을 제시하는것이 하나님의 인도였다."이 하나님은 영영히 우리 하나님이

시니 우리를 죽을 때까지 인도하시리로다" - 시편 48 : 14 -

"너는 범사에 그를 인정하라 그리하면 네 길을 지도하시리라"- 잠언 3 : 6 -

"자비란 억지로 짜내는 것이 아니라 마치 고운 봄비가 하늘에서 내려와 마른 땅을 적시는 것과 같다."라고 한 세익스피어의 말처럼 자비란 그것을 베푸는 사람에게도 복이 되고 받는 사람에게도 복이 되는 이중의 덕입니다. 자비는 권세 있는 이의 가장 훌륭한 덕이므로 가슴에 있으면 그 빛은 왕의 금관보다도 몇 배나 더 빛날 것입니다.

"아비가 자식을 불쌍히 여김 같이 여호와께서 자기를 경외하는
자를 불쌍히 여기시나니."- 시편 103 : 13 -

"여호와께서 가라사대 내가 나의 모든 선한 형상을 네 앞으로 지나게 하고 여호와의 이름을 네 앞에 반포하리라 나는 은혜 줄자에게 은혜를 주고 긍휼히 여길 자에게 긍휼을 베푸느니라."- 출애굽기 33 : 19 -

간첩과 빨갱이 잡으면 애국자인 줄 알았지 정권이 바뀌면 역적되는 것은 몰랐다. 노무현 정권에 와서 훈장 박탈되고 얻은 타이틀이 악질 고문기술자이다. 도피 10년간 성경을 읽고 쓰면서도 말씀에 매료될 뿐 결코 목사가 된다는 꿈을 가진 적은 없다. 감옥에 가서 일면식도 없는 박O철 고문치사범으로 손가락질 받으면서 두부도 찍고 잡초도 뽑고 고추 농사도 지어 보고 비둘기도 키워보고 시달리다가도 저녁에 방에 들어와 성경을 읽으면서 하나님과의 대화를 통해 위로 받고 성경의 말씀대로 전도 명령을 받들겠다는 맹세만을 다시 다짐하며 그것을 위해서는 진리를 좀더 알아야 한다는 신념만으로 매일의 생활을 소화해 갔다.

많은 것을 잃고 많은 것을 빼앗긴 것 같은데 오히려 풍족해진 것은 욥과 요셉을 닮으려는 노력의 일환이었다. 왜냐하면 그것도 하나님이 주신 축

복이기 때문이다. 60을 바라보는 나이에 학부 4년 대학원 과정 2년 도합 6년의 신학 수학은 결코 수월한 것은 아니로되 하지 않으면 안 되는 과정이기에 수학만 마치면 필연으로 얻을 수 있는 것은 좀 더 앞으로 해서 변화된다는 확신 때문에 용기도 가질 수 있었다. 석학 페스탈로치도 "고난과 눈물이 나를 높은 예지로 끌었다. 보석과 즐거움은 이것을 만들지 못했을 것이다."라고 하였다는 사실이다.

"하나님은 우리의 피난처시오 힘이시니 환난 중에 만날 큰 도움이시라. 그러므로 땅이 변하든지 산이 흔들려 바다 가운데 빠지든지 바닷물이 흉용하고 뛰놀든지 그것이 넘침으로 산이 요동할지라도 우리는 두려워 아니하리로다(셀라)" - 시편 46 : 1~3 -

이 세상에서 서로 평화롭게 지내는 방법은 용서하는 것 밖에 없다 우리가 용서하지 못할 때에 용서받지 못한 상한 심령들의 다툼과 분노가 평화를 깨뜨리고 용서는 사랑하는 가장 강력한 방법이다. 물론 나 자신의 잘못도 무조건 용서가 되어야 한다.

"주라. 그리하면 너희에게 줄 것이니 곧 후회 되어 누르고 흔들어넘치도록 하여 너희에게 안겨 주리라. 너희의 헤아리는 그 헤아림으로 너희도 헤아림을 도로 받을 것이니라"- 누가복음 6 : 38 -

지금에 와서 후회하는 것은 사건 직후 바로 자수하지 않은 것이다. 박 단장만 보호할 생각으로 모든 멍에를 내가 지려든 것이 나의 실수다. 당신은 나를 버렸는데도 끝까지 지키려는 의리 때문이다.

간첩을 많이 잡고 좌익사건을 아무리 많이 하였어도 오히려 역적의 반상에 오르는 증거물이 되었다. 석학 페스탈로치는 "고난과 눈물이 나를 높은 예지로 끌었다"라고 하였다.

시일이 갈수록 우리 가정의 경제가 무너지고 황폐해 갔다 기자와 수사관이 북적되는 미장원은 손님이 끊기고 끝내는 폐업하고 둘째는 학업을 그만두고 노동판에 나가고 아내는 폐지와 깡통을 수집하며 청소부로 생계를 이어 가고 막내는 고등학교 진학이 어렵다는 통보에 놀란 가슴을 쓸어내리며 철부지 중 3학년 짜리를 데리고 진학은 해야 한다 암기 과목은 자신의 몫이니 본인이 책임지고 영어와 수학은 내가 지도하기로 약속을 하고 하루 하루 노력해 갔다.

드디어 서울 공고에 지원하고 시험을 치뤘다. 뜻밖에 수석 합격으로 학비 면제의 영광을 안았으나 수학은 제대로 할 수가 없었다. 학교로 기자와 수사관들이 찾아와 불러내는 바람에 사기가 떨어져 공부를 제대로 하지 않았다. 이공계 대학에 진학은 하였으나 곧 휴학하고 육군에 입대하였다. 그후 2년여 시간이 흐르면서 지난 11년간의 도피기간을 극복할 수 있었던 것은 욥과 요셉처럼 자신의 허물없이 작고 낮아진 자세와 하나님의 임재만을 확신하며 고난 속의 고난들을 연단의 도구로 삼은 결단을 바라보며 말씀 중에, "우리 죄를 자백하면 죄를 사하시며 모든 불의에서 우리를 깨끗케 하신다"- 요한 1서 1 : 9 -

이 말씀으로 자수를 결심하고 시기를 조정 중에 있었다. 공교롭게도 이 시기 1999. 10. 21. 경찰의 날 내가 사랑하는 동료 경찰 경무현, 이우세, 윤여경 등 세 사람이 검찰에 구속된다.

이때 모든 책임은 나에게 있는 것 그들에게 왜 책임을 물어야 하나 더 이상 지체할 이유가 없었다. 3일 후 제대하고 오는 막내 아들을 보고 즉시 자수하는 것으로 결심하고 10. 25경 이유 불문하고 자수하겠다는 편지로 박 단장에게 통보하고 대기 중 병이 나서 죽게 앓는 바람에 1999. 10. 28. 20:00경 우리 동료들이 구속되어 있는 서울지검 성남지청에 자수를 하였다.

자수한 지 1~20분 사이에 성남지청 밖에는 수백 명의 기자와 취재 버스와 승용차들로 인산 인해다 본청에서 인수요원 10명이 오고 현관에는 포토라인이 설정되고 나가서 모든 사실은 검찰 조사과정에 사실대로 진술하겠다는 답변으로 호송차에 승차하는 과정에 밀고 당기고 입고 있던 잠바가 다 찢어졌다.

　차 레이스를 하며 서울지검에 도착하니 여기는 더 운집해 있다. 밀고 당기며 간신히 청사 안으로 들어가 서울지검 강력부에 도착하였다. 그날 밤 3시가 되어서야 성동지청에 도착하여 수의로 갈아 입고독방만 있는 독거사동에 수감되어 교도소의 첫밤을 보냈다. 방에 들어서는 순간 철문이 철컹 잠기고 들여 놓은 파란 담요 8장으로 4장은 깔고 4장을 덮었는데 바닥에서 냉기가 심하게 올라와 잠을 청할 수가 없다. 비닐로 쳐진 화장실 옆 방모퉁이에 뻥 뚫린 구멍으로 들여다 보는 서생원이 마음에 걸려 방에 있는 신문지로 틀어막아 보지만 소용이 없을 터 뜬 눈으로 새우고 아침에 서울지검으로 조사받으러 가면서 담당 교도관에게 쥐구멍을 막아 달라 부탁하고 저녁에 돌아와 보니 송판으로 튼튼하게 막아 놓아 교도관에게 감사하다고 인사를 했다. 약 40일간 검찰로 조사 받으러 다녔지만 김근태씨와 관련된 것은 불과 30분 정도에 불과하였고 과거 취급한 정치적 사건들을 조사 하였다.

　그러던 중 하루는 검치를 나가는데 담당 교도관이 나를 부르더니 "왜 보기 싫게 검은 고무신만 신고 다니세요 이거 신으세요."하며 흰 고무신을 주어 신으면서 마음이 찡했다. 어느 날엔가 검치를 나가는데 복도를 걷는데 마주 오던 어느 수용자가 갑자기 달아나자 교도관들이 경적을 불며 쫓아갔다. 나중에 안 사실이지만 그 달아난 그 사람은 관광을 빙자 하여 중국에 갔다가 입북하여 김일성 동상 앞에서 뒤늦게 찾아뵈어 죄송하다며 통곡하는 장면이 이북 TV에 방영되어 그후 돌아오는 것을 공항에서 검거한 자로 나를 알아보고 "저 사람이 내가 입북한 것을 알면 맞아 죽는다"며 달아났다고 하는데 나는 일면식도 없는 사람이었다. 그 일이 있은 직후 그 수용자는 다른 교도소로 이감하였다고 한다.

 2001년 1월 일심에서 징역 7년을 받고 항소하자 안양교도소로 이감되었다. 독거사동으로 가서 지정된 방으로 들어가려고 하는데, 2층 화장실의 변기에서 흐르는 오물이 흘러내려 도저히 들어갈 수가 없어 망설이고 있는데 지나가던 보안과장이 보고 교도관을 불러 내용을 듣고 문제수들을 수용하는 독거 사동으로 이동하여 들어가 보니 0.7평이니 한 사람 누우면 꽉 차는 아주 작은 방이었다.

 이곳은 안양교도소 동남쪽 귀퉁이에 조그만 연못이 있고 그 옆에있는 건물로 2층은 공장이고 아래층은 독방 11개가 있는데 그 중 8개는 작은 방이고 3개는 4평짜리로 좀 큰 방이나 모든 방이 나를 제외하고는 전과 9범 10범 이상의 중범수들이다. 그러던 어느 날 나를 작은 방에서 큰 방으로 옮겨주었다. 옮긴 방은 화장실도 넓어 샤와도 가능했다. 나는 접촉성 피부염이 심하여 아무리 추워도 알러지가 시작되면 찬물을 뒤집어 써야 하므로 화장실이 넓어야 했다. 이런 방이 정말 안성맞춤이었다. 큰 방 3개가 나란히 있고 방 앞에는 약 30평 크기의 큰 공간이 있고 측면 벽에 책상 한 개가 있어 담당 교도관이 위치하며 방 정면에 출입구가 있다.

 담당 교도관이 하루는 나를 불러 중범수들은 정상인들이 아니므로 돌연변이라며 주의하라고 당부했다. 그리고 며칠 후 드디어 사건이 터졌다.

 성경을 보다가 갑자기 소리를 질러 내다보니까 전과 9범이란 자가 안경을 쓰고 있는 교도관 안면을 발로 차서 안경이 깨져 얼굴이 피투성이다. 급하니까 비상벨을 눌러 조사계 직원 3명이 왔으나 수갑도 채우지 못하고 제압은커녕 어찌할 바를 모른다.

나는 피투성이 교도관을 바라보니 안타까워 방문을 열라고 소리를 지르자 교도관 한 사람이 와서 나의 방문을 여는 순간 뛰쳐나가 전과 9범의 팔을 잡아 관절을 꺾어 바닥에 눕히고 손을 들어 교도관에게 손을 뻗어 수갑을 받아 양팔을 뒤로 수갑을 채우고 일어나자 따라 일어나는 전과 9범을 담요로 씌워 버리자 교도관 4명이 들고 조사계로 연행하여 조사에 착수하였다.

다음 날 조사계에서 불러서 갔더니 계장은 어제 수고 많았다며 고맙다고 인사하면서 제압하는 기술을 조사계 직원들을 교육해달라고 부탁하여 단호히 거절하였다. 내가 가르키면 아무래도 소문이 나고 그리되면 조사계의 입장이 곤란해 질 것이므로 사양하며, 이번 폭행사건을 처음부터 목격하였으므로 참고인 진술은 내가 지금 즉석에서 작성하여 제출하였다.

그로부터 2~3주 후에 가해자인 전과 9범이 찾아와 자기가 잘못

했다며 피해자가 합의를 해 주지 않아 나에게 합의가 되도록 주선해 달라고 하여 거절했다. 얼마 후 추가로 6월형을 더 받아 청송교도소로 이감 갔다며 피해자인 교도관이 찾아와 인사를 하였다.

나는 항소심에서 들었다 놓는 바람에 7년형이 확정되어 영등포 교도소로 이감을 갔다 1층에 있는 독방이었다 이 교도소도 일제 때 지은 교도소라 열악하여 화장실을 통해 쥐가 들어오는 곳이었다. 이감간 지 얼마 안 되어 실제보다 더 가까운 후임 대공분실장인 소진만 경감이 특별 면회를 와서 삼성제약의 액체로 된 우황청심환을 주며 먹으라고 하기에 예감에 좋지 않은 일이 생겼구나 짐작은 하면서 마시고 나자 "형님! 둘째가 소천하였어요. 너무 상심하지 마세요."한다 자식이 죽으면 가슴에 묻는다더니 이런 것이구나! 교도소 당국에 장례나 보고 올 수 있도록 요청하였으나 다

른 사람 같으면 되나 나이기 때문에 안 된다는 거절을 받고 독방에서 슬픔을 곱씹어야 했다.

시름에 빠져 있던 어느 날 보안과장 면담이 있어서 갔다. 출역을 해야 행형성적이 좋아 감형을 받을 수 있다며 출역을 권유받고 두부공장에 권유받고 출역을 하였다. 독방에서 두부공장에 나가는 수용들이 생활하는 방으로 옮기니 4.7평 크기의 방에 14명이 생활하다보니 소위 칼잠 (한 사람씩 엇갈려 옆으로 자는 잠자리)을 자야 했다. 한 밤 중에 뺑끼통(화장실)에 갔다 오면 잠자리가 없어져 버려 비집고 들어가려면 욕지걸이가 나오고 시비가 생긴다. 약 3년 두부를 찍으니 기술자가 되어 콩물의 온도 측정과 기록을 담당하면서 약품만 타 주었다.

이 시기에 성령의 인도하심으로 교도소에 가서야 하나님이 간섭하셔서 기도에 응답하시고 고난을 통해서 지혜를 깨닫게 하셨다. 울분의 주먹을 쥔 자에게는 하나님의 분노와 저주가 있지만 두 손 모아 기도하는 자에게는 하나님의 은혜와 축복이 있다.

"너희가 기도할 때에 무엇이든지 믿고 구하는 것은 다 받으리라." - 마 21 : 22 -

"너희는 내게 부르짖으며 와서 내게 기도하면 내가 너희를 들을 것이요 너희가 진심으로 나를 찾고 찾으면 나를 만나리라"- 예레미야 29 : 12, 13 -

(11) 하나님의 음성

교도소에 와보니 예상치 못한 일이 많은 사람들이 내가 박O철을 죽인 것으로 알고 운동장에 나가면 잘못 알고 손가락질인데 박O철은 일면식도 없고 그 사건 내용도 전혀 모르고 있다. 이 시기 기도하고 묵상하던 어느 날 하나님의 음성이 내 귓전을 울렸다. "내가 머무는 곳에 오너라."이것이 꿈인가 생시인가 확인해 보았지만 생시였다.

말씀의 진의를 몰라 며칠동안 전전긍긍하다가 그 의미를 알았다. "두 세 사람이 내 이름으로 모이는 곳에는 나도 그곳에 있느니라." - 마태복음 18 : 20 -

- 집회에 나오라는 하나님의 첫 사랑과 명령이셨다.
- 기도에 응답으로 용기를 주셨다.

하나님의 명령이니 옥중 교회에 나가지 않을 수 없고 용기백배 성서를 끼고 집회가 있는 날 두 눈 질끈 감고 교회로 나갔다. 삼삼오오 무리지어 손가락질하고 비아냥 하지만 개의치 않고 오직 하나님의 명령이라는 사실만 생각했다. 또한 형제들의 열렬한 환영도 있었고 새 신자반에 인도되어 세례학습을 받았다.

가정도 친구도 버리고 오직 빨갱이 잡는데만 젊음을 바쳤건만 주구로 매도하지만 전지전능하신 하나님만은 아시리라 믿고. 세례 학습에 전념하여 10주간 교육을 받았다. 세례 때 시험본다고 하여 세례학습지 "빛으로 인도하리!"책자를 1주일을 밤을 새우듯이 열심히 하여 세례 받으러 가서 긴장하고 있는데 고척교회 조O재 담임목사님은 "예, 아니오."로 대답하는데 질문의 답은 전부 "예."가 정답이었다 . 꼭 사기 당한 기분이었다. 이날 14명이 세례를 받았고 나에게 연장자이니 소감을 말하는데 "할렐루야!" 함성을 지르고 내려왔다.

그 다음 주 조O재 목사님은 나를 불러 "지난 번 왜 할렐루야 함성만 지르셨습니까?"라는 질문에 이렇게 답변하였다."지난 날의 이근안은 이미 죽었습니다. 세례를 통하여 거듭나는 날이어서 아기가 엄마 뱃속에서 태어나면 이 지구를 C하여 함성을 지르듯 저역시 같은 의미로 함성을 질렀습니다."하자 조목사님은 무릎을 치셨다. 참으로 신기한 것은 약을 먹어도 낫지 않던 대인기피증은 예배에 참석하며 기도함으로서 자연 치유가 된 사실이었습니다.

(12) 세례교인으로서의 자성(自省)

- 전도명령 : 성경에 나와 있는 제일의 명령, 절대명령이다.
"내가 너희에게 분부한 모든 것을 가르쳐 지키게 하라"- 마태복음 28 : 20 -
"너희는 온 천하에 다니며 복음을 전하라"- 마가복음 16 : 15 -
"…땅끝까지 이르러 내 증인이 되라"- 사도행전 1: 8 -
- 전도의 필수요건.
성경지식의 아는 정도가 믿음의 깊이는 아니더라도 복음이 하나님 말씀에 기초하며 체계적인 성경지식이 없이는 체계적인 복음이 불가능하다.
"지혜를 얻는 것이 은을 얻는 것보다 낫고 그 이익이 정금보다 낫고 그 이익이 정금보다 나음이니라" - 잠언 3 : 14 -
"너희가 은을 받지 말고 나의 훈계를 받으며 정금보다 지식을 얻으라"- 잠언 8 : 10 -
- 결단 : 전도자가 되리라.
* 출역을 포기 즉 가석방 포기 독거를 전방.
* 독방에 나만의 성전을 만들고 신학전공.

(13) 뜻하지 않은 이감

두부공장 출역을 포기하는 것은 가석방을 포기하는 것으로 오로지 신학 학습을 하기 위하여 독방으로 옮겨 세례 때 받은 십자가를 벽에 걸고 나만의 성전을 만들고 찬양하고 예배, 기도하고 묵상하며 조직신학 등 신학학습에 열중하자 교도소 내에는 신앙으로 돌았다는 소문이 났다.

담당이 수원 아주대학 병원 정신과 진료를 받으러 가자는 것을 거절한 지 1주일 후 이감명령으로 버스를 타고 영동고속도로를 달리면서 "하나님 어디로 가든 좋습니다 하나님 뜻대로 하시되 신학을 계속할 수 있도록 독방만 확보할 수 있도록 은혜를 베풀어 주십시오 예수님 이름으로 기도 올립니다."하고 기도를 되풀이 하는 사이 도착한 곳은 여주교도소였다. 34명의 이감자가 버스에서 내리자 주임 한 분이 기다리고 있다가 내 이름을 불러 다가가자 데리고 사무실로 들어갔다. 왠 성경공부를 그렇게 열심히 하십니까? 나는 의아했다 초면인데 어떻게 알까? 이 때 공부를 계속할 수 있게 독방을 요구하자 그것은 계장 결재가 나야 한다며 나갔다. 두고 간 책을 보니 '특별 관리 대상자 이근안'이다 열어보니 시간 시간 적어 놓은 것을 보고 놀랐다. '옆으로 자고 있음, 바로 자고 있음, 성경 읽고 있음,…' 등 한 시간 간격으로 기재한 것으로 보아 특별관리가 아니라 특별 감시대장이었다.

조금있으니 주임이 와서 짐을 가지고 따라오라고 하여 도착한 곳은 일층으로 번호키를 누르니 철창문이 열린다. 들어가라고 하여 짐을 들여놓고 들어가보니 TV, 선풍기, 붙박이 책장, 칸막이가 유리문으로 된 화장실, 양변기, 싱크대까지 그야말로 호텔이었다. 나는 나와서 몇 사람이 쓰는 방입니까 하고 물었더니 4명이 쓴 는 방인데 혼자 쓰세요 하기에 기도에 하나님이 응답해 주셨구나 하며 큰 절을 하며 "한 3년 더 살겠습니다"하자 주임도 껄껄 웃으며 갔다.

(14) 하나님의 사람들

참으로 기이한 것은 하나님의 도움이 필요한 때에 직접 오시는 것이 아니라 도우미를 보내 주신다는 것이다. 영등포 교도소에서 수형생활을 할 때에 대인기피증이 심해서 집회에도 못나가고 고민하고 있을 때 낯모르는 목사 한 분이 면회를 오셨다. 경기도 의왕시 어느 교회에 협동목사로 계신 박○석 목사님이셨다. 그분은 안양교도소장 당시 보고를 통해서 또는 순시를 통해서 독거하고 있던 나를 관심 있게 보셨는데 요지음도 성경을 열심히 보느냐고 물으셨다.

박목사님은 정년 퇴직하면서 목회자가 되셨다는 것이다. 어느 날 기도 묵상 중에 내가 떠올라 찾아왔다며 어려움이 없느냐고 물어서 박○철 치사범으로 오해되면서 손가락질에 대인기피증으로 고민하고 있다고 고백하였다. 박목사님은 한 달에 한 번 방문하는 교리학습을 받아보겠느냐는 것이다. 오히려 내가 부탁하려던 참인데 너무 감사하였다. 그 후 지정된 날짜에 어김없이 방문하여 교리학습을 진행하였고 때로는 기독관련 책자를 갖다 주시고 때로는 사모님도 동행하셔서 기도해 주셨다. 한 가지 불만은 성경을 창세기부터 차례 차례로 학습하지 않고 오늘은 창세기 하고 다음은 마태복음 하는 식으로 하니 체계가 서지 않는다고 토로하자 충고도 해 주셨다.

겸손하지 않은 사람은 언제나 남을 비난한다. 남의 그릇됨만을 인정하고 자신의 욕정과 죄과는 점점 커진다는 것이다. 저는 비판하지 않는 것이 자신이 비판받기 싫어한다는 것이다. 주님은 이 세상 어느 누구도 비판할 자격을 가진 사람은 아무도 없다고 말씀하셨다는 것이다.

"나는 너희에게 이르노니 너희 원수를 사랑하며 너희를 핍박하는 자를 위하여 기도하라." - 마태복음 5 : 44 -

"유순한 대답은 분노를 쉬게 하여도 과격한 말은 노를 격동하느니라." - 잠언 15 : 1 -

7년의 옥고를 치루면서 그 열악한 환경 속에서 믿음생활에 불을 붙이고 정진할 수 있었던 것은 여러분의 도우미들의 도움이 아니었다면 불가능했을 것이다. 바로 그 도우미들이 하나님의 사람들이라 확신한다.

그 도우미들 중에는 교도관도 있고 봉사하러 온 자매님들도 있고 각급 교회 교역자들도 있었다. 그분들 중에는 지금껏 지난 9년동안 변함없이 신앙지도와 어려울 때 혈육보다 더 가까이에서 도와주는 천사 같은 분도 있어 하나님이 보내주신 사랑의 손길로 확신한다.

여주교도소로 이감 온 직후 담당 교도관이 와서 교도소에 처음으로 '두란노 아버지 학교'가 개설이 되는데 지원하라는 권유를 받고 망설이다 지원에 응했다. 5주간의 교육을 통해서 나는 커다란 변화를 가져왔다.

〈 하나님의 은사 〉

나는 아버지학교 교육 첫 날에 KO가 되었다. 이제껏 자식을 낳아서 공부나 시키면 할 일 다 한 줄 알았는데 가정의 가장인 아버지가 제사장적 위치에서 영성을 가지고 믿음의 블록으로 가정의 울타리를 쌓아 사탄 마귀의 침투를 막고 온 가족을 인도하여 십자가를 푯대로 삼아 나아갈 때에 비로서 깨닫게 되었고 자녀에 대한 축복 기도가 자녀교육의 기초라는 것을 알게 되었다. 이때였다 KBS의 현장 취재팀이 들이 닥쳐 인터뷰 요청으로 위 이야기를 그대로 이야기했다.

FS(아버지학교) 여주 1기를 수료함으로서 새로운 기독인으로 거듭나기를 결단하고 우선 좀더 지식을 키우는 것이 급선무라 생각케 되었다. 비록 15척 담장 안의 폐쇄된 공간이지만 길이 있다는 확신하에 교육에 전념하여 기독관련 교육을 섭렵한다.
 - 기도학교
 - 내적치유과정 교육
 - QT베이직세미나
 - 교의 신학 (1년과정)
 - 교리학교 (3년과정)
 - 두란노 아버지학교 여주 1기 수료

  이 아버지학교 교육은 내게 큰 감명을 주었고 우리 가정에 변화를 일으켰다. 이 교육을 통해서 가장인 아버지가 제사장적 위치에서 영성을 가지고 믿음의 블록으로 가정의 울타리를 쌓고 사탄 마귀의 침투를 막고 온 가족을 인도하여 십자가를 푯대 삼아 나아갈 때에 그 가정에 하나님의 축복이 넘친다는 진리를 알았다.

  아버지학교 수료식 날 세족식에서 내 발에 얼굴을 묻고 눈물을 흘리며 감동의 기도 해주신 원주 제일교회 장로로 시무하는 우O각 장로님을 만나 그것이 계기가 되어 아버지학교 간증자로 몇 년간 사역을 하였고 옥고를 치루는 동안 뒷바라지는 물론 교회 사모까지 함께 오셔서 기도해주시고 제일교회 설립 60주년 기념행사로 성경필사본 전시회에도 동참시켜 주시고 아플 때는 약을 차입해 주시는 등 큰 도우미셨다. 나는 감사의 마음으로 출소하여 첫 예배를 원주 제일교회에서 드렸다. 참으로 뜻깊은 날이었다.

  성경공부를 하다보니 조금은 불만이다. 생명의 떡인 말씀(성경)을 만인이 먹기 쉬워야 하는데 너무 어렵다는 점이다. 예수께서 베들레헴(떡집이라는 뜻)으로 오셔서 '가버나움회당'에서 다음과 같이 말씀하셨다.

"진실로 진실로 너희에게 이르노니 믿는 자는 영생을 얻으리라" - 요한복음 6 : 47 -

"내가 곧 생명의 떡이니라" - 요한복음 6 : 48 -

"내가 하늘에서 내려 온 떡이니 사람이 이 떡을 먹으면 영생하리라. 내가 줄 떡은 곧 세상의 생명을 위한 내 살이니라."- 요한복음 6 : 51 -

"이것은 하늘에서 내려온 떡이니 조상들이 먹고도 죽은 그것과 같지 아니하여 이 떡을 먹는 자는 영원히 살리라 ." - 요한복음 6 : 58 -

생명의 말씀인 떡을 쉽게 먹는 방법을 모색하던 중 성경을 1년 기준하여 학습하려면 52주로 구분하여 성경교리를 주제, 서론, 핵심진리, 강해, 이 진리의 교훈 등으로 세분하여 CHART화 시키기로 하고 2년간 집필하고 9개월 정서하여 성경교리연구를 완성하였다. 이것은 하나님의 은사요 하나님의 축복이었다. '성경교리연구' 집필을 완성하던 날 펜을 놓자 교도관이 와서 보안과장 면담이라고 하여 따라 갔다. 보안과장으로부터 극찬을 받았다. 그 연세에 신심이 대단하다는 칭찬을 하면서 원고 좀 볼수 없느냐고 하여 가서 가져왔다. 읽어보면서 계속 칭찬이다. 보안과장은 "이것을 책으로 만들어 담안의 형제들에게 배포하면 전도사역에 큰 효과가 있을 터인데 승낙하면 예산은 신우회에서 지원한다."는 것이다. 이에 쾌히 승낙하자 신우회 총무에게 지시하여 500부를 만들어 배포하자 교도소내에는 이 책을 가지고 공부하는 사람이 많았다.

반면에 공부하다 모르는 것이 있으면 물어보러 오는 수형자들이 많아 졸지에 랍비가 되었다. 위 박도석 목사께서도 이 책을 교재로 서울구치소 사형수 10명이 교리학습을 하고 있다니 반가웠다. 또한 하나님께서 보내주신 도우미들의 도움으로 신학 8학기를 수학하고 출소후 신대원 4학기를 수학 2008년 10월 30일 기독교 100주년 기념관에서 목사 안수 및 임직하므로서 하나님의 종으로 거듭나는 은혜를 받아 지금껏 200여회 간증 전도 사역에 임할 수 있었다

(15) 회개와 화해

아버지의 영서에만 힘입어 믿음의 사람이 된 것은 아닌 것 같다. 애국은 남에게 미룰 수 없는 것이어서 내 손수 한 것이고 그래서 사심 없이 긍지를 가지고 했는데 결국 권력의 시녀가 되고 높은 사람의 놀이 개가 되고 얻어진 이름이 주구(走狗)다. 감동의 말씀들에 귀감되면서 성경 속으로 빠져들었지만 생전의 아버지께서 소망하신 자식에 대한 영성이 어찌 무관하겠는가!

욥과 요셉을 동경한 것은 그들의 잘못으로 받는 죄 값이 아님에도 한없이 낮추는 겸손 위에 하나님의 존재만을 믿는 신실함에 감동했던 것처럼 내가 내 세울 것이 무엇이 있단 말인가! 그런 가운데 믿음을 갖게 되고 세례 받아 새롭게 거듭나려 한 것 아닌가 !

하나님의 약속은 회개한 자에게 대한 용서였지 죄지은 자에게 회개를 약속하신 것은 아니다. 죄 그리고 죄 사함을 자동적으로 연결하는 것은 옳지 못하다. 이 둘 사이에는 너무나도 힘든 회개라는 순간이 존재해야 한다. 회개의 긴 밤을 세워보지 못한 사람은 죄 사함의 위력이 무엇인지 알 수 없다. '우리의 죄를 용서하시고'라는 기도가 심각하고 진지하지 않는 사람은 회개하는 법을 다시 배워야 한다. 신실한 회개는 양면이 있다. 하나는 과거를 눈물 어린 눈으로 응시하는 것이요 또 하나는 미래를 믿음의 눈으

로 직시하는 것이다.

"만일 우리가 우리 죄를 자백하면 저는 미쁘시고 의로우사 우리 죄를 사하시며 모든 불의에서 우리를 깨끗게 하실 것이요"- 요한1서 1 : 9 -

그렇다. 성서의 진리대로라면 더 이상 미적거릴 것이 없다. 자수해야 한다. 성서에 어디 거짓이 있겠는가! 자수하면 우선 마음은 편해질 것이다. 그까짓 고통이야 극복하면 되지 않겠는가!

이때가 1999. 10.21. 경찰의 날이다. 공교롭게 이 날 내 수하에 있던 직원 3명을 구속시켰다. 내가 나타나지 않으니 미끼였다. 그래 더 이상 머뭇거릴 필요가 없다. 책임자는 나인데 내가 책임지는 것이 당연하다. 내가 들어가면 직원들은 풀릴 것이다

우선 할 일이 있다. 박 단장과 결산을 해야 한다. A4용지에 "앞으로 무조건 5일 이내에 자수합니다."라고 써서 아내에게 갖다 주라고 하고 자수 준비를 하였다. 1999. 10. 25.에 자수하려 하였는데 막내 아들이 육군에서 복무를 마치고 귀가하는 날이라 하루 이틀 연기가 불가피해졌다. 그리고 몸살 감기로 누웠다. 1999.10. 28. 20:00경 둘째와 막내 아들과 집에서 나와 택시를 잡아 타고 직원들이 구속되어 있는 성남 지청으로 가서 자수를 하였다. 검찰 조사과정에 안 일이지만 내가 박 단장에게 자수통보를 하자 나보다 먼저 도피하였다는 것이다. 내가 자수한 지 약 40여일 후에 박 단장이 검찰 수사팀에 확보되어 서울지검 강력부로 연행될 때에 금고 하나와 함께 실려 왔다.

박 단장은 거래은행에서 얻어 준 아파트에 은신한 것을 검찰이 추적수사 끝에 은신처를 확인 급습하였는데 아무 살림도 없고 다만 금고 뿐이라 열라고 해도 열지 않아 검찰로 실어 왔고 금고 제작회사 기술자가 와서 열어보니 6억7천만 원이 들어 있는 통장이 나와 자금출처를 조사 결과 빠징고

대부 전O원씨가 대공경찰발전 기금으로 헌금 받은 10억원 중 잔액이었다.

나와의 대질 신문 결과 한 푼 도와 준 사실이 없고 박 단장 말이 사건이 다 종료되면 집을 사 줄려고 했다는 말에 조사하던 검사가 배가 곺을 때 빵이 필요하지 집이 필요하냐고 반문하면서 당신이 시킨 일하고 도피하다 자수해서 들어왔고 얼마나 비참한 생활을 하였는데 그렇게 한 푼도 안 도와 주었느냐고 하자 박 단장은 내 손만 잡고 "근안이 미안해!"만 반복하는 모습이 나보다 더 초라해 보였다. 한마디 하고 싶었지만 내 탓이라 생각하고 이 방에 있지 못하겠다고 하고 나는 특조실을 나왔다. 그것이 박 단장과 마지막 만남이었다.

그로부터 5년의 형기를 살았을 때였다. 바로 2005년 음력 스무아흐렛 날이다 내일부터 3일간 연휴라 교도관도 수용자도 마음이 들떠 있는 상황이다. 양력으로 2005. 2. 7. 월요일 오후 2시 조금 지났을 때였다. 교도관이 와서 소장님 면담이라며 문을 개방하여 따라갔다. 그런데 소장실이 아니고 보안과장실로 갔다. 들어가니 소장이 와있었다.

소장은 "김O태 복지부 장관이 조금 전 이리로 출발하였으니, 만나보시죠."그 말을 들으니 만감이 교차했다. 현직 장관이 수용자를 왜 만나러 오는 것일까? 정O영 의원과 요지음 라이벌 관계인데 여론몰이하러 오는 것은 아닐까? 이런 생각 저런 생각을 하던 중 고함소리가 들려 왔구나 생각했다. 변호사 접견실에서 대기하고 있는데 김O근태 장관만 불쑥 들어와"참으로 오랜만입니다. 그간 죄송합니다."고 인사하자 "시대가 만든 죄악이지요."나는 그말에 이 양반 그릇이 큰 사람이구나 생각했다.

김 장관은 "언제 그렇게 신앙에 심취하셨습니까?"하여 로마서 3장10절 말씀으로 이 세상 모든 사람이 죄인이니 남은 여생은 회개하며 살까 합니다. 하자 내 무릎을 잡으며 "애로 사항이 있으면 나에게 연락하시든가 교도소장에게 말씀하세요 건강하세요."하고는 나간 것이 만남의 전부이다.

현직 장관이 교도소까지 찾아와 그 당시의 모든 사건들이 개인의 소치가 아니라 이 시대가 낳은 것이라며 허깅하고 깊은 이해를 표하고 애로가 있으면 연락하라는 이야기를 듣고 이 화해의 마당은 하나님의 인도라고 생각하고 있었다.

연휴가 끝난 다음 날인 2월11일 (금) 각 일간 신문과 TV에 김장관의 여주교도소 방문 기사가 톱뉴스로 보도되면서 큰절로 평생 회개하며 살겠다는 것이 보도의 초점을 보고 언론 플레이 한 성질이 높은 것으로 생각되었는데 어느 신문에 보니까 정O영보다 여론조사 결과 2.7% 더 올라갔다는 기사를 보고는 실망도 했다. 그 후 3일이 지난 2월14일 영치금 영수증을 받아보니 일금 5만원 우체국 소액환으로 송금된 것이었다.

같은 해 3월 8일 (화) 서울 신문 5면의 BOX기사로 김 복지 인터뷰 기사에 "이근안 가석방 탄원"제하로 기사가 실렸고 교도소 내에는 광복절 이근안 가석방 소문이 퍼졌다. 그해 7월 하순에 접어들면서 교도관들을 통해 여론을 들어보니 8.15 특사로 나가는 것이 거의 틀림없다는 이야기여서 짐을 정리하여 택배로 집으로 보내고 초조히 기다렸다.

같은 해 8. 14. 가석방심사위원회에서 김O태 장관에게 이근안 특사 의견을 묻자 시기상조라고 거부 의사를 밝혀 제외되었다는 소식을 듣고서야 향후 가석방은 아예 포기하였다. 나는 결국 만기로 만 7년의 형기를 마치고 출소하였던 것이다.

현직 장관이 교도소로 수용자를 방문하여 화해하는 것은 참으로 드문 일인데 그렇게 화해를 하고도 그 후유증은 26년간 지속되었다. 2011. 12. 하순 한 통의 전화가 걸려왔다. 한겨레 신문 기자라며 김O태 장관이 위중한데 인터뷰 하자는 것을 거절했다. 이어서 내가 다닌 신학교 잘 아는 교수로부터 잘 아는 씨비에쓰 기자가 인터뷰 요청을 한다기에 거절했지만 다음 날 인터뷰 한 것으로 보도되었고 그것을 신호로 각 신문사 잡지사까지 기자들이 이사한 집으로 몰려들었다.

 전세금 빼서 빚갚고 월세 쪽방으로 이사하였는데 특종이라도 잡은듯 몰려들었다. "우리는 나오고 싶어 나오느냐!"는 어느 기자의 독백처럼 어느 언론단체의 주도로 언론플레이 하는 것이 분명하다 총선을 앞두고 정치적 목적이 깔려 있다는 것이야 자명한 일 아닌가!

 1.5V 밧데리 위력이 27년간 이어지니 대단한 위력이다. 당시 인터뷰 한 조선 TV 어느 기자처럼 왜 문상을 하지 않았느냐는 질문에 가지 않고 기도해 주는 것이 좋겠다는 주변의 권고를 받아들인 것인데 이 기자는 한 수 더 떠서 전기고문하니까 땀구멍에서 김이 모락모락 나더라는 어처구니 없는 이야기를 보도 한 것을 보고 인터뷰한 것 그 자체가 내 탓이라 생각했다. 그 정치쇼에 또 수난을 겪고 내가 속해 있는 교단으로부터 소명의 기회도 없이 좌파무리들의 선동에 흔들려 제명되었다는 보도만 보고 그렇다면 그런 교단에 안주할 이유도 없다고 생각했다.

나는 告白한다
(이제 나는 말을 한다)

5. 사랑의 메아리

애국은 남에게 미루는 것이 아니라 내가 먼저 하는 것이라는 생각에 애국한답시고 국가 안보가 최우선이라는 의지 하나 만으로 대공 업무를 지망하여 빨갱이 잡으러 동분서주 했건만, 엎치락 뒷치락 하는 정치판에 애국자라고 훈장도 받았다가 노무현 정권 때는 역적으로 몰려 그나마 훈장도 박탈되고, 씹다 버린 껌처럼 버려진 채 도피생활 11년에 자수하여 7년의 옥고를 치루고 18년 만인 2006년 12월 7일 만기 출소하여 세상으로 나와 보니 세상이 너무나도 변해 버려 요지경 세상 속으로 들어 온 것 같다.

나보다는 가족들이 만신창이(滿身瘡痍)가 되었고 손가락질 받아가며 가정살림은 엉망이 되어 아내가 하던 미장원은 손님대신 기자들과 수사관들의 휴게실이 되어 폐업하여 문을 닫았다. 40년간 살던 동네에 조그만 빌딩 청소부로 일하는 아내는 그 수입으로는 생활비가 부족하니까 밤으로 나가 폐지, 깡통, 빈병을 주워 팔다보니 미장원 할 때에는 다달이 경로잔치도 해드리고 없는 노인네들 머리 손질도 해드린 것을 아는 동네 분들이 신문 모아 주는 분이 생기고 술집에서는 깡통을 모아주고 슈슈퍼에서는 박스를 모아 주는 덕에 힘은 들어도 큰 도움이 되었고 학원에서는 헌책을 모아 주는 도움을 받았다.

그래도 70이 훌쩍 넘긴 나이에 힘들어 아내를 도와 출소 후에는 짐이 많으면 내가 손수레를 끌어다 주는데 2~300kg 정도의 중량이 되면, 나 역시 코에 단내가 나고 땀은 비 오듯 흘리며 있는 힘을 다해 고물상에 끌고 가면 고작 1~2만원도 안 된다. 폐품 수집이 힘만 들고 갈수록 폐품 수집하는 사람이 많아져 수집이 수월치도 않다. 그나마 40년 산 동네라 우리의 과거도 알고 신문에 무슨 기사가 나던 소리 소문 없이 도와주는 이웃이 있어 큰 도움을 받으며 늘 감사 한다.

늘 어려운 일이 있으면 기도하시던 아버지를 생각하며 아버지가 보시던 성경을 품에 안고, 아버지를 그리워 하다가 조금 읽어보던 하나님 말씀에 매료되어 도피기간 내내 통독을 생활화하면서 믿음을 갖게 되고, 여생은 '전도자로 살겠다.' 결단하면서 복음이 하나님 말씀에 기초한다는 진리를 깨닫고 15척 담장 안에서 7년의 옥고를 신학 수학으로 메우다 보니 목사라는 직분까지 얻어 어려운 생활 속에서도 전도 사역에 전심전력(專心專力)하였다.

　2006년 12월 7일 출소 이후 국내외로 약 200여회 전도사역을 하면서 큰 보람을 갖게 되었는데, 언론 플레이의 덫에 걸려 또 좌절의 늪에 빠졌으나 이제는 죽을 나이에 병들어 더 이상의 미련은 없다. 아무리 밟아도 믿는 자는 하나님의 약속이 있기 때문에 실망하지 않으며 소망이란 영원한 샘물을 가지고 있다. 그렇게 밟혀도 사랑하는 형제들이 주위에 있어 그 뜨거운 숨결을 몇 가지 이야기하고자 한다. 결코, 잘 아는 특정인의 글만 뽑아 쓴 것도, 모금 현황을, 헌금자 명단을 공개 한 것도 아니며 우리 경우 동지들, 뜻하지 않은 일반인들의 십시일반 행사에 참여한 부분적이나마 공개 하므로서 뜨거운 사랑의 숨결을 리얼하게 표현하고 자 e-mail 내용 몇 개를 옮긴 것이오니 양지하시기 바랍니다.

　출소 후 나와 아내가 다 병 중에 있어 생활이 극도로 어려운 때였다. 2008년 8월경이었다. 나는 전혀 면식이 없는 경찰 선배가 만나기를 청한다는 전갈을 받고 만났다. 청연(淸然) 박O희 선배였다. 박 선배가 운영하는 인터넷 까페가 있는데 숫자는 얼마 안되지만 나의 어려운 처지를 알리려고 한다는 것이었다. 실은 경찰학교 정보학 교관도 하고 전 경무관 출신 박O종 목사가 인터넷으로 글을 올려 알게 되었다면서 인터넷 글을 보여 주셨다.

　선배님! 시골 길 걷는데, 낙엽이 눈송이 처럼 날립니다. 단풍든 잎새 보며 나도 저렇게 곱게 늙었으면 벌써 밝히고 흙으로 갑니다. 훗날 우리도 그곳에 먼지되어 같이 흩날릴걸 세월가고 세상 바뀌어도변하지 않는 욕망으로 우리는 오늘도 목마릅니다. 선배님의 이근안 동지 근황 읽으며 저의 오그라든 손이 참으로 부끄러웠습니다. 그분제가 경찰대학에서 강의할 때 직무과정에 오시면, 엄동의 바닷가 갈대 숲에서 밤 지새며 간첩 잡던 이야기 흥미롭게 펼치셨는데 무심하게 저만 평안했습니다. 시절이 바뀌어도 삶의 가운데 토막을 잘라드리며 나라가 무어라고 나라가 무어라고 잘라드리며, 그리도 아프게지켜보려던 몸부림에 군중이 이끌고 온 간음한 여인을 향해 예수가 말합니다. '여러분 중 죄 없는 사람만 돌 던질 수 있습니다.' 그 시대는 순박해서 모두 돌을 놓고 갔지만 지금은 영악해서 죄 없는 척 하려고 죄 많은 자가 더 세차게 돌을 던집니다.

선배님! 힘드셔도 귀한 일 하십시오. 기도 드리겠습니다.

2008년 8월 강원도 영월에서 박O종 목사 올림.

이 글이 계기가 되어 청연 선배가 인터넷을 통해 감동의 글을 호소하자 성금이 전국 방방곡곡에서 답지하여 1000여 만원의 모금이 되었는데, 그해 겨울 폐지를 손수레에 싣고 눈길을 가던 아내가 미끄러져 손목이 복합골절되어 그 돈이 아니었으면 치료 조차 못했을 것이다.

성금을 보내주신 경우님들에게 일일이 찾아뵙고 인사를 드려야 하는데 제대로 인사도 못 드리고 전도사역에만 매달려 열과성의를 다하며 회개의 삶을 열심히 살아가고 있습니다. 그러던 어느날 청연의 호소문을 본 어느 경우께서 다음의 회답글을 보내주셨습니다. 청연님이 보내 준 박O종 목사님의 메일에 공감하여 이렇게 두서없이 회답글로 목사님께 올립니다.

임진년 새해에는 목사님이 소망하시는 모든 일이 성취되시길 기원하면서 투철한 애경심에 감사드립니다. 이근안 목사님이 출소 후 어려움을 겪을 때가 생각이 납니다.

　김O태! 민주화 운동의 대부! 옳은 말입니다. 그래서 고생 끝에 장관도 하고 당 의장도 하고 이북가서 칙사 대접 받고, 가족도 만나고 환영 연회에서 예쁜 여자들과 춤추며 노래하는 사진이 인터넷에 올라오고, 장례식도 거창하게 하고 물론 대통령이 안 된 것이 아쉽겠지만, 그랬으면 남북통일이 되었을지도 모르는데, 지금도 형극의 길을 가고 있는데 죽은 자를 이용해 산자를 들 복습니다. 박O종 목사님 말씀대로 진실은 하늘나라에서 알고 죄 많은 자가 죄 없는 척 하기 위해 더 세게 돌을 던지는 자가 인기 몰이를 하는 세상, 대한민국 국운이 여기까지 인 것 같아 서글퍼집니다.

　존경하는 박O종 목사님! 미국에 가신지 벌써 2년이 되셨다니 세월이 빠르다는 것을 실감합니다. 밖에서 고국의 돌아가는 세태를 보면 더욱 울화가 치밀 것입니다. 그러다 스트레스 받으면 건강에 좋지 않으니, 건강관리에 신경 쓰시기 바랍니다. 목사님 건강은 그리 나쁘지 않은 걸로 알고 있는데, 사모님 건강은 어떠신지요? 타국에서 몸 아픈게 가장 서럽다는데 건강 또 건강 우선입니다. 건강하세요. 2012. 1. 6. 청 연

〈 LA 박O종 목사의 울분의 글 〉

　존경하는 선배님! 앞부분 생략… 저는 경찰 31년에서 은퇴, 시골목사 10년 수개월에서 은퇴 인생. 은퇴만 남겨 놓은 노년을 타향보다 훨씬 많이 서러운 타국에서 나그네로 살아 2년입니다.

　수사권 현실화에 접근 하는 듯한 형소법 개정이나 소명의식을 가진 1기생들의 약진 같은 반가운 소식도 있었으나 작금의 관련 대통령이나 김O태 사망을 핑계 삼아 이근안 동지의 이름과 함께 묶어 하는 경찰 짓밟기는 먼 나라에 있는 불초 경우까지 울화 치밀게 합니다. 시비되는 이근안 선배의 목사 안수 과정이나 간증 내용에 대하여 저는 다음과 같이 생각합니다.

1. 이근안 선배의 목사 안수

이근안 선배의 목사 안수식을 저는 직접 참관하였습니다. 목사 안수는 한 그리스도인이 교회 안에서 가장 낮은 자로 교회와 성도를 섬기겠다는 고백을 하고 무릎 꿇는 의식입니다.

신앙 안에서 한 인간은 하나님이 온 세상보다 귀히 여기는 소중한 존재이며 죄인 세리, 몸 파는 여인, 강도, 탕자라도 회개하고 돌아오면 하나님은 아들로 선포하고 받아주십니다. 목사는 계급이 아니며 교회 안에서 섬기는 여러 직분 중 가장 낮은 직분 명칭입니다.

2. 이근안 목사의 간증내용

저는 제가 담임 목사로 있던 교회에 이 목사를 초청하여 간증집회를 가진 바 있습니다. 전직 경감이 아닌 현직 이 목사가 하나님과 성도가 지켜보는 엄숙한 교회 강단에 서서 진정으로 고백하는 신앙과 삶의 간증내용은 처연할 정도였습니다. 그런 목사의 고백은 전혀 믿으려 하지 않고 국가를 부정하며 거짓이 습관이던 특정인들의 말은 신뢰하는 현실이 답답하기만 합니다.

존경하는 청연선배님! 마음 상하지 마십시오. 진실은 마침내 밝혀질 것이며 이 땅에서 안되면 마지막 하나님 앞에서 밝혀질 것입니다. 건강하시고 평화하시길 기원합니다. 2012년 1월 2일 은퇴 경무관, 은퇴 목사, 은퇴 인생(대기) 박 O 종 올림

〈 청연 Note 〉

박O종 목사님 감사합니다. 미국 LA 박O종 (전 경무관 /현 목사) 경우님

이 보내주신 투철한 소속감으로 애경의 뜨거운 감동의 글에 김O수, 권O영 두 분의 경우만이 감사의 답 글이 있을 뿐 많은 경우님은 반응과 대꾸도 없으니 어찌 그렇게도 강 건너 불구경 하듯 하십니까?

이근안 경우가 우리와는 관련 없는 다른 이방국가의 경찰입니까? 나라를 위해 충성한 것뿐입니다. 한 때는 모범공직자로 특진도 했죠. 시류에 편승해 일부 잘못된 혹한 평가는 가슴 아픕니다.

지난 수형생활 만기 출소한 후 파탄 난 가정을 돕기 위한 캠페인에 유O수(전 치안본부장), 유O형, 구O일 전 경우회장과 많은 재향 경우님의 성원으로 천만 원을 모금한 바 있습니다.

그후 이근안 목사는 작은 도움에 힘과 용기를 얻어 열심히 전국 교도소 재소자를 위해 복음을 전하는 목회 활동 중입니다. 경우님 ! 이번 기회에 우리 모두 하나 되는 경우회가 됩시다. 2012. 1. 6. 청연 / 편집

〈존경하는 김O수 선배님 〉

연말 연시 교회가 한해 마무리와 새해 준비로 분주한 때였는데, 먼데 일 같지만 조국의 경찰이 너무 안쓰러워 짧은 글 청연님께 드렸는데, 선배님도 화답해 주서서 고마웠습니다. 제가 있는 미국은 완벽한 수사권이 경찰에게 있고 법 집행에 항의하면 즉석에서 수갑을 채우거나 실탄 가격을 하니까 공권력이 대단합니다. 이근안 동지는 국가의 명령을 수행한 것 뿐인데 병든 몸은 늙고 시들었으며, 밖에서 비난이 너무 거세니까 교회나 단체도 초청을 잘못합니다. 월세 20만원 짜리, 4평 단칸 방에서 부인의 건물 청소와 폐지를 모아 생활하는 모습이 1월 4일 동아일보 '휴지통'란에 고문 기술자 이근안 어디 있나로 실린바있습니다. 보수단체들은 반성하라. 몰매 맞아 파산자 된 이근안을 구해줘라. 좌빨단체 같으면 저희 식구 이근

안 처럼 안 둔다. 무슨 수를 써서라도 기 살려주고 양식 주는데, 보수단체들은 눈치나 보고 닭 소 보듯 하니 누가 앞장 서겠냐! 박O순 뺨에 침 바른 여인 지금 누구 하나 뒷받쳐주냐! 그런 보수 누굴 위해 존재하나! 뱃속에 안전이나 추구하는 무리지 보수 다시 태어나야 한다. 고국은 몹시 춥다고 합니다. 선배님, 사모님과 영적 대화도 계속하시고, 건강하시길 축원합니다. 저는 다행히 아픈데 없으나 집사람은 겨우 유지하는 몸인데 이곳은 병원 다니는 절차가 아주 복잡해서 고생입니다. 새해 편안하시고 좋은 일 많으시옵소서. 1월 9일 미국에서 박O종 올림

〈 이근안 목사는 영원한 경찰 〉

미국 로스엔젤레스에서 목회로 사역 중인 박O종 목사님이 보내주신 "버림받아 뒹구는 휴지 같은 이근안"소식이 전현직 경우들을 감동시키는 Story가 모금의 마중물 역할이 됐습니다. 감사의 인사로 전화한 즉 시차로 0시에 잠을 깨웠습니다. ㅋㅋ 박O종 목사님 ! 감사합니다. 밤중인 줄 모르고 전화했습니다. 2012. 1. 27. 〈淸然 드림〉

아래 첨부한 글은 한 경우가 제주에서 보낸 '이근안 Story'에 걸맞는 답글을 주셨습니다.

〈임금이 바뀌면 충신이 역적되는 법 〉

정말 안타깝습니다. 경찰을 직업으로 선택한 때문에 그 시기에 그 위치에 있었기 때문에 많은 어려움을 겪는 사람이 너무 많아 허탈할지경입니다. 제주도에서도 도경에서 취급하던 국가보안법 위반 사건이, 세상이 바뀌어 재심하게 되었고, 그 결과는 완전히 뒤집어져서 무죄를 받게 되자, 그자는 국가를 상대로 손해배상 청구소송을 제기하여 6억을 받게 되었으

나, 이것으로 만족하지 않고 사건 기록상에 나타난 조사관 7명을 상대로 30억원의 손해배상을 청구하였습니다. 현재 1심과 2심에서 피고가 승소하였으나, 원고가 상고하여 3심을 마무리 하는 단계에 있습니다. 지금까지 변호사 비용만 1억5천만 원을 부담한 상태입니다. 현직은 1명이고 나머지는 10여 년 전에 퇴직한 사람들이며 이들 모두 비간부들이고 가정이 곤란한 실정입니다. 누구하나 도와주는 사람은 없고, 당시 과장은 병환으로 두문 불출 계장과 주임은 이미 사망했고 모두가 나 몰라라 하니 당시 조서를 받았던 말단 직원만 헤매이는 실정입니다. 정말 경찰 간부였던 제 자신이 부끄럽습니다. 자체적으로 모금 활동도 해봤지만 실적이 부끄러울 정도라서 다시 용기도 안 나고 그런 실정입니다. 인터넷상에 김O태의 큰형은 서울미대 출신으로 6.25때 김일성 초상화를 그려 인정받았고 월북하였으며, 둘째 형은 월북 평성사범대를 나와 고등중학교 교사로, 셋째 형은 의용군으로 월북 교육성 장학사, 한 때 통일전선부 대남공작원 후보자였다는 설이 있고 숙부는 월북하여 인민경제대학을 졸업 노동성 부, 국장을 역임, 숙모는 월북하였다는데 이런 사실들과 범죄행위는 감춰지거나 미화된 채 그를 조사해서 국가반역사실을 밝혀낸 것은 역적으로 몰리는 판이니 나라 장래가 걱정입니다. 〈제주에서 한 경우가〉

  － 전 충남경우회장 경우가 보낸 글 －

〈 배신감 잊으려, 신앙 선택 〉

　동지님! 우리 대한민국의 경우회 여러분은 한 번 경찰이였기에 모두 영원한 경찰입니다. 좌경 종북 세력척결에 충성을 다한 이근안 동지가 역적으로 몰려, 형용할 수 없는 고충을 다시 당하고 있기에 방관할 수 없어 이 메일을 올립니다. 청연님과 경찰서장을 역임하시고 목사가 되시어 미국에서 목회활동을 하고 계신 박O종 목사님께서 마중물 되시여 옥고를 마치고 출감할 때 처럼 우리 동지들이 십시일반으로 돕는 방법을 알려 주시면 감사하겠습니다.

　성금에 참여하자 !

　동지 여러분이 잘 알고 계시지만, 우리 대한민국을 전복할 목적으로 좌경 종북세력들이 학원가에 침투함을 분쇄 충성을 다 하는 과정에 일시적인 실수로 역적으로 몰려, 근 10년을 은거생활을 하고 7년 동안 옥고 생활을 필한 후 하나님과 성도가 지켜보는 엄숙한 교회 강당에서 사실을 고백하고, 신앙과 삶의 간증으로 목사가 되어 신앙생활을 계속하고 있는 이근안 목사를 국가를 전복하려는 좌경종북 세력에 추종하는 종단의 결정으로 목사직을 박탈하였음은 너무나 어처구니 없는 처사이기에 우리 경우회원 모두는 분노를 금할 길이 없습니다. 청연님의 메일 내용에 이근안 동지 거소 조차 모르고 계신 걸로 알고 있는데 거소를 파악하시여 개별성금을 계좌 또는 단체성금 계좌 등을 교시하여 주시면 감사하겠습니다. 2012. 1. 27.

〈 국가는 배신, 동지는 살아있다.〉

　청연님 ! 존경하는 박O종 목사님의 글에 감동하여 내 스스로가 부끄럽게 느껴집니다. 그때 그 시절 내가 이근안 동지의 자리에 있었다면 나는 더 충성을 했을 터인데, 누구라도 우리들을 대신한 죄값은 이근안 동지 혼자서 치르고 있습니다. 죽은 자를 빌미로 산 자들이 자기들 죄를 감추려고 더 세게 큰 돌을 던지는 비겁한 행동에 박수를 보내는 우리들이 있으니 참으로 통탄할 일입니다.

　이근안 동지에게 제 작은 성의를 전하고 싶습니다. 이번 목사 박탈을 계기로 지난 번 처럼 우리 경우들이 십시일반 성의를 표하여 이근안 동지에게 국가는 배신했지만 '동지는 아직 살아있다.' 마음의 위로라도 받도록 하면 좋겠다는 제안을 올립니다 마중물 역할을 하시려면 청연님이 또 고생을 하시겠지요. 감사합니다. 2012. 1. 27.

〈 미국을 다녀 온 값진 e-mail입니다 〉
　박O종 선배님! 아니 박O종 목사님 글, 감명 깊게 읽었습니다. 이근안 선배님을 생각하면 생각할수록 억장이 무너집니다. 이근안 선배님에게 돌을 던진자들 모두가 종북 기회주의자들일뿐! 진정한 애국자도 민주투사도 아닌 것을 뻔히 알면서도 그들에게 정부가 끌려다닌 꼴을 보고 있자니 울화통이 치밀어 그들을 싹 쓸어버리고 싶을 뿐입니다…. 이럴수록 우리 경우들은 똘똘 뭉쳐 단호히 종북세력에대처해 나아가야 하고, 이근안 경우를 십시일반으로 도와야 한다고 생각합니다. 박O종 목사님! 저와 같은 경우들이 이런 경우에 대하여 좀 더 관심을 갖고 결속을 다지기 위한 좋은 말씀 계속 부탁드립니다. - 김 O 섭 올림 -

〈이러한 글들이 인터넷에 오르내리며 경우들의 성금이 답지함〉
* 존칭 생략합니다
구재태 경우회장님이 사비로 300만원을 보내신 것을 중심으로
유O수, 유O형, 이O범, 조O빈, 구O일, 김O호, 안O철, 음O제,
김O수, 한O동, 김O일, 박O희, 홍O선, 조O준, 박O행, 홍O근,
민O근, 조O규, 장O옥, 조O정, 채O득, 권O일, 박O규, 이O구,
석O례, 김O욱, 김O중, 송O호, 문O주, 양O규, 양O석, 송O인,
박O수, 박O수, 정O인, 석O징, 오O호, 이O섭, 김O순, 최O목,

박O호, 최O락, 구O찬 등 경우 동지들이었다.

그 외 단체로는,

인O연수 경우회 일동, 부O여경회 일동, 인O충의회 1, 2, 3차 용O경우회 익명의 경우님 등 경우 회원님들 성금이 답지하였습니다.

*** 위의 명단은 후원금을 보내 주신 분들의 전체 명단이 아닙니다. 일부만 게재하였을 뿐입니다. 지면 관계상 전체를 게재하지 못함을 양해바랍니다.

〈 이때 저는 다음의 답례 글을 올렸습니다. 〉

할렐루야!

그간 사랑을 보내주신 회원님들께 머리 숙여 감사의 인사를 드립니다. 버려진 것으로 체념하고 살아왔는데, 이번에 뜻하지 않은 성원에 참으로 놀랐습니다. 전국 사이버 경우님의 뜨거운 성원과 정성의 후원금을 보내주신 경우 선배회원님의 성원에 큰 보람을 느낍니다. 그간 격려해주시고 노고를 아끼지 않으신 청연 선배님께 감사를 드립니다. 보내주신 성금으로 병든 아내를 지키며 모든 위선과 허물과 허황됨을 버리고, 참회하며 용서를 구하고 남은 여생은 신앙인으로 참된 삶을 살아가며, 십자가 아래 새로운 가정으로 거듭나도록 노력하겠습니다. 그간 보내주신 사랑의 힘은 외롭지 않다는 확신과 용기를 주셨습니다. 다시 한 번 감사를 드립니다. 하나님의 은총이 늘~ 충만하시기를 기도드리겠습니다. 감사합니다. 한동안 격조 했습니다. 재활용품을 수거하여 리어카로 끌고 가던 중 제 처가 넘어져 우측 손목이 복합 골절되어 치료 중으로 경황이 없어 뒤늦게 추가 성금에 인사올립니다. 해량있으시길 바랍니다. 2007년 12월 24일

이 근 안 경우 올림

〈이때 청연 선배가 주신 격려의 글〉

– 우리는 完璧하지는 못합니다 –

人格과 智慧가 있는 完璧한 삶이 못된 우리입니다. 우리는 하루하루 내 속에 든 驕慢과 利己心을 저 멀리 던져가며 完璧하게 되려고 努力하는 '進行形 人生'인 것입니다. 한숨어린 煩悶으로 잠못 이루는 사람 알고 보면 하잘것없는 苦悶일 수 있고, 太陽이 빛날수록 그늘은 더욱 짙듯이 苦悶으로 번민하지 말며 世上흐름에 따라 하루하루를 最善으로 살아야 합니다. 아픔의 응어리 누구나 가슴에 안고 살아갑니다. 失意에 빠지지도 말고 오늘의 아픔에 挫折하지도 말았으면 합니다. 來日은 또 내일의 太陽이 떠오를 테니까요. 아무리 나이가 많다고 하드래도 우리의 인생은 아직 完成되지 않은 現在 進行形입니다. 最善을 다하여 사는 것입니다. – 清然 –

〈 여성 조선 2012. 2월호의 기사 내용 중에서 〉

업보로 받아들이기에도 힘든 가족사 "목사 면직! 이전부터 비참하게 살았다."

간첩 잡는 킬러로서 고 김O태 고문의 진실 등도 이야기 했다. 그는 이 자리에서 본인은 공갈만 했지 심하게 하지 않았다면서 과거의 행동을 뉘우치지 않아 문제가 됐다. 하지만 최근 있었던 한 인터뷰에서 자신의 업보 때문에 가족들에게 불행이 닥친 것이다. 과연 업보라는 것이 존재할 것일까 그의 현재는 지나칠 정도로 비참하다.

보증금 100만원, 월세 20만원 짜리 4평 단칸방

이삿짐 풀기도 전에 김O태 사망 소식 듣고 종적 감춰 많은 취재진이 다녀간 그의 집에서 행적은 찾아볼 수 없었다. 낮에는 빌딩 청소, 밤에는 폐지 수거. 실질적인 생활 유지는 부인 신씨의 몫. 신씨는 폐지와 재활용품을 수거하고, 빌딩 청소부 일을 하면서 생활을 이어가는 것으로 확인됐다. 같은 동네에서 한 때 미용실을 운영했으나 지금은 처분. 미용실 규모가 작아 벌이가 넉넉하진 않았다. 마트에서 만난 동네 토박이 주민은 미용실 할 때도 폐지는 계속 주웠다. 신씨가 심성이 고와서 노인들 머리를 무료로 손질하는 등 착한 일을 많이 했다. 신씨는 70세가 넘은 나이지만 낮에는 빌딩 청소, 새벽 3시면 일어나 동네를 돌며 폐지를 모으는 생활을 반복하고 있다. 이런 생활이 벌써 10년째이다. 신씨가 거래하는 동대문구 용두동의 고물상을 찾았다. 거의 매일 다녀갔는데 다리를 다쳐 깁스를 하고 불규칙하게 왔었다. 오래간 만에 온 것이다. 최근 작은 집으로 이사했다고 한다. 작은 집이어서 리어카를 둘 곳이 마땅찮아 고물상에 두고 다닌다.

　고물상 사장은 이근안씨가 가끔 온다. 양이 많으면 아내를 대신해 리어카를 끌어다 주는데 마지막 방문이 지난 12월 말쯤으로 자필로 쓴 책도 선물해 받았다. 에필로그도 눈에 띈다

"이 책은 지난 날 영욕의 세월을 청산하고 하나님의 쓰임 받는 종이 되기 위하여 옥중에서 써 내려갔다. 피를 잉크삼아 한자 한자 써내려간 회개의 얼굴이다. 난필에 착오도 있으리라 생각되지만 넓으신 해량 있으시길 바라오며, 이 글을 완성을 허락하신 하나님께 감사와 영광을 드린다. 하나님의 백성이 되고자 노력하는 모든 분들게 미력하나마 도움이 되시기를 무릎으로 기도한다."

　숨겨진 슬픈 가족사 심장마비, 교통사고로 두 아들 먼저 떠나보내며 최근 이근안씨가 한 인터뷰에서 자신의 업보 때문에 가족들에게 불행이 닥친 것 같다. 그 시절엔 '애국'이었다지만 그와 가족을 둘러싼 말로는 비참하기만 하다. － 淸然 編集 －

〈 淸然에게 보낸 어느 警友의 글 〉

청연님 ! 대단하십니다

신앙의 힘에 의해서 인지 모르겠습니다만, 참으로 훌륭하고 보람있는 일을 하심에 위대하다고 말씀드리고 싶습니다. 이근안 경우와 깊은 인연이 있는 것도 아닌데…, 같은 기독교 교인이기 때문만도 아닐 테고…, 그 열정과 동료애…, 그리고 경찰인으로서 조직에 대한 애착심…, 대한민국 국가 체제를 지키기 위하여 충성한 조직원을 보호해 주지 않는 국가에 대한 울분 자기 책임을 다한 충직한 동료에 대한 애절함…, 국가로부터 사회로부터 동료로부터 냉대 받고 있는 옛 동료의 가련한 모습…, 이런 모든 것들이 청연님의 마음을 그냥두지 않았지요. 청연님의 그 깊은 속뜻이 아름다운 멜로디로 이어져 눈덩이처럼 커가는 현실에 가슴 뭉클함을 느끼 항상 청연님이 말씀하신 마중물 역할에 더 없는 찬사를 보냅니다. 풀린 추위만큼 마음도 풀려 주말 잘 보내십시오.

2012. 2. 4. 경우회(중앙회) 부회장 율천 권O영 드림

☞ 이 때 들어 온 성금 총액이 9,750,000원이었는데 보내주신 분 가운데 경우가 아닌 강원도 고성 시골 마을에서 철물점을 하시는 일반인 박O복이라는 분이 200,000원을 보내주셔서 깜짝 놀랐습니다.

그 사연을 알고 보니 같은 동리에 사는 어느 경우를 통해 모금 사실을 알고 국가는 버렸어도 이렇게 전직 재향 경우들이 돕고 있는 현실을 외면할 수 없다면서 동참하였다는 같은 동리에 살고 있는 정O승 경우의 설명은 참으로 놀라웠다.

국가관에 의기투합함으로 자주 드나드는 이웃집 신뢰하는 주민으로 반미친북에 휘말리고 있는 현실을 보며 분개 하고 있는 국가안보 의식이 투

철한 분으로 참 훌륭하신 분이라는 설명을 들었다. 경우도 아닌 분이 모금에 동참하신 정성에 감사하여 그 분께 전화로 감사의 인사를 드리자 용기 잃지 말라며 나에게 애국가를 불러주셨습니다.

 6.25 때 이북에서 월남하신 분으로 숱한 고생 끝에 자수성가(自手成家)하신 분으로 국가관이 참으로 투철하신 분으로 많은 감동을 받았다. 하물며 지금의 애국가가 애국가가 아니라고 주장하며 국록을 받는 사람이 있는가 하면 국기에 대한 경례를 하지 않는 조직이 있다니, 어쩌다 이 나라 안보의식이 이 지경이 되었냐고 개탄하시는 분이었다.

〈 淸然님은 경우가 아닌 일반인이 모금에 참여하자 감격하여 인사글을 올렸습니다. 〉- 十匙一飯 참여에 감사합니다 -
 바쁜 세상 속에서 우리의 삶이 마치 눈을 가리고 앞만 보며 달려가는 경주마 처럼 살아가고 있지는 않은지 잠시 멈춰 서서, 이제 다시 눈을 뜨고 마음을 열어 봅시다. 하나님이 창조하신 아름다운 세상이 다시 보이기 시작 하실 것입니다. 햇볕이 이토록 빛나고 하늘이 이렇듯 넓으리라 상상조차 못할만큼 이근안 돕기 성금에 참여하신 큰 마음에 놀랍습니다. 삶의 자리에서 힘들고 어려운 위기의 순간들이 많겠지만 정성의 성금이 비상의 마중물로 삼으시고 참여해 주신 일반인 여러분께 경우회원 일동의 뜻으로 머리 숙여 정중히 인사 올리며 가정에 행운을 빕니다. 2012년 2월 8일

〈 수사 출신 최O락의 남다른 우정의 Story 〉
 - 수사 출신 최O락(84)의 實弟 같은 이근안 후배로 -
 지난 2월6일 2년 전에 중풍으로 오뚝이 영감된 최O락 선배가 40년 동안 거주하는 은평구 신사동 자택에 문병차 방문했다.

한국의 형사 콜롬보 또는 셜록 홈즈라고 불리는 최O락 (전 총경, 현 에스원 고문)은 70~80년대 최고의 MBC 인기드라마 수사반장(최불암 역)의 실존인물로 1950년 ~ 1990년까지 무려 40년 동안 경찰관으로 재직하면서 각종 범죄를 해결하여 경찰 역사에서 전무후무한 기록을 세웠고, 퇴직 이후에도 최고의 민간 경비회사인 삼성에스원에서 20여년간 체험을 〈영원한 수사반장〉이라는 한 권의 책도 출간했다.

  최O락 선배는 세계적 인물로 우뚝 선 반기문 UN사무총장을 배출한 충북 음성에서 출생하여 自手成家한 존경하는 청연의 고향 선배이다. 최O락 선배는 이근안 경우와는 수사통 외길 인생을 산 공통점도 있으려니와 같은 청룡봉사회 회원이며, 최O락 선배가 화성사건 수사본부장이었을 때 이근안은 경기 대공분실장으로 끈끈한 정을 나눈 사이로 만나면 과거 현직 때나 그 시절 화두가 리얼하게 전개하는 것에 감동을 받았다.

  지난 김O태 사망으로 집요하게 따라 붙는 언론 기자들을 피해 이근안 목사는 최O락 선배집에서 피난처로 한 달 가량 머물렀고, 병상에 누워 있으면서도 최선을 다해 뒷바라지 했다는 감춰진 뒷 이야기에 너무나 충격적이며 놀라운 경우애를 새삼느꼈다.

  최근 이근안 경우는 안수받은 목사 직분을 박탈당하고 생계에 큰위협을 받아가는 기구한 부부의 운명에 대한 아픔을 경우에게 청연이 돕기운동으로 전국의 경우들의 마음을 움직여 성금이 날로 쌓이는 것에 최O락 선배는 자신이 앞장 서 고문으로 있는 청O봉사회 회장단을 독려 3,000,000원을 헌금케 하는 등 여러 각도로 이근안 목사의 생계를 걱정하는 모습이 너무 좋았다.

  존경하는 최O락 선배님 감사합니다. 부디 빠른 쾌유로 도우미 없이 활동할 수 있는 건강 회복하시길 전 경우를 대변하여 예수님 이름으로 기도

합니다. 2012. 2. 7. 글 / 청 연

〈 어느날 淸然의 인사 글 〉
'인생의 반은 나를 위해서 살고, 나머지 반은 남을 위해서 살라.'는 말이 있습니다. 또한 봉사하는 친구와 어울리며 다른 사람을 위해 헌신할 때 노년의 삶이 의미있고 아름답다 합니다. 마음을 움직이게 하는 감동의 글과 성금을 보내주신 참여자 여러분께 부족한 청연이 인사올립니다. 2012년 2월 13일 아침 글 / 청 연

〈 김O수 경우님의 격려의 글 〉
청연님! 정말 노고가 많으십니다. 청연님의 마중물 덕분에 많은 경우가 동참하여 경우의 동지애가 살아있고 하나로 뭉치는 계기가 되었다고 생각합니다. 특히 구O태 중앙경우회장님의 탁월하신 리더쉽에 힘입어 대한민국 재향경우회가 크게 발전 하리라는 기대를 갖게 합니다. 그리고 인사가 늦었지만, 원로 대선배이신 최O락 회장님의 숨은 배려에 크게 감동 받았습니다. 빠른 쾌유를 기원합니다. 또한 성금에 동참해주신 일반인 박O복님(경우 정O승 지인), 이O근님 (청연 지인) 이O란님 등에게 경우로서 감사 인사를 올립니다.
경우님들! 인터넷을 공유하는 경우가 전체 경우의 몇%가 되는지는 모르겠으나, 공유하는 우리만이라도 단합된 모습을 젊은 세대에 보여주었으면 하는 생각에서 주제넘게 글치인 제가 이런 글을 올렸습니다. 감사합니다. 2012. 2. 13. 김 정 수 경우 올림

〈 李根安 경우의 答禮의 글 〉

할렐루야 ! 그간 사랑을 보내주신 선배님들께 머리 숙여 감사의 인사를 드립니다. 버려진 것으로 체념하고 살아왔는데 이번에 뜻하지 않은 성원에 참으로 놀랐습니다. 전국 사이버 경우님의 뜨거운 성원과 정성의 후원금을 보내주신 경우, 일반인 선배회원님의 성원에 큰 보람을 느낍니다. 그간 격려해 주시고 노고를 아끼지 않으신 청연 선배님께 감사를 드립니다. 보내주신 성금으로 병든 아내를 지키며 모든 위선과 허물과 허황됨을 버리고 참회하며 용서를 구하고 남은 여생은 신앙인으로 참된 삶을 살아가며 십자가 아래 새로운 가정으로 거듭 나도록 노력하겠습니다. 그간 보내주신 사랑의 힘은 외롭지 않다는 확신과 용기를 주셨습니다. 다시 한 번 감사를 드립니다. 하나님의 은총이 늘 ~ 충만하시기를 기도드리겠습니다. 감사합니다.

2012년 2월 14일 이근안 (목사) 경우 올림

〈 詩人 梅山 안O운 경우가 보낸 詩 한 편 〉

오늘도 새로운 아침이 되었습니다. 컴퓨터를 키고 메일을 확인합니다. 감미로운 음악소리에 맞추워 인자하신 청연님의 모습 그려 봅니다. 이근안(목사) 경우의 안타까운 소식 머~언 이웃인 줄 알았지만 가까운 이웃인 것을 우리는 모두 모두 잊고만 살았습니다. 나 몰라라 하는 것도 인생살이 이겠지만 조금만 생각하면 모두가 내 일인 것 우리는 깜빡 깜빡 잊고만 살아갑니다. 우리 모두 십시일반 힘을 모읍시다. 2012. 3. 3. 詩人 / 安 O 雲

〈산상 기도〉

"기도를 항상 힘쓰고 기도에 감사함으로 깨어있으라."- 골로새서 4:2 -

2012. 2. 16. 구O일(신학박사) 전 경우회장님의 인도로 노O호, 양O석, 김O수, 청연, 이O두 경우 형제들과 OO기도원 방문하여 예배에 참석한 후 본 기도원 원장이신 강O구 목사님을 방문하여 이근안의 어려운 처지를 말씀드린 후 고통의 치유를 위한 기도와 하나님의 종으로 거듭 나도록 안수기도를 받았다. 우리 모두는 이근안 어깨 위에 손을 얹고 하나님께 기도했다. 모든 고통을 나누어 갖으며 하나님께 맡긴다고 기도했다. 산상기도에 참여한 경우가족 모두는 뜨거운 눈물을 훔치며 아멘으로 응답했습니다.

 * 이때 이근안은 OO산(780m)에서 산상기도와 OO기도원에서 금식 기도하기로 다짐했다고 한다.

〈 십시일반에 얽힌 행복 이야기 〉- 청연의 호소문 -
 말이야 바른 말이지만 지금 청연이 하시는 일을 돈을 준다해도 누가 그 일을 하겠습니까? 매일 매일의 상황을 글로 작성하여 공감할 수 있도록 선도하는 일이 얼마나 힘들겠습니까! 지난 1. 31부터 2. 25까지 27일간 이근안을 위한 성금 모으기 캠페인 운동을 청연이 개인적 메일 편지로 재향경우를 대상으로 보내드리는 e-mail 편지에 공감하여, 십시일반으로 참여해 주신 재향 경우 가족님, 여러분께 감사와 축하 인사 올립니다. 그동안 십시일반에 참여 안내글과 매일 송금해 주신 분의 명단과 금액을 투명하게 밝히기 위해 연속해 띄워드리는 메일로 귀찮아 하시는 경우님도 계실 것으로 여기면서 감사와 축하 인사를 올립니다.
 오늘까지 답지한 금액이 17,000,000원으로 1차 모금액의 거의 두 배 가까이 사랑이 있었습니다. 부족한 청연이 개인적으로 고통받는 경우 돕기 위한 일념으로 아무런 준비도 없이 개인적으로 보유한 e-mail 주소에 한

하여 어려운 사연을 엮어 전송한 것이 놀랄 만큼 결실을 보았습니다.

참여해 주신 선, 후배 경우님이 청연에게 제언한 많은 글 중에 전국 재향 경우회원들에게 홍보할 수 있는 재향경우회(중앙회) 즉 인터넷 홈피와 경우신문 지상을 통하여 홍보하였으면 좋겠다는 좋은 의견을 주신 많은 선, 후배께 답글도 못 올려 죄송할 뿐 다만, 개인적으로 소통하는 사신으로 국한된 것임을 이해바랍니다.

청연 개인이 소장한 메일 주소는 너무나 그 숫자가 적은 관계로 많은 경우회원의 e-mail 주소가 필요하다는 의견을 몇 차례 걸쳐 안내 편지 속에 표현한 바 있었지만 관련되는 중앙회와 법화c,c 홈피 운영자분은 일체의 협조할 의견과 움직임도 없는 현실입니다.

이런 저런 어려운 여건 속에서도 제한된 회원 중에서도 놀랄만큼 큰 금액으로 쌓이는 십시일반의 저력에 행복을 느꼈고, 선한 일 좋은 일 한 번 해 보겠다고 무작정 뛰어든 보람 느낍니다.

많은 경우님들의 정성으로 합쳐진 금액이 어려운 이근안 경우의 병든 가족 치료비와 생계비 일부를 돕는데 큰 힘이 되어 행복합니다.

해맑은 이근안 경우의 모습으로 바뀐 것 만으로도 마음이 따뜻해졌습니다. 십시일반에 참여해 주신 경우 가족님과 함께 영원한 우리 경우의 소중한 꿈을 꼭 지켜주고 싶습니다. 2012. 2. 25. 글 / 청 연

〈 淸然의 답답한 심정 뉘라서 알까 ? 〉- 어느날 청연의 호소 -

' 사랑은 주는 이가 행복하다. '사랑이 있는 마음속엔 성냄도 미움도 없고, 남을 먼저 배려하는 마음이 넘치도록 가득할 뿐이며, 웃음이 머무는 자리엔 가난 속에서도 행복함을 느낍니다. 나보다는 남을 먼저 생각하는 마음속에서 내 몫을 챙기기 보다는 남의 몫을 우선으로 하는 미덕이야말

로 사랑을 실천하는 삶의 선구자이면서 나가서 나 자신을 윤택하게 만드는 지혜입니다. 모든 사물을 바라볼 때, 올바르지 못한 부정적인 시각으로 바라보면, 마음에 미움과 독살이 자라서 모든 것이다 밉게만 보이게 마련이고, 나중엔 나 자신도 미워지게 마련이고 후해하는 삶이다. 이 세상 모든 사물을 바라볼 때, 긍정적 사고 속에 고운 시각으로 바라보면, 세상이 다 아름답게 보이고 마음이 평화로워질 뿐만 아니라, 나의 생활 일상도 행복을 누리고 후해없는 삶을 살게 마련입니다. 콩 심은데 콩 나고 팥 심은데 팥 나듯이 사랑을 심은 데 사랑이 자라고 미움을 심은데 미움이 자란다. 라는 옛 성인의 말씀도 있습니다.

  이것이 삶의 철학이요 세상을 거역할 수 없는 이치다. 사랑을 받기보다는 사랑을 베푸는데 인색해 하지 마시오. 사랑은 아낌없이 주는 것이며 사랑은 받느니 보다 사랑을 주는 이가 더 행복하다합니다.

  중요한 것은 풍요롭고 아는게 다가 아니고, 어떻게 마음을 열고 실천하느냐가 관건인데 소원이 있으나 몸이 따르지 않으니 삶을 후해합니다. 우리의 삶은 지난후에 터득하고 구O일 전 경우회장은 삼고초려(三顧草廬)로 면식도 없는 강O구 목사께서 간청하여 이근안 멘토로 맺어 주었다.

  열악한 지방 지회인 고성, 횡성, 경우지회에서 성금을 보내주어 큰 감동을 받았는데 반면 시, 도 지부 및 중앙회 기타 단체에서는 일체 참여가 없는 것이 아쉽습니다. 구전으로 전파하고 소문내어 많은 참여 바랍니다. 뒤늦게 날로 참여자가 늘어남에 기쁘고 놀랐습니다. 경우의 건안을 빕니다. 감사합니다. 2012년 3월 1일 청연 드림

☞ 구전으로 소문 듣고 1차로 지난 2월 4일 20만원 내신 상인 박O복 선생이 2차로 오늘 (3월6일) 또 다시 거금 100만원 입금해 주시어 전국 120

만 재향경우회원의 뜻을 모아 정중히 인사올립니다. 남다른 애국심과 안보의식이 누구보다 투철하신 일반 상인 신분으로 성금을 보내주심에 머리 숙여 감사드립니다.

　　□ 청연의 동기생 정O승 경우가 주신 글입니다 □
　나라가 잘못되면 어쩌나 하는 불길한 생각이 듭니다. 그래서 배경 음악이 마음을 아프게 하는 것 같습니다. 청연 수고하셨습니다. 훗날 만나서 긴 이야기 합시다. 거금을 주신 박O복 선생은 국가안보에 투철하며 강원도 속초 동네 마을에서 철물점을 경영하는 분으로 국가 안보면에서 경우보다 더한 열정을 가진 분입니다.같은 동네에 살면서 국가관에 의기 투합하므로 자주 드나드는 이웃집 신뢰하는 주민입니다.
　박선생은 어떻게 이룩한 이 나라인데 반미친북에 휘말리고 있는 현실을 보며 분개하고 있습니다. 국가는 버렸어도 이렇게 전직 재향경우들이 돕고 있는 현실에 외면할 수 없다는군요. 정말 너무하다는 격앙된 모습을 보입니다. 때로는 우리가 부끄러울 때가 많음을 느끼곤 합니다. 참으로 훌륭하신 분이지요. 글 / 정O승 경우
　☞ 오늘(3월6일) 까지 입금 누계 : 19,630,000원
　낮에 박 선생 가게에 들렸습니다.
　만나면 안보문제에 대하여 늘 관심을 가지고 이야기 하지요.
　오늘도 박 선생은 나라를 지켜준 국군장병과 경찰에 빚을 진 우리는 그에 대하여 늘 감사해야 한다고 했습니다. 이야기 중에 이근안 목사 돕기 성금이 2천만원이 아직 안 되었다는 말에 몹시 안스러웠나 봅니다. 옆 책상에 앉아 있는 그의 아내에게 "여보, 100만원 부치시오."그러는 거예요. 알았다는 말도 없이 잠시 후에 인터넷 송금을 했다는군요. 순간 눈물이 났

어요. 가슴이 아팠고요. 남자의 약한 모습 보이기 싫어서 나 집에 갈래하며 그 가게를 나왔습니다. 2012년 3월 6일 글 / 정O승 경우

〈 존경하는 박O복 선생님 ! 〉
 일면식도 없지만 박선생님을 존경합니다. 나라의 장래를 걱정하시고 애국을 실천하시는 큰 마음에 존경을 표하며, 구국과 호국에 앞장 섯다고 자부하는 우리 경우들은 부끄럽기 짝이 없습니다. 청연님 홀로 십시일반 캠페인을 벌인지 한 달여 오늘도 계속 되지만, 메아리가 올만 한 곳들에서는 묵묵 부답이여서 박 선생님 앞에서는 경우라고 얼굴을 들 수가 없습니다. 아마 이근안 목사 같은 인생행로가 좌빨에 있었다면, 세상이 떠들썩하게 돕고 투사 영웅으로 추앙 할 터인데, 말로만 나라의 장래를 걱정하고 작은 실천도 못하는 안보단체의 초라한 모습을 보는 것 같아 씁쓸합니다. 박선생님! 항상 건강하시고 가내 두루 평안과 사업 번창하시기를 기원하면서 두서없이 글을 올렸습니다. 2012. 3. 6. 정O승 동기   김O수 올림

〈 李O安 의 答禮 글 〉
 정성을 보내주신 전국 경우회원님과 청연 선배님께 머리 숙여 인사 올립니다. 영육간에 강건하시고 소원 성취하시어 행복한 가정 이루시기를 기원합니다. 올해는 사랑하는 경우님들의 가정마다 웃음꽃을 피우는 소망의 해가 되시기를 쉼없이 기도하겠습니다.
 걱정해주시고 보내주신 정성어린 성금으로 수감생활에서 얻은 저의 질병과 무너진 아내의 건강 치유에 큰 도움으로 혜택 주시어 감사합니다.
 모든 것을 잊고 외롭다 체념했다가 받은 뜻밖의 너무나 큰 사랑이어서 그러한지 아픔 속에 위안이 참으로 컸습니다. 고난 속에서 받은 것이어서

더욱 삶의 가치를 깨닫습니다. 오랜 세월 깨어지고 부서지는 아픔을 경우님들께서 보내주신 사랑으로 치유하고 아내가 하던 일을 제가 하면서 그간 가족들의 아픔을 새삼 느끼고자 합니다.

어려운 가운데 있지만 긍정적 가치관과 지난 날을 회개하면서 극복의 계단을 오르고 또 오르고 있습니다. 구도자의 길로 정진하겠습니다. 그간 보내 주신 사랑에 다시 한 번 감사드립니다.

2012. 3. 10. 李O安 올림

〈 청연의 노고에 대한 답례의 글 〉
 - 서로 밀어 주고 이끌어 주는 -

향기를 타고 오는 봄바람에 만물이 생동하는 계절이 왔건만, 우리땅 이곳 저곳에서는 악취가 풍기는 선거 열풍에 우리 백성들 몸살 앓고 있네. 정치하는 직업을 가진 사람들은 재주가 좋아 변장술도 뛰어나네. 진정 국가와 국민을 위하여 애국하는 정치인은 눈을 부릅뜨고 찾아보아도 보이질 않네. 논밭의 메뚜기가 요고랑 저고랑 뛰어 다니며, 짧은 한철을 보내듯이 우리 정객들은 오직 자기의 입신만을 위하여 선거철에는 통통뛰며 세월을 보낸다.

우리는 언제나 서로 밀어주고 이끌어주는 정치풍토 속에서 애국하는 정치인들이 국민들로부터 박수받고 존경받는 그날이 어서 오기를 기원해 본다.

한편 청연께서는 사이버 공간속에서 이근안(목사)를 위한 성금 모금운동에 온 심혈을 쏟은지 1개월여 만에 큰 정성이 쌓아졌군요. 정말 애 많았고 수고했습니다.

어떤 정치인처럼 자기 입신을 위한 것도 물론 아니고, 다만 밀어주고 이

끌어 주는 博愛挺身의 發露일 것입니다. 그래서 나는 청연을 존경 하는가 봅니다.

오늘 이근안 (목사)님의 답례글이 배경음악과 청연의 글이 어울어져 흐르는 음악과 글을 보면서 나는 나의 시각과 청각에 감사했지요.

혹시 기회가 된다면 밀어주고 이끌어주는 뜻에서 "You raise me up."을 배경음악으로 하여 청연의 주옥 같은 글과 어울어지면 어떨까 한번 생각해 봅니다.

2012년 3월 10일   글쓴이 / 이O근

〈 어느 날 청연의 호소 〉

고난을 통하여 그릇된 길임을 고통받는 이근안(목사) 경우를 돕기위해 구O일 전 경우회장은 三顧草廬 이근안 멘토로 OO기도원 강O구(목사) 원장을 찾아 안수기도 받도록 어렵사리 힘겹게 자리를 만들어 주었습니다. 지난 2. 16. OO기도원에 귀한 믿음의 주님 자녀인 경우 가족 8명이 동참하여 OO기도원에 모였습니다. 세상에서 실패하고 아무도 의지할 수 없을 때 주님은 이근안(목사) 경우를 살리시고 부르시며, 고난속의 부부가 주님이 주시면 먹고 없으면 굶으며 살겠다고 기도했습니다. 몸도 마음도 아파서 세상 것을 바라보지도 못합니다. 오늘도 죽더라도 조용히 순종하는 그릇이 되어서 그날그날 천국소망으로 거듭 다시 태어나려고 몸을 낮춰 지냅니다.

경우회원님 ! 우리의 만남이 우연이 아니고 천국까지 가서 서로서로를 확인할 때가 올것입니다. 누가 십시일반의 캠페인을 힐난하지 마시고 이근안 경우가 유용한 복음을 전달하는 사명인이 되도록 마음으로 돕는 손길이 되어 주시길 간곡히 부탁드립니다.

십시일반을 열심히 하도록 도와주셔서 용기를 주십시오. 경우회원 여러분의 도움의 손길이 기다려집니다.

　2012. 3. 12.　글 / 청 연

〈 시골 영세 상인 박O복 선생의 3차 성금 소식 〉

　십시일반에 3차에 걸쳐 성금보낸 박O복씨 고성 정O승 경우가 문안차 박O복 선생을 방문하여 식사와 차를 마시며, 이근안 목사 근황에 대한 이야기 중 십시일반 모금액이 2,500만원 정도 되었을 것이라고 하자 박 선생이 경우회 조직이 상당할 터인데, 너무 미흡한 것 같다면서 5,000만원은 되어야 하지 않느냐는 말에 궁색한 변명을 하기도 했다. 이때 박 선생은 아내에게 100만원 송금하구려 하였다는 것하여, 바보처럼 순간 미안도 하여 궤면적은 표정으로 그만두라고 만류도 하였지만, 인터넷 송금을 하였다는 것. 결국 1차에 20만원, 2차에 100만원, 3차에 100만원 도합 220만원 소상인으로는 내놓기 쉽지 않은 금액인데, 각별한 우국충정 없이는 불가능한 것이어늘 옆에서 보는 경우회원이 부끄러웠다는것 우리는 언제 떳떳할 수 있을까? 우리 위상이 초라하다.

　청연 그간 참으로 수고가 많았오. 아프지 말고 우리 오래도록 건강합시다.

　2012년 6월 4일　글쓴이 / 고성 경우 정O승

〈 이근안 답례 글 〉

　거듭되는 사랑에 감사를 드립니다.

　살아갈수록 세상에서 네 잎 클로버를 발견하기가 쉽지 않은데, 행운의 네 잎 클로버를 내가 지녀 본 기억도 없는 듯싶은데, 이제사 행운의 마음을 지닌 분이 내게 다가와 보답하는 마음으로 작은 행복이 씨앗을 당신의 품속으로 날려 보내고 싶습니다.

그 씨앗 속에 가진 것 다 갖추어 가을에 피는 국화처럼 박O복 선생님 마음속에 활짝 피우고 싶습니다. 박O복 선생님 가슴속에 자리 잡은 반공정신이며 호국정신과 나라 사랑하는 마음은 어디서 얻으셨습니까?

가르치는 학원이라도 있나요, 가리켜 주시렵니까? 내게 들려준 애국가가 아직도 귓전에 메아리치듯 제 마음은 선생님께 날아갑니다. 저도 애국가를 배우고 싶습니다.

애국가가 애국가가 아니라고 주장하는 사람이 국록을 타먹는 나라가 되었는데, 가졌다고 후한 것도 결코 아닌데 시골 대장간에서 망치 두들겨 푼푼이 모은 피와 땀일 터인데 어찌 그리도 쉽게 두번도 아닌 세 번씩이나 사랑의 씨앗을 던지십니까?

그것은 돈을 내놓은 것이 아니라 애국심을 내놓은 것입니다. 바로 그 정신이 보국이요. 애국의 혼이거늘 뉘라서 그것을 붉게 물들어가는 이 세상에서 보여준답니까? 너무 많은 것을 내게 보여 주셨고, 우리 경우들에게 큰 감동을 통해 애국을 가르쳐 주셨습니다.

네게 주신 거름으로 보국의 씨앗을 보다 크게 자라도록 가꾸겠습니다. 이제는 도대체 어떻게 생기신 분이실까? 궁금합니다. 뵙고 싶어 하루에도 몇 번씩 달려갑니다. 국화처럼 올 가을에는 활짝 피워 보답하겠습니다. 서리가 내리기 전에 활짝 핀 국화송이 받쳐 들고 청연 선배님이랑 달려가겠습니다. 하나님의 은총과 축복이 늘 함께 하시길 주의 이름으로 기원 합니다.

2012. 6. 5. 이 근 안 올림

〈 미국에서 보내온 사랑의 씨앗 〉

　　미국에서 모금한 성금 2012년 4월 29일 내한한 조O희 목사가 미국에서 십시일반 모금한 성금을 환산한 금액에 27만 여원을 보탠 300만원을 다음 날 동서울 호텔에서 이근안 목사에게 전달하는 현장을 지켜 본 청연이 큰 감동을 받았습니다. 태평양 이국땅에서의 삶도 외롭고 어려움이 많을 터인데, 이 못난 사람의 애환까지 동기들은 물론 동문들까지 마음을 합해 온정을 보내주니 더없이 감사하여 눈시울을 적시는군요. 그 헌금을 들고 만리 길을 달려 온 조O희 목사는 일정이 바쁘신 탓에 긴 이야기도 나누지 못하고 따뜻한 식사 한 번 못한 채 출국하셔서 얼마나 아쉽던지 모릅니다.
　　채O병(29회) 회장님을 비롯하여 한O용(15), 현O웅(16), 이O원(24), 김O택(26), 조O래(27), 이O일(27), 김O용(38), 등 동문들 그리고 14회 동기 조O희, 이O철, 조O원, 윤O섭, 심O보, 안O호, 안O택, 최O남, 이O호, 홍O호, 김O영, 강O구 등 보고 싶은 동기들께 심려 끼쳐 매우 송구합니다. 그러나 외롭지 않다는 것을 동문들이나 동기들이 보내준 온정으로 다시 용기백배하여 OO기도원에 둥지를 틀수 있었던 것은 강O구 목사님의 투철하신 국가관과 사랑으로 오갈곳 없는 저에게 안식처를 허락해주셔서 새로운 용기를 내어 새 삶을 꾸리게 되었습니다. 의혹만 부풀려져 있어 언제인가는 실상을 밝혀야 하겠기에 집필을 시작하였습니다. 출간되는 대로 보내드리겠습니다. 하나님의 은총이 항상 함께 하시길 주의 이름으로 축원합니다.
　　2012. 5. 6.　글 / 이근안

〈세 번씩이나 성금을 보내주신 박O복 사장님께 답례차 방문하다. 〉
　　이 소식을 들은 청연께서 동행하기겠다고 하자, 청연의 동기생 김O수,

황O열 경우들까지 동행하겠다고 하였다.

2012. 6. 20. 09:00경 김O수 선배 차편으로 서울을 출발하여 경춘 고속도로를 거쳐 인제로 이어지는 자동차 전용도로를 따라 신남 못미친 지점의 화양강 휴게소에 11:30경 휴식 차 잠시 들렸다.

절벽 아래로 내려다보이는 화양강은 강이 아니라 냇물 같은 것이 가뭄의 상처가 역역하다. 주변의 경관을 둘러보는 사이 모금행사의 선봉장 답게 어느 사이 박 사장과 이웃에 사는 동기생 정O승 경우께 방문 사실을 알렸다.

잠시 후 정O승 경우로부터 전화연락이 왔는데 속초 동명항 횟집으로 초대되어 그곳으로 향했다. 우리가 일찍 도착한 것으로 착각하고 해변가 망루며 팔각정까지 올라가 주변 경관을 둘러보는데 벌써 상차림 해 놓고 기다리고 있는 정O승 경우와 박O복 사장이 기다리고 있다는 연락을 받고 횟집센터로 달려갔다.

역시 박O복 사장을 만나 이야기 나누어 보니 안보의 역군이었다. 이 나라 안보 현실이 너무나 위급하다는 화두로 자리가 끝날 때까지 내내 안보의 위급함에 초점이 맞추어졌다. 식사를 마친 후 박 사장을 따라 철물점으로 갔다. 구멍가게로 생각하고 방문했는데 규모가 대단하다. 2층 규모에 수백평 창고 잘 정돈된 건자재와 중형 지게차 책상 위에 수북이 싸 놓고 파는 월간 조선 7월호, 철물점이 아니라 안보의 요새이다 철물점에서 월간 조선을 파는 곳이 또 있을까!

차분하신 사모님의 모습에서 말씀도 없이 묵묵히 행하시는 내조가 돋보이는 것이 자수성가 하셨다는 것이 보이는 듯 했다. 약 30m전방의 이면도로를 건너니 백사장이 전개 된다. 바로 천진해수욕장이다. 탁 터진 망망대해를 바라보며 뭉쳐진 가슴이 탁 터지는 느낌이다. 용기백배 새로이 출발한 나는 집필 중인 자서전을 마무리 할 것을 다짐하며 귀경길의 발길을 돌렸다. 환대해 주신 박O복 사장님 정O승 선배님 그리고 동참해 주신 김O수, 황O열 선배님께 더 없는 감사를 드립니다.

2012. 6. 21. 글 / 이 근 안

"萬事無心 臨筆硯, 三公不換 此吾生"
온갖 일 다 버리고 오직 자서전 집필에만 전념하니 지금 삼공의 벼슬과도 바꿀 수 없는 내 인생이다. 이 글을 대문에 게시하고 아무도 접촉을 거절하는 문구다. 지난 날 간첩 잡는 일에만 열중하다 보니 정치 제물로 국가나 조직에서 '씹다버린 껌'이 되어 목구멍이 포도청이라 병든 아내가 리어커를 끌며 폐지를 수거, 밤에는 빌딩 청소부로 쪽방 삶을 볼 수 없어 십시일반 캠페인에 성금을 세 번이나 보내주신 박O복 사장님 너무 감사하여 인사차 강원도 고성을 방문했다.

이 모금행사에 힐난하며 좋은 글 주신 분 항의와 비난의 전화를 하는 등 슬픈 사연에 다시 한 번 개탄한다. 이국 땅 미국에서 십시일반에 참여하도록 경우들의 마음을 움직이는 감동의 메시지를 주신 박O종 목사님 감사합니다.

적절한 때가되면 놀라운 사연을 도움주신 여러분께 말씀할까 고려중이며 참여해 주신 분께 감사인사 올립니다

/ Note :
이근안 자서전이 출간되면 십시일반에 참여하신 경우나 민간인들에게 책을 받아보실 수 있는 주소를 요청할 것이오니 한 분도 빠짐없이 메일과 전화로 청연에게 연락주시길 바랍니다.

글 / 청 연

나는 告白 한다
(이제 나는 말을 한다)

6. 저 하늘을 향하여

(1) 도망자의 한

　대공 업무를 수행하면서 국가의 안보가 최우선이며 애국하는 길이라 확신했다. 어느 정권이 들어서든지 그것은 변화가 없으리라 생각했다. 애국만 하면 남편 노릇도, 가장의 역할도 다 하는 줄로 알았다. 그러나 정권이 바뀌니까 역적이요. 주구(走狗)다.
　상명하복(上命下服)이라 하늘같이 믿는 상사의 명령에 따랐다. 일단 피하면 수습 하마 해서 피했다. 그러나 말과는 달랐다. 당신이 시킨 일로 11년간 도피하고 7년의 옥고를 치루는 데 누구를 보낸 일도 직접 면회 한 번 온 일도 없다. 몇 번 자수 의사를 밝혔지만 조금 더 기다리라는 말 뿐이었다.
　11년의 도피생활을 청산하면서 "더 이상 기다리고만 있을 수 없어. 3일 후 자수하겠다."는 통보를 받자 박O원 대공수사단장은 내가 자수 하기 전 먼저 도피했었으며, 내가 자수 후 약 한 달 만에 검찰 수사팀에 검거되어 은신처에 아무 살림도구는 전무하고, 금고만 있어 열라고 하였으나, 이에 불응하여 신병과 금고가 함께 검찰로 연행되었고, 금고 제작회사 기술자가 와서 개방한바 10억원이 입금었고 6억4천만 원이 남아있는통장만 들어 있어, 검찰에서 이 자금을 추궁한 바 빠징고 대부로 알려진 전O원씨로부터 후원금으로 받아온 것이 확인되었다.
　이에 검찰은 이근안에게 얼마나 도와주었나를 추궁하자 사건이 다 마무리되면 집을 사줄려고 했다는 말에 검사는 그간 조사해서 이근안이가 얼마나 비참하게 살아 온지를 아는데 배가 골을 때 빵이 필요하지 집이 필요하냐고 하자, 나에게 미안하다는 말만 계속하자, 검사는 그 돈 가지고 가정부 2명에 돈관리하는 사무장까지 두고 호의호식(好衣好食)했냐고 추궁하며 나에게 욕을 해 주라는 것을 차마 그럴 수는 없어서 신문실에서 울며 나왔다. 그 후로는 내 기억에서 박O원이란 이름을 지우기 위해 노력했다.

그 후 나는 1심에서 7년형을 받고 항소심 중에 박O원씨 사건 항소심 증인으로 출석하여, 법정진술을 통해 박O원씨가 얼마나 도움을 받았느냐는 질문에 직접 받은 사실은 없고 박O원사모님이 저의 미장원에 머리하러 와서 애기 아빠가 복지리를 좋아했다고 하면서 2인분을 시켜서 며느리가 가져왔기에 먹은적이 두번있고, 한 번은 미장원 앞 포장마차에서 떡볶이 한 접시 사서 들여보내 먹은 것이 도움 받은 것의 전부라고 진술하자 방청석에서 박O원씨에게 욕하는 소리를 들은 바 있다.

다만 검찰에서 대질심문과정에 대면하였을 때 내 손을 잡으며 "근안이 미안해."하며 사과할 때 내 손잡은 그 손길도 싫어서 자리를 박차고 일어선 것이 그분과 마지막이었고 잊으려고 무척 노력했다.

비록 나는 계급이야 까맣게 낮은 계급이었지만 인생살이는 그렇게 살지 않았으니 인생계급은 내가 더 높다고 생각했다. 그러니까 인생말년을 그렇게 비참하게 마감했지 하는 생각을했다. 하기사 나도 비참하지만 그런 양심은 아니잖나 하는 생각을 해본다.

그야말로 토사구팽(兎死狗烹 : 토끼 사냥에 실컷 부려먹은 개를 물을 끓이더니 개도 잡아먹는다.) 이란 옛말이 그른 것이 없다.

할 말은 많으나 옛말에 한 번 사부는 영원한 사부란 말이 있어 상사에 관한 이야기는 더 이상 말하고 싶지 않다. 애국한 결과 얻어진 이름이 '고문기술자'이다. 고문 기술을 별도로 배운 일도 없고, 보도에 의하면 관절뽑기 명수라는데 관절 뽑을 줄도 모르고 끼울 줄도 모른다. 그것은 변명이 아니라 당장 증거를 제시할 수 있다. 관절을 뽑으면 인대가 늘어나서 도로 끼운다 해도 깁스를 적어도 1~2개월 이상해야 하는데 내가 취급했던 피의자 중 깁스를 하고 법정에 나가서 재판받은 사람이 있었는가? 단 한명도 없었으므로 그것은 입증되는 것이다. 깁스는 고문의 증거이기 때문이다.

운동을 하자 겹질려 관절이 빠지는 경우가 있다. 도로 끼운다고 완치되는 것이 아니라 깁스를 반드시 해야 고정시킬 수 있다. 다만 관절을 꺾어 고통을 주고 다시 놓아주면 회복되는 과정은 신문 때 사용한 적이 있지만 관절을 뺀 적은 전무후무한 일이다.

그 다음이 전기고문 기술인데 더블 A(AA) 1.5V 밧데리로 겁을 주는 것이니 기술이라고 해도 수용할 수밖에 없다. 그것이 뭐 그리 대단하냐고 할지 모르나 소금물을 뿌리면 위력적이다.

하기사 그 밧데리 하나만 있으면 담뱃불도 붙일 수 있으니, 기술자라고 해도 변명할 수는 없다. 그래서 교도소에서도 수용되어 있는 전과 누범자들이 어쩌다 담배를 피우는 것은 면도기 사용은 허용이 되어 있어 밧데리 (AA)는 구매가 되므로 밧데리로 불을 붙인다는 말을 들었다.

그 다음 국회청문회에서 나왔던 이야기인데 전 기자협회장 김O홍씨와 전 경O신문 외신부장 이O일씨가 노O현 국회의원 앞에서 이근안의 손이 솥뚜껑 만한데 사과를 한 손으로 반으로 쪼개더라는 이야기는 그것이 고문과는 전혀 관계없는 것인데 왜 이야기가 되었는지 이해가 안 간다. 신문하다가 저녁에 과일을 사다 먹으면서 직원에게 한 손으로 사과 반쪽 쪼개어 던져 주는 것을 본 모양인데, 그 후 나는 다른 사람 손과 비교해 보는 습관이 생겼는데 크다는 생각이 별로 들지 않는다.

선천적으로 아귀힘이 강해서 중학교 때부터 육상 휠드경기의 원판던지기를 했다. 그래서인지 지금도 74살인데 한 손으로 사과를 반쪽으로 쪼갠다. 그것은 기술이라기보다는 요령이 아닌가 생각된다.

어려서 아버지를 따라 교회에 나갔더라면 성장해서 이런 수난은 피할 수 있었지 않았겠나 하는 생각이 자꾸든다.

일을 행함에 있어 중요한 것은 계획인데, 하나님의 인도함을 받지 아니하면 사람의 계획이 되고 만다.

"사람이 마음으로 자기의 길을 계획할지라도 그 걸음을 인도하는 자는 여호와시니라."〈 잠언 16 : 9 〉

주님을 영접하기 이전이므로 하나님의 인도를 받지 아니한 계획이므로 나는 최고만을 지향했다. 어떠한 문제이든지 하나님과 관계가 있다는 것을 생각하는데 내 마음에 십자가가 없으니 하나님이 내 문제에 개입할리가 없다.

문제가 있는 곳에는 하나님의 도움과 하나님의 은혜가 함께 있는 것인데 하나님을 모르니 사람의 생각만으로 모든 사리를 판단 할 수밖에 없었다.

"우리가 무엇이든지 구하는 바를 들으시는 줄을 안즉 우리가 그에게 구한 그것을 얻은 줄을 또한 아느니라."〈 요한일서 5 : 15 〉

사람만의 생각으로는 욕심이 작용하므로 많은 계획을 가질수록 하나님으로부터 점점 멀어지게 된다. 그러나 그것을 알면서도 헤어나지 못하는 것이 인간이다. 그 이유는 하나님을 알지 못하고 탐욕의 지배를 받기 때문이다. 탐욕은 부족한데서 오는 것이 아니라는 점이다. 탐욕은 더 얻음으로 해소되는 것이 아니라 오직 자족하는 마음을 통제하여야만 극복할 수 있는 것이다.

"저희에게 이르시되 삼가 모든 탐심을 물리치라 사람의 생명이 그 소유의 넉넉한 데 있지 아니 하리라 하시고."〈 누가복음 12 : 15 〉

하나님은 복을 주시되 고난의 보자기에 싸서 주시는 분이시다. 모세는 40년 주기로 세 번 뒤바뀌는 뒤웅박인생을 살았다. 처음 40년은, 이집트

왕가에서 왕자로 군림하며 화려한 세월 속에 자신의 육을 발전시키고 삶을 관리하고 헤쳐 나가는 지도자 수업을 하였고, 다음 40년은, 살인자로 광야의 처가에서 도피생활을 하며 양을 돌보는 초라한 목자로 전락하였다. 모세에게 광야는 하나님의 새로운 훈련장이었다. 이 과정이 끝날 즈음에 하나님은 모세에게 이스라엘 백성을 애굽에서 이끌고 나오라고 말씀하셨다. 마지막 40년은, 이스라엘 민족의 지도자로 하나님의 명령을 받고 죽을 고생을 다하며 출애굽 하는데 성공하였지만 축복의 땅 '가나안'에 발을 디뎌보지 못하고 '아바림'산맥 '느보산'(805m) 산정에서 '가나안'을 바라보며 여생을 마쳤다. "여호와께서 환난 날에 나를 그 초막 속에 비밀히 지키시고 그 장막 은밀한 곳에 나를 숨기시며 바위 위에 높이 두시리로다."〈시편 27 : 5〉

 우리는 어려운 때 주님을 만나야 한다. 나는 목사가 되려고 신학을 한 것이 아니라 전도자로서 자질을 갖추려고 신학을 한 것이다. 목사가 된 것이 개인의 능력이 아니라 하나님의 섭리임을 확신한다.

 김O태 전 장관 서거에 따른 언론플레이만 아니었으면 국내외로 전도 사역을 뜨겁게 할 터인데 한이 남는다는 생각이 들때도 있다. 이때에 하나님은 나를 사랑하시지 않는구나! 하나님은 내 문제에 관심도 없고 나를 버리셨구나! 하는 생각은 사탄의 간계라고 확신한다.

 하나님은 나에게 상실의 마음과 그에 따른 고통을 경험하도록 허락하신 것이다. 따라서 만사를 내 스스로 해결할 수 없다고 깨달을 때까지 이 시련을 멈추시지 않을 것이다. 그것은 내가 하나님이 사랑하는 자녀이기 때문이다. 하나님의 말씀만이 인생의 길이 되고 생명이 되며 영원한 진리가 되기 때문이다.

 "너희가 진리를 순종하므로 너희 영혼을 깨끗하게 하여 거짓이 없이 형

제를 사랑하기에 이르렀으니 마음으로 뜨겁게 피차 사랑하라."〈 베드로전서 1 : 22 〉

러시아의 문호 톨스토이는 진리에 관하여, "예수님이 가르쳐 준 길을 걸어가라. 파멸은 모든 육체적인 것에 피할 수 없는 운명으로 다가오지만 진리는 파멸하지 않으며 영원하다는 것을 기억하라. 그러므로 그 속에서 자기의 구원을 찾으라."하였다.

이것 또한 하나님의 섭리로 알고 기도생활을 하고있다. 이 기도생활의 인도자가 바로 OO기도원 원장이신 강O구 목사님이시다.

(2) OO기도원 입주 과정

김O태 전 장관 3일간 신문한 것이 지금으로부터 27년전으로 4반 세기 이전 일인데 1.5V 짜리 전기고문 후유증이 왠 말인가! 그렇다면 2005년 2월 7일 화요일 14:46분부터 17분동안 내가 수용되어 있던 여주교도소로 현직 장관이 방문하여 나와 특별 접견을 통해 "내가 죄송합니다."사과하자, 김 전 장관은 "그것이 어떻게 개인의 잘못입니까? 다 시대가 만든 죄악입니다. 나도 그만한 아량이 있어 오늘 이렇게 왔습니다."라는 말에 나는 '그릇이 큰 분이구나.' 생각했다. 김 전 장관은 이어서 "신앙생활을 열심히 하신다구요?"하기에 나는 성경 로마서 3 : 10 의 말씀으로 "...의인은 없나니 하나도 없으며."의 참뜻으로 '이 세상에는 의인이 하나도 없으니 모두 죄인이라는 뜻'이므로 '여생은 회개하고 살아야 하지요.' 하는 말로 신앙생활을 한다는 말을 한 바 있다.

이에 김 전 장관은 "건강하시고 어려운 일 있으면 교도소장에게 이야기 하던가 나에게 편지하세요."하며 나를 가슴으로 허깅하며 어깨를 툭툭 쳐

주고는 갔다. 그것이 구정 2일 전인데 설이 지난 닷새 후에 영치금 5만원을 통신 우편환으로 보내 주어서 당신도 수형생활을 해본 경험이 있어 다녀간지 일주일이 지나서라도 영치금을 보냈구나 생각했다.

나는 현직 장관이 교도소까지 직접 찾아와 수용자를 직접 가슴에 안고 화해한다는 것은 생각도 못해 본 일이라, 하나님의 진리대로 기도와 회개에 따른 성령하나님의 역사하심이라 생각했다.

서울신문 2005년 3월 8일자 (화요일) 정치5면 인터뷰 기사내용에 의하면, 현재 '사죄'하고 있는 현실이 더 중요한 것이라는 점을 깨달았다면서 "이씨의 가석방에 내 탄원서가 필요하다면 도와주겠다."고 말했다. 이어 김 장관은 "김O태의 용서가 사회적으로 크게 취급된것은 참여 정부가 과거사 청산을 시도하고 있기 때문."이라고 분석한 뒤 "인권이 유린된 과거사에 대한 국민적 용서가 가능 하려면 이근안씨가 나에게 사죄했듯이 당시의 가해자들이 국민들에게 심각한 피해를 줬던 것을 먼저 사과해야 한다."고 지적했다.

위 인터뷰 기사 내용과 같이 화해함으로써 그 후 재론이 없을 것으로 알고 있었는데, 이러고저러고 하는 것은 살아있는 주위사람들이 정치적 목적을 가지고 언론플레이 한다고 주위에서 오히려 말이 많으며 혹 어떤 사람은 김 전 장관 부인이 총선에 출마한다는데, 여론 몰이를 위해 언론플레이 하는 것 아니냐는 말들에 나는 어찌 되었던 재론하고 싶지 않다며 언론취재를 거부했던 것이다.

결국 보도진을 피하다가 한 후배의 권유로 인격적으로 믿을만 하다는 조선TV 양 모 기자를 만나 인터뷰를 하였는데 역시 하지도 않은 말들을 덧붙여 보도한 것을 보고 역시 기자라는 것을 알았다.

전기 고문의 실체에 대하여 솔직히 이야기 하였다. 더블 A(AA) 밧데리가 1.5V이나 소금물을 적시면 그 위력이 대단하다. 이 밧데리로 담뱃불도 부칠 수 있다고 이야기하였으나 땀구멍에서 김이 모락모락 나더라는 보도를 하였는데 이런 거짓말은 국민을 우롱하는 것이다.

그 기자에게 제안을 하고 싶다. 더블A 밧데리로 나에게 자극해서 땀구멍에서 김이 모락모락 나면 내 목을 즉석에서 내놓고 그렇지 않으면 당신 목을 내놓겠냐고 묻고 싶다.

국민을 우롱하는 기사가 또 있다. 관절뽑기 명수로 보도를 했다. 사람의 관절을 어떻게 생으로 뺏다가 도로 박을 수 있나? 운동하다 잘못 접질려 빠지는 경우 제 자리에 끼우려면 여러사람이 달려 들어 잡고 누리고 강제로 밀어 넣지만 인대가 늘어났기 때문에 깁스를 하여 1~2개월 정도 고정하는 것이 상식이다.

내가 취급한 피의자 중 관절을 뽑아서 그 때문에 깁스하고 재판받은 사람이 있는가? 묻고 싶다. 관절뽑기의 명수라고 보도하였으니 순진한 국민들은 정말인지 알것 아닌가? 국민을 우롱하는 것이다. 나는 관절 뽑을 줄도 모르고 끼울 줄도 모른다.

국민들이 내가 어찌 사나 그렇게 궁금해 해서 쪽방 사는 사진을 찍어 보도하는 것일까? 40년간 사는 동네에서 손수레를 끌며 폐품 줍고, 빌딩 청소부로 일하며 13년째 살고 있는데, 기자 수사관들 등살에 미장원 문 닫고 퇴직금 10원 한 장 못 타고 못사는 것이 당연하지 부끄러울게 무엇이람 그렇게 살면서 그 많은 빚 거의 다 갚고 이제 조금 남아 있다. 그 잘난 자존심 망가트릴 목적이겠지만 없으니까 자존심도 남아 있는 것도 없다. 못사는 것이 지극히 당연한 것 아닌가!

언론에서 무어라 하던 묵묵히 음으로 양으로 도와주며 용기잃지 말라고 격려하는 분들도 많다. 신문지를 모아서 주시는 분, 깡통을 모아서 주시는 업소, 빈병만 모아서 주시는 업소, 파지만 모아서 주시는 업소, 헌책만 모아서 주시는 분, 10년간을 하루 같이 생활비를 도와주시는 천사 같은 분 사랑이 너무 넘쳐 행복하다. 돈이야 모을 수 없지만 먹고 사니 족하다. 어차피 수의에는 주머니가 없으니 말이다. 신학대학과 신학대학원 과정을 수학하는데 학비를 마련해 주시고 신앙지도를 하신 교직자도 계시다.

언론보도로 만신창이가 되어 방황하던, 금년 2월16일 이른 아침 청연 선배의 연락을 받고, 약속 장소로 나가보니 경우회 선배되시며, 믿음의 형제 분 다섯 분의 인도로 산상기도를 하러 가서 보니, 전 경우회 회장님이신 구○일(신학박사) 선배께서 마련하신 자리였다.

저의 아픈 상처를 치유시키고자 산상기도를 계획하신 것이다. ○○산(780m)에서 북한강으로 이어지는 산수 수려한 계곡 한편에 자리한 ○○기도원 오전예배에 참석하여 예배를 보면서 '하나님 이젠 저를 버리려 하십니까?' 절망 가운데 예배를 마치고 나오는데 구○일 전 회장께서 고명하신 이곳 기도원 원장이신 강○구 목사님을 뵙고 가자며 목양실로 갔다.

강○구목사님께 모두 인사를 드린 자리에서 구홍일 전 회장께서 지금 있을 곳조차 없이 어려운 처지임을 말씀드리자 잠시 묵상 하시더니 "모두 이 목사 어깨에 손을 짚으세요."하시고는 안수 기도를 해 주실 때 우리 형제들은 눈물로 화답했고, 한 직원에게 "저 아랫 집 수리해서 이 목사가 쓰도록 하세요."하고 지시를 하셨다.

헌 신짝 버리듯 버리는 교단이 있는가 하면 따뜻이 거두어 들이는 교단도 있구나 생각하면서 하염없이 눈물을 흘렸다. 과거 내가 잡아넣었거나 신문했던 인사들이 때는 이때다 싶어 김 전 장관이 고문후유증으로라도 사망에 이른 양 아우성치자 교단에서는 나를 불러 자초지종 이야기도 들어보지도 않고 징계절차를 밟아 통보도 받지 않고 지상의 보도로 면직처

분 소식을 듣고 알았다.

　나는 재야의 입김에 놀아나는 교단이라면, 그 교단에 안주할 이유도 없어 체념하고 이 시련도 하나님이 허락하신 것으로 알고 묵묵부답(黙黙不答)했던 것이다.

　나는 어차피 버려진 몸인데 꼭 목사 직분을 가지고 있어야 전도 사역을 하는 것 아니고 믿음 가지고 하나님께 서원했듯이 전도 사역만 할 수 있으면 된다라고 체념했다. ○○기도원에 오전예배를 보러 본당에 들어서는 순간 깜짝 놀랐다. 보고 놀란 것은 기도원 표어였다

　첫째, 종북좌파 회개시켜 국가경제 살리자.
　둘째, 빨갱이 간첩 몰아내 통일국가 이루자.

　나는 이 표어를 보는 순간 정말 감탄했다. 기도원이 아니라 '반공이념 수련원'이 아닌가 싶다. 강○구 목사님 안수기도를 받은 후 이곳에 안주하라는 승낙을 받으면서 대공업무를 계속하라고 하나님께서 이곳으로 인도하신 것이 아닌가! 하고 묵상하는 가운데 눈시울이 뜨거웠다. 강○구 목사님의 증거하는 하나님 말씀도 힘이 있었다. 집을 수리하는 약 3주일 동안 나는 생각들을 정리하고 있었다.

　아무리 나를 헐뜯고 중상모략(重傷謀略)하여도 대결하지 말자. 욥과 요셉의 낮고 낮은 자세를 본받자. 오직 하나님의 임재만을 믿고 그분의 처분에 맡기자. 도피생활 11년과 15척 담장 안에 갇혀 7년 도합 18년만에 세상에 나와 보니, 온통 나라가 붉게 물들어 간첩이 제도권으로 들어와 국록을 먹고 태극기가 국기네 아니네 하고 복역중인 남파 간첩도 북에 넘겨주고 화염병에 타 죽은 경찰이 7명이나 되는데, 그 범인들은 민주화 인사로

보상까지 받았지만 국가보위를 위해 헌신적으로 사명을 다한 일꾼들은 주구(走狗)로 취급되어 씹다버린 껌처럼 버려져 마구 밟히고 있지만, 누구 하나 돌아보는 사람 없는 것이 오늘의 현실이다.

　소위 '남조선민족해방전선 준비위원회' (약칭:남민전)사건의 주범 이O문을 내가 신문하여 자신있게 말한다. 1979년 4월27일 이 조직의 혁명자금을 마련하기 위한 강도사건(땅벌작전)이 있었다. 도시게릴라 활동 없이는 혁명이 불가능하다. 혁명자금을 마련하기 위해 있는 자의 것을 터는 것은 죄악이 아니다. 라며 예비군훈련장에서 훔친 칼빈 소총 한 자루를 가지고 동O건설 최O석 전 회장 집에 강도하러 진입하는 과정에 제지하는 경비를 칼로 찌른 인사가 이번 총선에서 국회의원에 당선되는 등 참 좋은 세상이 되었다.

　민주화 지정 이유 중 하나가 훔친 칼빈 소총의 공이가 파손된 총이므로 위험성이 없었다는 점을 들었다는데, 장난감 총으로 강도질하면 강도가 안 되는가! 묻고 싶다. 이현령 비현령(耳懸鈴 鼻懸鈴)이라더니 기가 막힌다.

　같은 해 3월 24일 집수리가 다 끝났다는 연락을 받고 입주를 했다. 나는 몸만 들어갔다. 이부자리에서 주방기구까지 정수기 소형 냉장고까지 다 준비되어 있었다.

　나는 입주하면서 일주일 목표로 금식기도에 돌입했다. 그러나 차질이 왔다. 저혈당으로 의식이 혼미해져 금식기도 4일만에 중단하고 하루 한 번 예배를 보면서 몸의 건강을 살폈다.

　나는 당뇨병으로 25년간 약을 복용하고 있는데, 신장마저 기능이 좋지 않아, 이곳에 오기 전 6년간 치료하던 개인 병원에서 혈액검사 결과 신장 수치가 48에 이르자 의뢰서를 작성하여, 투석병원으로 보내져 꼭 투석 장애자가 되는구나 생각하고 서울 답십리에 있는 투석병원으로 갔다.

  투석병원 원장께서 혈액 검사서를 면밀히 검토하더니, 투석보다 대학병원 수준의 검사를 다시 한 번 받아보라고 권유하여 청량리 성모병원으로 갔더니 입원조치 하고 기존의 복용하던 약을 일체 투약을 중지하고 정밀검사에 들어갔다.

  입원한 그날 밤 새벽 3시경 옆의 폐암 말기 환자의 링거를 꽂으러 왔던 간호원이 나의 링거액이 멈추어 있는 것을 발견하고 살펴보자 호흡이 정지되어 있음을 발견하고 당직 의사들이 비상 소집되어 저혈당으로 위급한 상황임을 발견하고 중환자실로 옮겨 응급처치 하여 위기에서 벗어나서 그날 오후에 다시 병실로 옮겨 1주일 간 치료 받으면서 주야기도 속에서 다시 쓰임 받는 종이 되게 거두어 달라고 기도를 드렸다.

  신장 수치가 14 정상 수치로 회복되는 기적을 하나님께서 주셔서 퇴원하면서 이곳 기도원으로 산상기도차 왔던 것이다. 투석도 하지 않게 되는 은혜를 주셨다. 하루걸러 하루 4시간 투석하는 2급 장애자가 되었더라면 재기가 어려웠을 것이다.

  이곳 기도원에서의 생활 속에서 자신을 다시 한 번 뒤돌아보며 좀 더 믿음속 생활로의 모색을 어떻게 할 것인가를 숙고하며 기도굴로 들어가 3일 간 금식하며 내일을 바라보기로 하였다.

  항변하고 싶은 말도 많지만, 또 세상에 알리고 싶은 말도 많지만 그것이 또 도화선이 되고 싸움이 되는 것이 불을 보듯 뻔하기에 분노를 품은 가운데 얻어질 것은 전무하다.

  분노가 하나님을 슬프게 하고 하나님 앞에 부끄러운 것이라는 것을 알면서도 화를 내는 것이 우리 인간이 아닌가! 분노가 사라지는 날 진정 그리스도인이라는 영예를 갖게 된다.

"사람이 성내는 것이 하나님의 의를 이루지 못함이니라."〈야고보서1:20〉

"분을 쉽게 내는 자는 다툼을 일으켜도 노하기를 더디하는 자는 시비를 그치게 하느니라."〈잠언15:18〉

"노하기를 더디 하는 자는 용사보다 낫고 자기의 마음을 다스리는 자는 성을 빼앗는 자보다 나으니라."〈잠언16:32〉

위와 같은 진리도 행함이 없으면 영혼이 없는 몸과 같은 것이니 행함에 열심히 없으면 진리에 다가설 수 없다. 믿음은 행함이 없이는 죽어 있는 것이므로 아무 것도 성취할 수 없는 것이다.

"그러므로, 내 사랑하는 형제들아! 견고하며 흔들리지 말며, 항상 주의 일에 더욱 힘쓰는 자들이 되라. 이는 너희 수고가 주 안에서 헛되지 않은 줄을 앎이니라."〈고린도 전서 15 : 58〉

금식 마지막 날 기도에서 "하나님 이 늙고 보잘 것 없는 병든 자이지만 투석하라는 의사의 처방까지 나왔는데도 돌려 세우신 것이 어찌 우연이겠습니까? 아직 할 일이 있으니 투석기 앞에서 돌려 세우신 줄로 믿습니다. 마지막 날까지 이 못난 놈을 사용해 주실 것을 간청하나이다. 저를 사랑해 주시는 예수 그리스도 이름으로 간절히 기도드립니다."하고 기도굴에서의 3일간 금식기도를 마쳤다.

하나님께서 우리의 삶에 무슨 일이 일어나고 있는지 알고 계신 것처럼 누군가를 쓰시기 위해서는 연단이 필요하신 것을 누구보다 잘 알고 있습니다.

모세의 경우에서도, 첫 번째 40년은 화려한 삶이요. 다음 광야에서의 40년은 비참한 삶으로 연단의 기간이었고 마지막 40년은 쓰임받는 기적의 삶이라는 것을 잘 알고 있습니다.

하나님은 우리의 삶 가운데 일어나는 여러가지 사건을 통해서 우리가 자족하는 마음에 한계 상황을 맞게 하신다. 그리고 하나님이 쓸 수 있도록 이끄실 것이라는 점이다. 그 과정에 즐거움은 없다. 그것은 고통을 통해서만이 연단이 이루어지기 때문이다.

그간 국내외로 약 200여회 전도 사역을 다니면서 보수성향의 목회자 분들은 만나보았지만 본당 전면에 반공 구국성향의 표어를 붙인 곳은 이곳이 처음이며 다른 곳에서는 본 일도 없다. 과거 대공업무에 종사한 것을 아시고 이곳에 인도 하신 줄로 믿습니다.

(3) 소망

예수님을 믿는다고 고백하는 신자는 많지만 생활 속에서 예수님을 닮아 살아가는 신자는 발견하기 어렵다. '가나안'을 향하던 이스라엘 백성이 광야에서 애굽에서의 생활을 동경하며 하나님을 거역했던 것처럼 믿음으로 새 생명을 얻은 자 중에는 과거의 육신적 정욕을 떨쳐 버리지 못한 채 불신자와 다름없이 살아가는 자들이 많다.

신자들 생활 속에서 예수 그리스도의 모습을 생활 속에서 드러내며 살아갈 수 있는 비결은 혈통에 따라 물려받은 부패한 육체의 소욕과 예수 그리스도를 믿음으로 말미암은 성령의 소욕은 서로 대적하며 갈등한다.

예수님께서 십자가에 못 박혀 죽으심으로 부활의 생명을 얻은 것같이 신자들도 육체 즉 옛 사람을 십자가에 못 박아 죽이는 결단을 통하여 새 생명을 소유한다.

매 순간 성령의 음성을 경험하며 성령의 인도에 순종함으로서 믿음 안에서의 승리의 삶을 살아야 한다.

〈 육체의 일과 성령의 열매 〉갈라디아서 5 : 16 ~ 26

16. 내가 이르노니 너희는 성령을 좇아 행하라 그리하면 육체의 욕심을 이루지 아니하리라.

17. 육체의 소욕은 성령을 거스리고 성령의 소욕은 육체를 거스리나니 이 둘이 서로 대적함으로 너희의 원하는 것을 하지 못하게 하려 함이니라.

18. 너희가 만일 성령의 인도하시는 바가 되면 율법 아래 있지 아니하리라.

19. 육체의 일은 현저하니 곧 음행과 더러운 것과 호색과

20. 우상 숭배와 술수와 원수를 맺는 것과 분쟁과 시기와 분냄과 당짓는 것과 분리함과 이단과

21. 투기와 술 취함과 방탕함과 또 그와 같은 것들이라 전에 너희에게 경계한 것같이 경계하노니 이런 일을 하는 자들은 하나님의 나라를 유업으로 받지 못할 것이요.

22. 오직 성령의 열매는 사랑과 희락과 화평과 오래 참음과 자비와 양선과 충성과

23. 온유와 절제니 이 같은 것을 금지할 법이 없느니라.

24. 그리스도 예수의 사람들은 육체와 함께 그 정과 욕심을 십자가에 못 박았느니라.

25. 만일 우리가 성령으로 살면 또한 성령으로 행할찌니,

26. 헛된 영광을 구하여 서로 격동하고 서로 투기하지 말찌니라.

〈 성령의 열매와 육신의 소욕 〉 갈 5 : 22 ~ 24

성령의 열매	육신의 소욕	
갈 5:22~24	갈 5:19~21	롬 1:29,13:13~14
사 람	시 기	시 기
희 락	더러운것	추 악
화 평	투기, 분쟁	분쟁, 쟁투
오래참음	분 냄	

자 비	분리함	비 방
양 성	원수맺음	악의, 불의, 살인
충 성	술취함, 방탕	방 탕
온 유	술 수	교 만
절 제	음행, 호색	탐욕, 음란, 호색

예수님을 영접할 때 그분이 우리 안에 들어오신다. 그분의 영이 우리 안에 들어와 하나가 되는 것이다. 우리가 예수 안에 거한다면 예수님과 멀어질 수가 없다. 우리에게 주님을 영화롭게 하고 싶은 소망이 없다면 우리가 믿음안에 있다고 할 수 없다. 믿는 자는 그 안에 예수님의 본성을 가지고 있다.

"이로써 그 보배롭고 지극히 큰 약속을 우리에게 주사 이 약속으로 말미암아 너희로 정욕을 인하여 세상에서 썩어질 것을 피하여 신의성품에 참예하는 자가 되게 하여 하셨으니."〈베드로 후서1:4〉

우리에게 주님을 영화롭게 하고 싶은 소망이 없다면 우리가 믿음 안에 있다고 할 수 없다. 주님을 영화롭게 하는 것이 우리의 본성이다. 주님을 영화롭게 하는 삶의 비결은 그리스도안에 거하는 것이다.

우리가 죄를 지을 때 '이를 행하는 것은 내가 아니요 내 속에 거하는 죄'라고 하는 것이 율법이다.

"만일 내가 원치 아니하는 그것을 하면 이를 행하는 자가 내가 아니요 내 속에 거하는 죄니라."〈 로마서 7 : 20 〉

우리가 죄를 짓는 것은 우리의 본성(nature) 때문이 아니라 성품(character) 때문이다.

우리가 하나님을 영화롭게 하려 하지만 우리 안에 무언가 다른 것이 있어 예수님과는 상관없이 행동하게 한다. 이것이 죄의 힘인 것이다.

"내가 원하는 바 선은 하지 아니하고 도리어 원치 아니하는 악은 행하는도다. / 만일 내가 원치 아니하는 그것을 하면 이를 행하는 자가 내가 아니요. 내 속에 거하는 죄니라. / 그러므로 내가 한 법을 깨달았노니, 곧 선을 행하기 원하는 나에게 악이 함께 있는 것이로다. / 내 속 사람으로는 하나님의 법을 즐거워하되. / 내 지체 속에서 한 다른 법이 내 마음의 법과 싸워 내 지체 속에 있는 죄의 법 아래로 나를 사로 잡아 오는 것을 보는도다. / 오호라 나는 곤고한 사람이로다. 이 사망의 몸에서 누가 나를 건져내랴. / 우리 주 예수 그리스도로 말미암아 하나님께 감사하리로다. 그런즉, 내 자신이 마음으로는 하나님의 법을, 육신으로는 죄의 법을 섬기노라."〈로마서 7 : 19 ~ 25〉

  우리의 생각 모둑가 우리 것은 아니다. 사탄이 어떤 생각을 심어 주기 때문이다. 기도할 때에 생각이 흐트러지면, "오 하나님 용서하옵소서 어떻게 그런 생각을 하였는지 모르나이다. 매우 송구합니다."라고 기도해야 한다.

  우리는 예수의 죽음을 통해 죄의 권세로부터 자유케 되었다. 우리 안에 있는 우리를 통해 나타나는 예수님에 의해 우리는 삶속에서 날마다 죄의 권세로부터 구원받는다.

  우리가 어떤 죄에 대해 승리를 체험할 수 있는 방법은 그 죄에 초점을 맞추는 것이 아니라 예수 그리스도께 초점을 맞추는 것이다.

  "육신을 좇는 자는 육신의 일을, 영을 좇는 자는 영의 일을 생각하나니 / 육신의 생각은 사망이요. 영의 생각은 생명과 평안이니라."〈로마서 8 : 5 ~ 6〉

  예수님은 우리 주님이시고 구세주이시다. 우리가 그분 안에 거하면 승리를 경험케 된다.

"내가 이르노니 너희는 성령을 좇아 행하라 그리하면 육체의 욕심을 이루지 아니하리라."〈 갈라디아서 5 : 16 〉

승리는 예수 그리스도 안에서 이미 이루어졌다. 예수 이름이 '승리'인 것이다. 예수 그리스도 그분만이 죄로부터 우리를 자유케 하신다. 승리를 경험하기 위해서 노력하는 것은 율법적인 삶의 형태이다. 승리는 노력해서 얻어지는 것이 아니라 예수 그리스도를 통해 우리가 자유케 되면 율법의 멍에를 질 필요가 없다.

순종보다 능률이 오히려 더 큰 업적처럼 보이는 시대에 살고 있는 우리 그리스도인들이 하나님이 모든 일을 이미 완성하셨다는 사실을 깨닫지 못하고 자기 힘으로 하나님이 원하시는 사람이 되려고 한다. 그분의 의로움을 맛보려면 믿음으로 하나님께 나아가는 소망의 삶이 이루어질 때 믿음으로 얻어지는 것이지 노력의 결과 물인 승리가 아닌 것이다.

하나님은 우리에게 예수님을 보내주셔서 우리를 거룩하고 의롭게 창조하신 것이다. 의에 순종하는 것이 복의 근원이 되고 진리를 거역하는 것이 악의 근본이 되는 것이다.

아브라함이 의로 구원을 받은 것처럼 믿음으로 하나님께 나아 가는 소망의 삶만이 의로운 삶이 되는 것이다.

나는 告白 한다
(이제 나는 말을 한다)

7. 이창 (裏窓)

이 글을 쓴 동기

어느 정당에 치우치는 정치적 색깔을 가진 것이 아니라, 이 나라가 적화되는 것만은 막아야 한다는 신조만을 가지고 안보일선에서 악전고투하며 상명하복(上命下服) 열심히 일한 결과는 주구(走狗)로 매도되고 음지로 들어가 18년만에 세상으로 나와 보니 10년이면 강산이 변한다는데, 이제는 1년이면 변하는 세상같다. 마치 타임머신 속으로 들어 온 것이 아닌가 착각 속에 좌경세력이 아예 제도권으로 들어와 나라의 색깔이 붉으죽죽해진 새 세상을 보니 우파 정당이 들어선다는 희망마저 가질 수 없어 이제는 어찌할 바를 모르겠다.

어느 잡지에 보니까 '대한민국에 우파정당은 없다.'제하의 칼럼 기사에서 경제학으로 분석한 이 나라 사회상에 공감을 갖게 되면서 지난 10년간의 좌파정권의 여파가 이렇게 큰 것인가 실감하니 절망이 앞서 속세를 떠나 있고 싶다. 18대 국회의원의 분포를 보면 좌파의원 1.8%, 중도 좌파 의원이 69.9%, 중도 우파 의원은 27.7%, 우파 의원은 불과 0.6%이고 보면 중도 좌파가 70% 이상이라는 계산이다.

결국 국회의원 70%가 중도 좌파 또는 좌파성향이라는 이야기다. 각 정당별 시장친화지수를 보면 한나라당이 47.1로 가장 높고 자유선진당이 46.8, 미래희망연대 44.8, 민주당 37.9, 민주노동당28.0으로 완전히 좌파적이라고 한다. 대한민국에 우파정당이나 중도우파 정당조차도 없다는 것이다.

반공교육이 없어지고 1980년 12월 반공법이 폐지되더니 이제는 국가보안법 철폐마저 주장하고 재판을 받는 법정에서 "위대한 김정일 장군님 만세!"를 외치는가하면 국록을 먹는 양반이 아예 애국가가 국가가 아니란다. 어디 그뿐인가 국기가 경례를 받지 못하는 국가 기관이 있다하지 않는가!

이것이 민주화의 표상인가! 힘없는 정부의 표상인가! 당시 재판부는 이를 어찌 처리했는가? 찬양고무의 죄로 처벌할 반공법이 유명무실하니 경고로만 끝낸 것은 아닌지. 하기사 내가 복역하던 2006년 봄으로 기억되는데, 여주교도소에서 오전 10시경 운동시간에 운동장에는 상의를 벗고 달리기 등 을 하는데 1층 독방에 앉아 성경공부를 하던 내 귀에 난데없이 "장백산 줄기줄기 피어린 자욱 …."하는 북한에서 부르는 김일성 장군가가 들려 깜짝 놀랐다. 나는 내가 잘못 들었나 내 귀를 의심했다. 귀를 기울이고 있는데 꼭 같은 노래 소리에 놀라 일어나 내다보니 30대 중반으로 오른쪽 어깨에 UDU가 문신된 자가 고성으로 장군가를 부르며 뛰는 것을 바라보며 이곳이 해방구역인가 싶었다.

나도 모르게 방에 있는 교도관 호출 단추를 누르자 "왜 불렀느냐?"고 물어 "급히 관구 계장을 면담하고자 한다."고 하자 교도관이 와서 문을 개방하고 나오라고 하여 따라 나섰다. 나는 관구 사무실로 가면서 저 친구가 적어도 내 나이 정도는 되어야 이북의 장군가를 알 터인데, 이북 출신이 아니면 어떻게 알수 있을까 의문을 가지고 관구사무실에 도착하여 관구 계장에게 "이곳이 이북의 해방구역도 아닌데, 교도관이 감시하고 있는 상황아래 다중이 운동하고 있는 운동장에서 고성으로 이북의 장군가를 부를 수 있느냐!"고 항의하자 나와 함께 운동장으로 나가 노래 부르며, 뛰고 있는 수용자를 데리고 관구 사무실로 연행하여 나는 궁금하여 물었다. 이북 출신도 아닌데 어데서 배웠느냐고 물었더니 인터넷에서 배웠다고 한다. 그것에 대한 조치는 교도소의 소관이어서 나는 방으로 돌아왔고 며칠 후 교도관에게 물어보니 의정부 교도소로 이감조치 하였다는 말을 들었다.

반공교육이 없어지고, 반공법이 철폐된 이래 집권당인 새누리당에도 좌파 세력이 상당수이고 보면, 어떻게 지켜온 나라인데 이 나라가 다시 좌파 손에 넘어가지 않을까 심히 걱정스럽다.

소년기를 6. 25 참상 속에 보낸 나는 피난지인 김해에서 시내 사거리를 지날 때 미군들이 어른이고 아이들이건 간에 붙들고 겨드랑이와 바지 허리춤에 펌프로 DDT를 살포하였고 미군부대에서 나온 잔밥을 다시 끓여 파는 소위 '꿀꿀이 죽'도 먹어보았다.

미국의 원조에 의존하던 최빈국에서 이제는 일본의 10대 전자회사의 합친 흑자보다 삼성 SDI가 낸 흑자액이 더 많고 삼성이 IT기업 중 세계 1, 2위를 다투고 지난해 우리나라의 GDP는 6,700억불로 아프리카 전체보다 많을 만큼 경제 대국으로 성장했다.

북한은 김정일 사후 예상대로 김정은으로 3대 세습을 했고, 3백만명이 아사하는 참상 속에 인권유린 국가로 탈북자가 날로 증가하는 추세다. 반면 남남갈등은 심각하다. 2011. 6. 30. 수원지방법원 제 410호 법정에서 종북까페인 '사이버민족방위사령부' 운영자가 국가보안법 위반 재판을 받으면서 '위대한 김정일 장군님 만세'를 외쳐 큰 충격을 주었다.

2011. 8. 20. 서울 시청 앞에서 보수 대학생 단체가 북한 인권문제 다큐멘타리 영화 '김정일리아'를 상영 중 좌파 시위대 4천명이 서울광장으로 몰려와 전선을 끊어 영화관람을 중단시킨 것도 참으로 참담하다.

〈종북좌파 세력이 강해진 이유를 살펴보자.〉

- 87년 6월 민주화 대항쟁 당시 민주화 주도 세력인 학생 세력이 대부분 김일성 주체사상을 신봉하였다.
- 군사독재 치하에서 민주화세력은 투쟁을 하기 위해 학생운동권은 맑스레닌주의(PD)나 김일성주체 사상(NL), 마오이즘 등에서 인용해 왔다.

NL파가 PD보다 유연하고 학생운동의 주류가 되어 사회 각계로 진출하여 시민운동을 좌파로 만들고 교육계로 침투하여 교사가 중심이 된 전교조를 만들었다. 노동계로 들어가 민노총과 민노당을 만들고 언론계로 들어가 언노련을 만들고 학계, 정관계, 법조계로 진출하여 대한민국 최대의 세력으로 발돋음하여 반제국주의 투쟁으로 반미, 반한투쟁을 전개하고 있다.

이들의 대표적 투쟁운동이 지난 2011년 10대 항쟁으로 지난 5공 정권하에서 옥살이하다가 지난 노태우 정권하에서 양심수란 이름으로 대거 사면으로 풀려나 지난 좌파 정권 10년간 재심 또는 민주화 보상위 등을 통해 명예회복과 보상까지 받으면서 대거 제도권으로 유입되어 자리매김함으로서 정부권력은 약해지고 저항세력은 더욱 강해진 상태이다.

〈대한민국 흔들기 2011년도 좌파의 10대 난동사태를 한 번 돌이켜 보자.〉

(1) OO중공업노사문제 '희망버스' 개입

- OO중공업의 파업사태는 2011. 9. 노사합의로 종결되었으나 민주노총과 민주당 민주노동당 등이 주도하는 외부세력이 그해 11월까지 '희망버스'라는 이름으로 5차례 불법집회였다.

- 문제 삼았던 OO중공업의 해외투자 및 정리해고는 적법하다고 법원의 판결에도 정리해고를 철회하라며 '희망버스'세력들은 6. 25참전 용사 조O영웅을 구타하는 등 폭력시위 인천 5.3 사태처럼 해방구를 방불케 하였다.

나의 개인적으로 돌아 보건데 외부개입으로 문제가 확대 되었으며 자신들의 정치를 위해 기업을 희생시킨 폭력행위였고 연예인이 나선 것과 열심히 중계한 매체도 문제였다. 노조의 부당 요구에 직장폐쇄를 했어야 하지 않았을까 생각한다.

(2) 4대강 사업 폄훼

- 좌파진영은 '4대강 사업'을 '사실상 대운하'라고 비난하며 반정부 선전선동의 주요 타이틀로 선동하였고

- 2011. 6. 22.~ 7. 16.까지 전국 평균 강우량은 642mm로 예년에 비해 2.5배로 기상 관측이래 두 번째로 많은 시간당 30mm이상의 폭우가 전국에 65차례나 쏟아져 예년에 비해 3.5배의 강우량인데도 4대강 수위는 예년에 비해 낮고 홍수 피해도 급감하였다는 기상청 자료에도 불구하고 반대를 위한 반대라는 생각이 든다.

- 원래 이 계획은 김대중의 문민정부, 노무현의 참여정부에서도 추진하려던 것이다.

(3) 한미 FTA 무효선동 폭력시위

- 한미 FTA 는 2007년 3월 노무현 정권시절 체결하고 그해 11월 22일 국회에서 표결통과 시킨 것이다.

- 그러나 민주당, 민노당 등 좌파세력은 ISD(투자자국가소송제)를 문제 삼으며 FDA 반대 선전선동에 돌입하였다.

- 민주노동당 김O동의원은 11월22일 국회에서 비준안이 통과된 직후 최루탄을 터트렸다. 이를 빌미로 좌파세력은 주말마다 광화문, 명동, 일대에서 폭력집회를 가졌으나 2004년 탄핵반대 촛불집회 13만명, 2008년 광우병 촛불집회 12만명등에 비하면 매회 1만명을 넘지 못했다.

이를 돌이켜보면 한미 FTA는 상행위인데 이념대결의 장으로 변질시키고 중국의 패권에 흔들리는 것을 막는 것인데 국제간 체결된 협정을 무효화 하는 것은 반국가적 태도이며 수출을 확대하지 말라는 것이었다.

(4) 제주 해군기지 건설반대

- 중국으로부터 이어도를 지키고 해군력 증강의 일환이다.
- 2011년 9월 민주당 대표 손O규가 제주도 해군기지 공사를 중단하고 주민투표를 하자는 주장에 좌파 정당들도 가세.
- 민주노동당 대표 이O희는 같은 해 9월2일 제주 강정마을에 서의 기자회견에서 4.3의 뼈아픈 추억이 있는 이곳에 평화의 섬이 되어야 한다고 주장.
- 좌익인사 정O식 평화네트워크 대표 〈프레시안〉에 기고한 칼럼에서 해군기지가 건설되면 한중관계가 나빠진다며 이어도를 중국에 헌납해도 무방하다는 듯한 친중 좌익 논리를 주장했다.
- 재판부는 해군 사업예정지인 토지 및 공유수면에 대한 사용 및 점유를 방해해서는 안 되며 공유수면에서 항해해서는 안된다고 판결했다.

돌이켜 보면 해군기지를 건설하면 중국이 공격할 것이라는 좌파들의 주장은 옳지 않은 것이다. 제주 해군기지는 국가 주권을 지키는 일인데 왜 환경단체가 관여하는가?

(5) 각종 괴담 유포

- 2008년 이명박 정부 출범 직후 MBC PD 수첩은 광우병 쇠고기 관련 왜곡보도를 통해 촛불정국이 100일간 이어졌다.
- 좌파언론은 '인간 광우병'으로 끌고 갔다.

인터넷 괴담은 이념적이지만 SNS는 일종의 게임이다. 최초 유포자가 누구이냐 보다 알면서도 리트윗하는 사람을 처벌해야 한다.

(6) 인터넷방송 '나꼼수'국민 기만 선동

- 2011년부터 팟캐스트 방송 '나꼼수'를 통해 악랄하고 진화된 흑색선전으로 선동.
 - 김O준 딴지일보 총수, 정O주 민주당 전 의원, 김O민 시사평론가, 주O우 시사인 기자가 진행하는 방송이다.
 * 서울시장 후보 나O원 1억 피부 발언 (주O우)
 * BBK 의혹 관련 눈 찢어진 아이를 공개하겠다. 유전자 감식이 필요 없다.
 * 서O지, 이O아 이혼기사는 BBK판결을 덮기 위한 떡밥.
 * 4대강 사업에서 수심 6m 팔 것을 5m만 파면 2조원 남는다.
 * 이번 대선에서도 유언비어로 영향력을 행사할 것으로 예상된다.

(7) 전면 무상급식 포퓰리즘 공세
 - 좌파성향 교육감 곽O현 서울시교육감 취임이후 '전면무상 급식'주장
 - 2011. 8월말 주민투표 결과 투표율 25.7%로 33.3%에 못미쳐 오O훈 시장 퇴임
 - 2011. 10. 26. 서울시장 보궐선거에서 좌파진영의 박O순이 시장에 당선됨으로서 무상급식이 굳어졌다.
〈 무상급식의 문제는 무엇인가?〉
 - 1인 가구와 자녀가 없는 딩크족 부부가 많다는 점이다.
 - 세금의 효율적 사용문제가 있다.
 - 문제는 직원이다.
 - 전면 무상급식은 전부 혜택을 주다보니 농어촌 자녀, 다문화 가정 자녀 등 지원이 필요한 곳에 혜택이 줄어든다는 점이다.

(8) 대학 반값 등록금 투쟁선동

- 2011. 6. 2. 오후 극좌성향 OO대학생연합 (이하 한대련) 대학생 600여명은 등록금 인하 촛불시위를 광화문 KT 사옥앞에서 정부에 '반값등록금'공약 이행을 촉구하는 촛불문화제를 개최.
- 안O석 민주당 의원과 연예인 권O효, 김O진, 김O동 등 참여 불법집회 동참.
- 한대련은,
* NL(민족해방)성향이며 2005년 출범
* 1987년 출범한 전국대학생대표자협의(전대협)와 1993년 4월 출범한 한국대학생총연합회(한총련)을 계승하는 조직이다.
* 한총련은 1993년 4월 전북대학교에서 각 대학교 총학생 회장과 단과대학 학생회장 등 1천6백여명으로 결성된 연합체로 1994년 5월말 광주에서 열린 제2기 출범식부터 친북활동을 개시하여 주체사상을 지도이념으로 삼고,
- 외세반대 민족자주권 회복
- 사회 민주화 실현
- 연방제 통일
- 학원 민주화 추진
- 노동자 농민 및 세계 청년학생과의 연대등 한총련 강령과 규약을 채택하였다.
* 1997년 5월 5기 출범식을 계기로 대검찰청 공안부는 한총련을 이적단체로 규정하고 해체키로 결정하였고같은 해 5월말 검거선풍이 불고 8. 15 청년학생통일 대축전도 강행하자 서울대, 홍익대, 명지대, 경기대, 중앙대, 단국대, 원광대, 이화여대 등 206개 대학의 77.6%인 160개 대학의 총

학생회가 한총련을 탈퇴하였다.

＊ 노무현 정권이 들어서면서 한총련 합법화가 국민적 저항으로 좌초되자 새로 만들어진 것이 한대련으로 한총련의 복사판이다.

(9) 교과서 '자유민주주의' 자유 반대
- 2011년 8월9일 교육 '과학기술부'는 '2011년 역사교육과정'을 확정했다.
- 그 시안에 들어 있는 '민주주의'를 '자유민주주의'로 고시하자, 이에 좌익학자들은 '민주주의'로 다시 고치라고 주장하였고 한겨레, 경향, 오마이뉴스, 프레시안 등은 지원사격을 했다.
- 친북좌익이 '민주국가'를 민중민주주의적 시각으로 보며 '신자유주의'에 대한 반감으로 자유민주주의에 반발하는 것이다.
- 대한민국은 1948년 건국헌법에서 김일성 북한 정권의 공산독재에 반대하는 체제로 자유민주주의를 택했다. 과거를 지배하는 자가 현재를 지배하고 현재를 지배하는 자가 미래를 지배한다. 우리는 40대 이하 세대에서 보수가 졌기 때문이다.

(10) 반교육적 학생인권조례 추진
- 2011년 9월 서울시교육청 '학생생활지도정책자문위원회'는
＊ 학생인권조례 수정안에 '동성애 허용'을 추가하고 집회자유보장, 두발 복장 자율화 등 포함시킴으로서 학교측이 제한할 수 있는 최소한의 안전장치마저 없애버리고 '체벌금지'조례로 학생들이 통제 불능상태가 된지 오래이다.
- 2011년 3월부터 학생인권조례가 시행되면서 학생통제력을 상실하여

* 학생의 교사 폭행 * 교사 교칙 위반 * 교사 징계

등이 증가하고 있는 실정이다. 학생을 버릇없이 키워서는 학교 교육이 제대로 될 리가 없다. "야! 새끼"등 욕을 하며 눈을 치뜬 지하철 9호선 '막말녀'가 양산되지 않을까 심히 걱정이다.

오늘날 대공업무 기능의 실상을 한 번 생각할 필요가 있다. 최단기간 내에 경제발전과 민주화를 이루었음에도 이 나라의 종북 좌파들은 공공연히 북한이 주장하는 연방제 통일방안과 국가보안법 철폐와 반제국주의 투쟁의 일환으로 반미활동과 주한미군 철수를 주장하면서 설상가상 국가의 상징인 태극기와 애국가를 무시하고 '애국선열에 대한 묵념'도 거부하는 일방 '민중의례'를 한다고 한다.

이때 애국가 대신 부르는 '님을 위한 행진곡'은 1980년 5.18 광장에서 죽은 시민군 대변인 윤O원과 1979년 겨울 노동현장에서 죽은 박O순의 영혼결혼식을 내용으로 부른 노래로 민노당과 광주 5. 18 의식 때 애국가 대신 부른 노래이다.

중국의 혁명과정과 유사하게 양성된 지식인이 교육계로 침투하여 어린 학생들에게 진보 사상이라 하여 심지어는 중학과정의 어린 학생들에게 북한의 선군사상을 학습하는 등 지난 10년간 창궐하여, 이제는 국민들의 안보의식은 땅에 떨어지고 좌파정부를 종식시킨 이명박 정권하에서의 안보수사 기능도 축소되어 좌파세력 척결에 한계가 있는 것 같다.

경찰의 경우를 살펴보자 우선 인원이 내가 대공분실장으로 있을 때보다 인원이 절반으로 줄어든 상 싶다. 전에는 정보과와 보안과는 서로 독립된 업무를 수행하였다. 지금은 합병되어 정보보안과라 하고 보안업무는 하나의 계(係)로 남아 주로 탈북자에 대한 업무를 전담하는데, 보안요원 1인당 탈북자 10수명을 담당 한다고 하니 불가항력이라고 한다.

각 시도 분실의 보안수사대도 내가 있을 당시보다 인력이 거의 절반 수준이며, 간첩검거 경험이 전무한 젊은 수사관들이어서 퇴직자 중에서 유능한 사람을 선발하여 '지도관'이라 하여 1개 분실에 2~3명씩 박봉을 주고 상주하며 지도에 종사하였으나 그것마저 없애버려 이제 누가 와서 나 간첩이요 해도 서류 하나 작성할 수 없는 정도라고 한다. 지도관 제도는 큰 예산 들어가는 것 아니니 다시 부활이 되어 대공수사요원들 수사능력 배양에 밑거름이 되었으면 한다.

단 지도관 선임은 철저한 능력의 검증이 필요하다. 그것은 과거사건 기록만 보아도 누가 이 사건을 취급하였는지 알 수 있다. 최근 보안연수원에 강사 초빙을 할 때 능력 없는 사람이 인맥 따라 선출되어 가서 남이 한 사건을 마치 자기가 다 한양 한다는 소문을 듣고 실소한 적이 있는데 철저한 검증이 있어야 한다.

차제에 반공을 하지 않으면 안 되는 이유는 무엇일까 한편 숙고해 보자. 한국과 같이 내외 공산주의 세력의 공격 대상이 되어 있으므로 막는 길은 철저히 반공만이 막는 외길이다. 반공이라 하여 독재정권만이 취하는 노선이 아니다. 현재의 남북관계는 미소 냉전이 절정에 있을 때보다 더 긴장된 관계다.

- 우리 사회는 갈등의 골속에서 혼돈 가운데 천안함도 당했고 연평도에서도 얻어 맞고도 K-9 결함으로 제대로 보복도 못했지만 이미 고사가 되어 버린채 우리 국민들은 잊은 것은 아닌가!
- 요지음 NNL을 북한어선들이 슬슬 노크하는 것이 심상치 않은데, 우리 국민은 무감각하다.
- 과거 NNL이 북한의 주장대로 문제가 있다며 재고해 봐야 한다는 장관도 있었다.

- 지난 문민정부나 참여정부 때에는 남북관계가 평화관계가 아니었다. 오히려 역이용 당해 대남전력을 강화했다. 퍼다만 주었지 무슨 소용이 있었나!
- 삼대 세습 김정은에 이르는 과정에 대남 공산화 전략전술은 조금도 변하지 않았다.
- 우리나라는 민주화로 인해 좌익세력이 제도권으로 들어와 애국가와 태극기를 부정하는데도 무상 포퓰리즘에 흔들린 국민들은 시장이든 교육감이든 가리지 않고 선출한다.
- 반공교육이 없어진 이래 전교조의 영향력으로 자라난 2,30대 젊은 세대들은 진보다 하여 좌익인사들을 선호하여 선거문화가 보수 세력이 무력해졌다.
- 남한의 국력이 분명 북한보다 압도적으로 우월하다. 그렇지만 남한 내부의 정신전력이 북한보다 우세한 것은 결코 아니다. 남한은 남남갈등으로 사분오열되어 있어 북한보다는 열세다.
- 남한의 경제력이 우월하다해서 반공의 필요성을 없애주지는 못한다. 칼 마르크스는 자본주의가 발전하면 내부 모순에 의해 공산화 혁명이 일어난다고 하였다. 2011년도 10대 난동만 보아도 알 수 있다.
- 1980년 12월 반공법이 폐지되었지만 이것은 대외적 공격적 반공을 폐지하는 것이지 국내적 반공까지 폐기하는 것은 아니라는 점이다. 북한 정권과의 화해를 이유로 반공을 폐지하고 종북주의자가 늘어나고 이제는 아예 제도권까지 들어와 있는 현실에서 국가보안이 더욱 강화되지 않으면 안 되는 절박한 실정이다.
- 과거 북한정권에 추종하는 남한의 추종세력으로 과거 '통일혁명당', '남조선민족해방전선 준비위원회' 사건 같은 무리들이 있으나, 지난 참여

정권에서 대다수 민주화 인사로 탈바꿈 하고 보상까지 받았으니 정말 요지경속이다. 설상가상이라더니 재벌이 출연한 거금으로 노블리스 오블리제 새 장을 여나 싶었는데 대부분 좌파성향 단체들을 후원하였다니 이 어찌된 일인가 !

 김영삼, 김대중, 노무현 3대 정권하에서 간첩을 잡은 일이 없는데 노무현 정권 때 일심회 간첩단 사건이 터지자 김O규 국정원장을 간첩을 잡았다는 이유로 해임을 하였다고 하니 참으로 기가막힐 일이다. 어디 그뿐인가 왕O산(김OO) 간첩은 김일성 부자에게 충성을 맹세하고 '노력훈장'까지 받은 자인데, 노무현 정권에서는 '민주화 운동가'로 보상금까지 지급받았으니 국민의 혈세로 간첩단에게 지원한 꼴이 되었다.

평화의 댐 방문기

 말썽도 많던 평화의 댐은 강원도 양구군 방산면 천미리와 화천군 화천읍 등촌리 산 321에 걸쳐있는 댐으로 이북의 임남댐(금강산댐)을 수공용으로 판단하고 이에 대비하여 건설한 댐이다.

 제1단계 공사는 1986. 10. 착공하여 1988. 5. 완공한 댐으로 댐 규모가, 길이 410m, 높이 80m, 만수위 221.5m, 저수 5억9천만 톤으로 총공사비 1666억 원(국민성금639억 원)을 들여 완공하였으나, 정권변화로 금강산댐 위협 엄포설로 무용론이 제기되고 코 흘리게 초등학교 어린이들이 낸 방위성금까지 전두환 정권에서 착복하였다고 얼마나 비난들을 하였던가 !

 그 후 1995 ~ 6년 사이 집중호우로 홍수조절 능력이 있음이 입증되었고 1999. 여름 700 ~ 800mm의 대폭우로 화천댐부터 연쇄적으로 붕괴 위기에 처하기도 하였고, 2002. 1. 17. 미국 인공위성에 공사 중인 임남댐(금강산댐)붕괴위험이 포착되고, 초당 206톤씩 19일간 3억5000만톤의 물폭탄 방류로 평화의 댐 붕괴위기에 처하자 김대중 정권 햇볕정책 시기임에도 평화의 댐 보강공사가 결정되어, 2002년 제2단계 공사가 재개되어 댐의 규모가 길이 601m, 높이 125m, 저수량 26억3000만 톤(제1차 공사보다 약 4배), 공사비 2329억 원(제1차보다 663억 원 증액)을 들여 2005년 노무현 정권 때 완공하였다.

이곳에서 청소부 아니면 사진사로 보이는 한 사람이 네게 넌지시 던져 준 말은 "이 큰 공사가 완공되어 준공식에는 노 대통령이 오지를 않고 화천군수와 양구군수가 나와 테이프를 끊었지요." 하였다.

이 땜은 이북의 임남댐(길이 710m, 높이 121.5m, 저수량26억 톤)의 수공에 대비하여 평화의 댐은 바닥이 보이는 빈 저수지였다.

그러면 그렇지 아무리 나쁜 대통령이라도 터무니없이 방위 성금을 잘라먹기 위해 필요도 없는 댐 공사를 하였을 턱이 없다는 생각에 생전 처음 산천어 스테이크를 이곳에서 먹어보고 떠나면서 막연히 알기보다는 구체적으로 아는 것이 국가 안보에 힘이 되는구나 하는 생각을 하며 이곳에 오기를 잘 했구나 하는 생각을 하며 쓴 미소를 남기고 떠났다.

도대체 이 나라는 어데로 가고 있는 것일까 ?

남북이 대치된 지 어언 반 세기가 훌쩍 넘겼는데도 북한 정권의 대남 공작전술은 조금도 변화가 없이 남한에 대한 적화야욕은 날로 더해 간다.

 - 1970년대에 적화야욕의 씨를 뿌리고,
 - 1980년대에 대학 문화에 좌경화의 꽃을 피우고,
 - 1990년대에 제도권으로 들어와 정치기반을 조성하고,

- 2000년대에 정권속에 뿌리를 내리는,

등 공공연히 종북세력의 터전을 마련하여 정치, 경제, 교육, 노동계, 종교계까지 씨앗을 안 내린 곳이 없이 만연시켜 기반을 마련 하였다.

그 실례로 간첩단 사건 3건만 이야기해 보자

〈민족민주혁명당(민혁당) 사건〉

1998년 12월 18일 전남 여수 앞바다에서 격침된 북한 반잠수정의 유류품을 국가정보원이 수사하면서 단서가 포착되었다.

1992년 서울대 법대생 김O환이가 초대 위원장을 하면서 조직된 조직으로 이른바 '강철서신'으로 학생운동권에 김일성주체사상 을 전파하고 1991년에 입북하여 김일성을 직접 만났다.

그러나 방북 중 독재체제를 목격하는 일방 300만 명의 북한 동포가 굶는 현실을 보고 전향하여 1997년 민혁당을 해체하자 이에 반발한 세력들이 민혁당을 재건활동 중 민노당에 침투해서 당권을 장악하고 통합진보당을 만들어 국회의원에 당선되었다.

1999년 민혁당 실체가 드러나 수뇌부가 체포되면서 와해되었으나 잔존 세력은 점조직으로 유지되다가 민주노동당을 거쳐 통합진보당 당권을 장악하였는 바 비례대표 2번 이O기 당선자는 민혁당 창당에 참여해 경기 남부위원회 위원장으로 지내다가 민혁당 간첩사건으로 3년간 도피 중 체포되어 2003년 서울고등법원에서 징역 2년 6개월의 실형을 선고 받고 5개월만인 같은 해 8월 노무현 정권의 특별사면으로 가석방되었다. 판결문에 따르면, 김일성 주체사상을 신봉하며 혁명을 통해 국가변란을 목적으로 삼아 북한의 활동에 동조하고 한국외국어대 용인캠퍼스 후배들을 민혁당에 가입시켜 활동하도록 하게 하였다고 한다

민혁당 산하 조직으로는,

- 반국가 단체인 '영남위원회'가 있다.
- 경기 동부연합은 1991년 결성한 '민주주의 민족통일 전국연합'(전국연합) 하위 조직인 '전국노동조합협의회'(전노협) '전국대학생대표자협의회'(전대협) 등 27개 단체가 모인 좌파성향의 연합체로 2008년 공식 해산되었다.
- 2008년 심상정 비상대책위원장은 '종북주의와 패권주의'에 맞서겠다고 선언하였으나, 변화를 이끌지 못하고 노회찬과 탈당해 진보신당을 창당했다. 따라서 북한은 '진보신당'을 종북세력으로 육성할 것을 시도할 것이다.

〈 일심회 사건 〉

- 2006. 10. 29. 민주노동당 전 중앙위원 이O훈, 같은 당 사무부총장 최O영, 재야 인사 이O강, 모 학원장 손O목, 개인 사업가이며 3회 입북하여 노동당에 가입하고 충성서약을 한 장O호(마이클 장) 등은 중국에서 북한 공작원과 접선 회합하여,
- 남한내 정치세력 동향   - 미군 재 배치   - 개성공단 노무관리

등 제보하는 등 북한공작원과 회합통신한 자들임.

- 2007.12. 13.대법원에서 장O호 7년, 이O호 이O강 각 3년 최O영 3년 6월, 손O목 4년형을 받음.
- 2006. 10. 27. 김O규 국정원장은 이 사건 취급 중 노무현 대통령 면담 후 사직하였다.
- 이 사건으로 심O정은 노O찬과 진보신당을 창당함으로서 민주노동당에서 분당하였다.

〈 왕O산 간첩사건 〉

- 간첩 김OO에게 북한이 준 대호명이 왕O산(함경북도 온산소재)이다.
- 왕O산이 입북하여 '노력훈장'을 받은 간첩인데, 노무현 정권에선 '민주화 운동가'로 보상금까지 받았다고 하니 참으로 이상한 나라이다.
- 왕O산은 '지원넷'과 '코리아 콘텐츠랩'이란, 두 개의 벤처기업을 운영하며 통계청 등 13개 정부기관과 콘텐츠 도입 계약을 체결하고, 국회도서관 등 28개 기관과 콘텐츠 납품계약을 맺었다고 한다.
- 지원넷의 매출 수익이,
- 2006년 : 9 억 원
- 2007년 : 11 억 원
- 2008년 : 17 억 원
- 2009년 : 22 억 원
- 코리아 콘텐츠랩의 매출 수익은,
- 2008년 : 4억 2,000만 원
- 2009년 : 3억 2,000만 원
- 2010년 4/4분기 : 2억 2,000만 원

으로 과거 북한으로부터 공작금을 받아서 활동하던 양상과는 다르게 자체 수익금으로 활동하고 조직원들이 말레이시아, 일본, 중국 등지에서 북한 225국 공작원들과 접촉하여 공작금을 전달하고 또는 하부 조직의 활동자금으로 사용한다고 한다.

- 2007년 3월 통일부로부터 북한관련 CD 등 특수 자료 반입 승인을 받아 KPM을 운영하는 조총련 산하 조선 메디아를 통해 북한 자료를 반입하여 국내외 도서관 연구소 등 150개의 기관에 배포하는 합법토대를 구축하였다.

- 2009. 1.부터 우리나라에서 만든 KPJOUMAL로 위장하고,
- 김일성 추모 자료 '영생편'
- 김정일 찬양자료 '선군편'
- 김정은 세습옹호, 주체사상 선전자료, 사진 등 집중게재
- 이에 따른 문제점

콘텐츠 기업, 포털뉴스 서비스, 등 2000여 개의 인터넷 언론중 종북적 색채와 논조를 드러내는 곳이 많은데 이에 대한 수사와 색출이 시급하다.

나는 告白 한다

(이제 나는 말을 한다)

8. '남영동 1985' 를 관람하면서

2012. 11. 22. '남영동 1985'를 관람하면서 참으로 괴로웠다. 저렇게 잔인할 수 있었을까? 내가 보아도 내가 미웠다. 왜 그때에는 애국하는 것이 사상범을 잡는 것이라 생각했는지 모른다. 그 길만이 애국이고 나라를 지키는 일이라 생각했다. 대공업무를 택해서 간첩 잡는 일만이 국가보위를 위한 최상의 선택이라 생각하고, 간첩만 잡으러 혈안이 되어 잡다보니, 실적도 쌓이고 인정을 받다보니, 국내 자생 공산주의자들을 잡는 일을 시켜 그 또한 애국하는 일이라 생각하고 전력투구하였다. 그런 가운데 1979년 '남민전'사건 때 파견명령을 받고, 남영동 대공수사단에 와서 남민전 중앙위원 안O구씨를 신문하여 인정받고, 이때 신문이 벽에 부딪힌 이 사건의 주범 이O문씨에 대한 신문지시를 받고, 다섯 번째 신문관으로 들어가 남민전사건을 제외하고, 이미 수배 중인 국가보안법 위반 사건만 가지고도 중형인데, 아등바등할 필요가 없음을 설득하고 패장이 패장다운 면모가 있어야되지 않겠느냐를 설득하여, 신문 개시 불과 20분만에 혐의 사실을 자복하여 상사로부터 인정받은 것이 계기가 되어, 1985년 9월경 김O태씨 사건이 풀리지 않자 파견명령이 떨어져 급거 상경하였다.

　이날이 김O태씨가 연행된 지 12일째 되는 날이라 하였으니, 영화에 나온 날짜를 기준하면 9월15일인가 보다 도착 즉시 박 단장으로부터 들은 내용은 12일째 묵비권을 쓰고 있어서 신문 잘 하는 자네를 불렀는데, 꼭 유념할 것은 약 6개월 전에 모 기관에 연행되어 신문 중 눈을 다쳐 합의하는데, 애를 먹었으며 모 신부가 중재하여 치료비 700만원을 주고 합의한 사실이 있으니, 절대 강제 신문은 하지 말라고 주의를 받은 바 있다. 김O태씨가 재야 거물이어서 몹시 조심스러웠다. 일단 신문실에 올라가서 상면하는 자리에서 나는 인내심이 약해서 12일씩 기다릴 수 없고 하루 생각할 시간을 주겠으니 신문에 협조해 달라고 당부하고 내려와 그간의 수사서류를 만 하루 걸려 검토해보니, 이북에 있는 형들과 접선한 근거가 전무하여 왜 12일간씩 묵비권을 쓰며 지키려는 것이 무엇일까? 나도 깊은 생각에 빠졌다.

주위의 접촉인물들과 연관해 볼 때 우리가 모르는 조직이 있어 그것을 지키려 투쟁하는 것으로 판단이 되었다. 약속한 시간이 되어 올라갔다. 아무리 설득해도 소용이 없고 묵묵부답이어서 이북형들 문제는 거론치 않기로 선을 긋고 지키려는 조직은 반드시 내놓아야 한다고 요구했지만 끝내 거부해 나도 화가 났다. 더 이상의 방법이 없다고 판단했다. 사실 고문하는 사람도 괴롭기는 마찬가지다. 영화를 보면서 내가 싫어졌다. 물론 영화에 나타난 고문 방법이 실제와는 달랐다. 내가 하는 방법이 더 고통스러운 것인지도 모른다. 차마 설명하고 싶지도 않다. 차라리 죽고 싶다. 고백의 차원에서 방법상의 실상을 말하면 다음과 같다.

(1) 물고문

영화에서처럼 물을 많이 붓지 않는다. 얇은 가재로 덮고 물은 샤워기로 아주 조금씩 흘려 가재만 적시도록 한다. 그것이 더 고통스럽다. 물을 먹이는 것이 아니라 호흡이 고통스럽다. 가슴에 올라타는 것은 고통을 주려는 것이 아니라 만약 기도가 막히면 가슴에 충격을 주어 기도를 터주기 위한 자세이다. 고춧가루는 선배들이 썼다고 하는데 그것은 해보지 않아서 잘모른다.

(2) 관절꺾기

이 방법은 아무 때나 하는 것이 아니라 자해소동이 났을 때에 제압하기 위해서 관절을 꺾는다. 하지만, 관절을 뽑는다는 것은 거짓이다. 왜냐하면 관절을 뽑았다 도로 끼우면 인대가 늘어나 반드시 깁스를 하여 한 두달 간 고정해 놓아야 하는데 그것이 가능하지 않다. 깁스를 하고 재판을 받을 수 있는가?

(3) 전기고문

　영화에는 자동차 밧데리 같은 것에 계기도 있고 돌리는 장치도 있던데, 전혀 처음보는 것이고 내가 사용한 것은 면도기에 들어가는 더블 A(AA) 밧데리로 +-에 코일을 땜으로 고정하고, +선만 발가락에 감고 붕대로 감아 소금물을 진하게 타서 붕대에 붓고, -선을 대면 전류가 강하게 통하는데 손에 하면 손이 떨릴 정도로 강해진다. 밧데리를 보면 얼마던지 극복할 수 있으므로 눈을 가리는 일종의 속임수다. 이것은 상당 시간 이전에 전기로 지진다고 말로 겁을 주다가 해야 속는다.

　나를 장의사로 부르는 것은 영화에서 처음 들었고, 직원들이 그리 불렀는 지도 모른다. 영화에 보이는 델시 가방은 예전에 내가 들고 다니던, 가방인데 청진기는 전혀 소지해 본 적이 없다. 가방속에 넣어가지고 다니던 것은 고문도구가 아니라, 장기 출타이므로 속옷과 양말 치약 칫솔 그리고 당뇨약과 알러지 약을 가지고 다녔다.

　이때 나는 첫날은 수사서류 검토하고, 이튼 날 신문하여 그날 저녁 완전 항복하고, 그 이후는 진술을 거부한 적이 없어 다음 날 모든 자료를 정리하여 수사단장에게 보고 하고 2박 3일 만에 나는 근무지인 인천으로 복귀하였던 것이다. 앞서 진술한 내용에 다른 것이 없다. 수용된 22일간 일어난 일에 대해서는 내가 한 2박 3일간 이외의 것은 나는 알지 못한다.

　영화의 대사 중 "남민전의 주범 이O문은 교도소에 가서 6개월만에 죽었어 1년 살다 죽게 해 줄까 2년 살다 죽게 해 줄까?"하는 대사는 만들어진 것 같다. 왜냐하면 남민전 사건의 주범 이O문씨는 대법원에서 사형이 확정된후 수형생활 2년만에 옥사하였는데 의문사 진상규명위원회의 조사 결과 사인은 '위유문부 압착사' 그러니까 위와 십이지장의 연결부위가 말라서 죽음에 이른 것으로 조사되었다고 알고 있다. 이 병은 굶어서 아사자인 경우나 암에 의한 것일 것이라는 것이다. 더구나 이O문씨가 검거현장에서 심장을 칼로 두 번 찌른 자해로 서울대학병원에서 심장수술을 받고, 24일 만에 퇴원이후 신문을 받았기 때문에 늘 약을 복용하고 조금만 피로하면 침대에서 누워서 조사 받았으므로 중환자 취급하였었다. 교도소에서 6개월만에 죽었다는 것은 거짓이다. 이O문씨는 수감생활 2년만에 병사하였다고 한다.

 (4) 피의자 밥을 발로 밟고 신문실에서 소주를 마시며 추태를 부리는 장면은 상상도 못할 일로 일제시대나 있을 법한 장면들로 이해가 가지 않았다.

 따라서 신문 상황이 근사치를 벗어나 지나치게 잔인한 모양으로만 표현되어 오히려 반감을 갖게 하였다.